Le développement vu de Turquie

Questions contemporaines

Collection dirigée par J.-P. Chagnollaud, B. Péquignot et D. Rolland

Série « Globalisation et sciences sociales »
dirigée par Bernard Hours

La série « Globalisation et sciences sociales » a pour objectif d'aborder les phénomènes désignés sous le nom de globalisation en postulant de leur spécificité et de leur nouveauté relatives. Elle s'adresse aux auteurs, dans toutes les disciplines des sciences humaines et sociales, susceptibles d'éclairer ces mutations ou évolutions à travers des enquêtes et des objets originaux alimentant les avancées théoriques à réaliser et les reconfigurations disciplinaires consécutives.

OUVRAGES PARUS DANS LA SÉRIE :

Niagalé BAGAYOKO-PENONE, Bernard HOURS
États, ONG et production des normes sécuritaires dans les pays du Sud, 2005.

Eveline BAUMANN, Laurent BAZIN, Pépita OULD-AHMED, Pascale PHÉLINAS, Monique SELIM et Richard SOBEL
Anthropologues et économistes face à la globalisation, 2008.
L'argent des anthropologues, la monnaie des économistes, 2008.
La mondialisation au risque des travailleurs, 2007.

Valeria HERNÁNDEZ, Pépita OULD-AHMED, Jean PAPAIL et Pascale PHÉLINAS
Turbulences monétaires et sociales : l'Amérique latine dans une perspective comparée, 2007.
L'action collective à l'épreuve de la globalisation, 2007.

Pascale PHÉLINAS, Monique SELIM
La crise vue d'ailleurs, 2010.

Jean PAPAIL & Jesus ARROYO ALEJANDRE
Les migrants mexicains, créateurs d'entreprise, 2010.

Levent ÜNSALDI

Le développement vu de Turquie

L'Harmattan

5-7, rue de l'École-Polytechnique ; 75005 Paris
http://www.librairieharmattan.com
diffusion.harmattan@wanadoo.fr
harmattan1@wanadoo.fr
ISBN : 978-2-296-54387-4
EAN : 9782296543874

Sommaire

PRÉFACE

L'ouvrage de Levent Unsaldi aborde les représentations et conceptions du développement dans un pays particulièrement mal connu par les sciences sociales européennes.

Comparée à d'autres pays émergents la Turquie occupe pourtant une position géopolitique d'une importance manifeste mais largement sous estimée. Ses performances économiques et financières sont remarquables et le pays a pris une place non négligeable dans le monde global. La situation géopolitique de la Turquie, entre Orient et Occident, sa candidature à l'entrée dans l'Europe, en font un acteur de premier plan, plutôt mal traité par des Européens qui n'ont pas encore mesuré la crise qui les frappe, économique et politique.

Les débats sur l'islam et la laïcité trouvent en Turquie une histoire riche et participent d'une actualité planétaire dont l'impact est sous-évalué en Europe.

Ces caractères donnent à l'ouvrage de Levent Unsaldi un intérêt particulier dans la conjoncture contemporaine. En effet, la modernité et le progrès sont une valeur ancienne dans ce pays. Le kémalisme a laissé des traces durables, aujourd'hui fragilisées, comme le sont tous les héritages à l'épreuve de l'histoire.

L'auteur se garde bien, néanmoins, de mettre en face à face une lecture binaire et réductrice du progressisme kémaliste contre une arriération religieuse musulmane. En Turquie, comme ailleurs, l'islam est pluriel, et cohabitent des radicaux et des musulmans convertis au tout marché néolibéral.

C'est pourquoi l'auteur, dont l'objet est le discours sur le développement, marque d'abord l'évolution de ce discours à partir de son irruption sur la scène turque. À cette époque il s'agit d'une représentation occidentalocentrée. Le kémalisme représente une entreprise d'appropriation et de « turquisation » du développement comme notion importée.

L'après-guerre révèle le franchissement des mêmes étapes qu'en Europe à travers l'euphorie postconflit, puis la volonté d'industrialisation typique des années soixante et soixante-dix, enfin la montée du libéralisme.

L'auteur identifie deux lignes de lecture qui sont appliquées dans des groupes identifiés par leur profil idéologique. La modernité n'est plus synonyme du progrès mais de marché et de marchandises. Trois types de représentations sont identifiés dans ce champ où prévaut l'orthodoxie économique libérale et néolibérale revisitée. Levent Unsaldi identifie enfin deux groupes porteurs d'une perception du développement comme rupture. Il s'agit d'une partie du kémalisme et des musulmans radicaux.

Cet ouvrage présente l'intérêt d'articuler l'idéologie du développement et les modes suivant lesquels elle est « consommée » dans la société et l'histoire turque par des acteurs idéologiques typiques et spécifiés.

Modernité, développement, économie libérale, islam, s'y télescopent et s'y structurent loin des clichés et des oppositions réductrices souvent formulées sur ces notions.

D'une certaine façon, ce travail montre, si cela était nécessaire, que la Turquie est européenne dans la mesure où elle partage cette croyance occidentale que fut le développement tout au long de son histoire récente. Il suggère peut-être aussi que l'islam, sous toutes ses formes, fait bon ménage avec le marché et donc que finalement il n'est pas le problème unique de la Turquie dans le monde global d'aujourd'hui.

Bernard HOURS

Paris, novembre 2010

Liste des sigles les plus utilisés

AKP : Parti de la justice et du développement, au pouvoir depuis novembre 2002.

DİSK : Confédération des syndicats ouvriers révolutionnaires de Turquie. La seconde confédération la plus importante de Turquie.

DPT : Office de planification étatique, institué par la constitution de 1961. Acteur majeur des politiques – officielles – du développement. Équivalent du Commissariat au Plan en France.

ESAM : Centre de recherches économiques et sociales, un *think tank* proche du Parti de la Félicité (islam radical).

İGİAD : Fondation pour l'entrepreneuriat économique et l'éthique du travail (islam modéré).

MÜSİAD : Association des industriels et hommes d'affaires indépendants (de sensibilité religieuse). Organisation patronale fondée en 1990 en concurrence avec la TÜSİAD (la grande bourgeoisie d'Istanbul). Proche de l'AKP au pouvoir, elle regroupe essentiellement la bourgeoisie provinciale ascendante (« tigres anatoliens », jeunes entrepreneurs « musulmans »).

TİSK : Confédération des syndicats patronaux de Turquie. Elle représente majoritairement les intérêts de la bourgeoisie industrielle.

TEPAV : Fondation pour la recherche en politique économique, *think tank* de l'Union des chambres de commerce et des bourses de Turquie (vision libérale).

TESEV : Fondation pour les études économiques et sociales, le *think tank* le plus influent de Turquie. Soutenue activement par l'UE. Elle se veut « libérale » et « démocrate ».

TOBB : Union des chambres de commerce et des bourses de Turquie. Elle représente majoritairement les intérêts des PME.

TÜRK-İŞ : Confédération des syndicats ouvriers de Turquie. La plus importante confédération ouvrière de Turquie. Elle se veut « apolitique ».

TÜSİAD : Association des industriels et hommes d'affaires turcs, équivalent turc du MEDEF.

UTESAV : Fondation pour la recherche technologique, économique et sociale, un *think tank* proche de la MÜSİAD.

Introduction

« La Turquie en transition » : des générations de chercheurs, pourtant avertis du terrain turc, ont infligé ce titre au lecteur [1], comme si ce pays était toujours « en transition », expression qui dénote chez les auteurs un état d'esprit et certainement une espérance non explicitée. *Pays émergent* au même titre que les quatre « tigres » de l'Asie, *pays en transition* comme les PECO, *pays en développement* ou enfin *pays à revenu intermédiaire élevé de tranche supérieure*, pour reprendre la terminologie des bailleurs de fonds internationaux : entre tous ces termes employés pour qualifier la Turquie, le lecteur risque bien de se perdre.

Dans cette littérature, la Turquie présente l'image d'un pays singulier, qui n'appartient ni tout à fait au Nord ni complètement au Sud, qui aspire néanmoins à une forme de développement, et dont l'inébranlable confiance en son avenir – forcément et impérativement lié à celui de l'Europe – marque les esprits. L'adhésion à l'Union européenne serait ressentie comme un aboutissement : obtention du label « pays développé », reconnaissance de son européanité. Cependant, les textes qui mettent en avant le « retard historique », le sous-développement, le mal développement, ne manquent pas non plus et quand la conjoncture internationale n'invite pas, pour des raisons stratégiques, à ménager les Turcs, ces termes sont largement utilisés.

Un double point de vue s'impose donc. Celui d'une Turquie souffrant de l'absence ou d'un déficit de développement – encore faudrait-il savoir lequel –, mal gouvernée, sans réel ancrage européen. Et celui d'un pays émergent à l'importance stratégique cruciale, un pays en voie de développement dont la singularité culturelle, politique et économique se révèle avec force dans l'espace eurasien.

Mais cette stratégie de valorisation vis-à-vis de l'Occident, et en l'occurrence de l'Union européenne, toujours basée sur l'idée d'une singularité à faire valoir – « pays pont » entre l'Europe et l'Asie, pays en plein développement avec une économie de marché et un ancrage démocratique relativement fort dans une région pour le moins instable – n'est-elle pas la « rhétorique du pauvre » ? C'est en effet parce que le pays est dépourvu d'une structure productive puissante, du moins suffisamment forte et stable, qu'il est contraint de mettre en avant sa position singulière ; et cette position rehausse ses atouts aux yeux des bailleurs de fonds internationaux : le fait que la Turquie soit l'un des principaux pays bénéficiaires de l'aide cumulée de la Banque mondiale en est l'illustration.

Qu'en est-il de la réflexion sur le développement en Turquie, en Occident d'abord, puis dans le pays ? En Europe, en dépit de son omniprésence dans les textes comme dans les discours, sur des thèmes aussi variés que l'Europe, les disparités régionales, les écarts sociaux, la mondialisation, la compétitivité, le capital humain, la problématique du développement en Turquie constitue le point aveugle des études sur ce pays. Seuls cinq articles sur la Turquie sont recensés dans une revue spécialisée sur le développement comme la *Revue Tiers Monde* depuis sa naissance [2]. Cette indifférence de la communauté scientifique, française notamment, aux thématiques du développement relevant du terrain turc [3] se constate aussi chez les chercheurs d'origine turque. Ainsi, un recensement des thèses de doctorat en sciences sociales ou humaines actuellement menées ou soutenues en France depuis 1980 par des ressortissants turcs fait apparaître des résultats surprenants [4] : seules deux thèses en économie embrassent approximativement les thématiques traditionnelles du développement. La majeure partie des thèses relève des sciences politiques et porte sur des sujets, à l'intersection des champs médiatique et politique : la Turquie, carrefour des civilisations ; la Turquie aux portes de l'Europe ; la Turquie, pays déchiré entre l'Occident et l'Orient ; entre la charia et la démocratie ; entre les militaires et la société civile. Tout se passerait donc comme si les « études turques » en France devaient être la chasse gardée des sciences politiques et prendre comme point de départ des objets rapidement convertibles en capital symbolique dans le jeu médiatique.

Un exemple significatif à ce sujet serait le titre d'un colloque international organisé les 25 et 26 mars 2010 au CERI [5] : *Turkey between nationalism and globalization.* C'est à travers ce titre que prend un sens précis la problématique de transition tant exploitée au sujet de la Turquie. Entre passé et avenir, ce pays n'a pas de présent. La pure transition est le lieu de l'actualisation de la spécificité turque. Quant au second vocable (ici la globalisation), il indique le sens de l'évolution tantôt naturelle tantôt volontaire (par des réformes), mais jamais discuté : la globalisation est implicitement reconnue comme un mouvement nécessairement positif. Le ton est donc extrêmement normatif : la Turquie devrait faire, il faudrait… pour répondre aux exigences de la globalisation… Cette façon de raisonner a la vie dure, puisqu'on l'utilise depuis l'époque ottomane, à la différence près qu'on parlait autrefois d'un pays coincé entre l'Occident et le despotisme oriental.

En Turquie, les choses se passent différemment en ce qui concerne la littérature du développement qui est, incontestablement, assez riche (voir la bibliographie en turc en fin d'ouvrage). Mais la majorité des travaux porte essentiellement sur les thématiques de modernisation, d'occidentalisation, en l'occurrence kémaliste, et surtout sur les stratégies ou politiques dites de développement : comment développer ou se développer ? Avec quelle stratégie, par quels moyens ? Tous les courants ou modèles de développement, dans leur plus grande diversité, sont représentés, alors que la réflexion singulièrement axée sur la sémantique du développement y fait terriblement défaut. La règle souffre peu d'exceptions. On mentionnera Fikret Başkaya, docteur et ex-enseignant en économie (doctorat obtenu à l'université de Poitiers), emprisonné plusieurs fois pour délit d'opinion, notamment pour son livre *La faillite du paradigme* [kémaliste] [6], et auteur de très nombreux livres où il critique radicalement et rejette, sans hésitation, le concept de développement [7]. On remarque aussi le noyau « hérétique » du département d'économie de l'université de Marmara (Istanbul), autour des travaux de Fuat Ercan et de Mehmet Türkay, qui hésitent, non sans quelques contradictions, entre un marxisme tentant de redéfinir le concept de développement et son rejet pur et simple [8]. On signalera enfin quelques publications sur le concept de développement dont le nombre ne dépasse pas celui des doigts d'une main [9].

Le développement (qui se traduit par *kalkınma*, action de se lever, de s'élever, mais aussi de se guérir) et ses représentations en Turquie demeurent donc à ce jour comme *exclus* de la recherche en sciences sociales. Aussi s'agit-il de tenter ici, à travers une enquête de terrain, de combler ce vide, en traçant un portrait global des diverses conceptions associées au développement en Turquie [10].

Étudier les représentations du développement, quand la réalité signifiée ne paraît pas douée de durabilité et de consistance sociales [11], revient-il à étudier les représentations du mot ou de la chose ? On peut estimer la question mal posée puisqu'il n'y a tout simplement pas plus de mots exclusivement « langagiers » que de choses exclusivement « réelles ». Et on comprend que tout ce qui est représentable ou visible, empirique ou perceptible, est plus ou moins mot et chose, « nom et objet, sens et désigné, expression et désigné » comme le laisse entendre Deleuze, lorsqu'il parle de « l'instance paradoxale [12] ».

Mais traiter le sujet de la sorte peut ne pas aller de soi, notamment lorsque la pertinence, ou l'utilité, d'une telle réflexion est faiblement établie ou considérée comme « douteuse ». Comme la relative marginalité des études sur les mots du développement en Turquie le laisse à penser, la légitimité, scientifique certes, mais aussi sociale, d'un raisonnement sur le concept de développement se trouve posée, car « le développement imaginaire ou mythologique est par définition l'incarnation même du *bien* [13] ». La plus grande difficulté que nous avons rencontrée sur le terrain dans ce domaine a été de surmonter cet obstacle doxique et de faire comprendre à nos interlocuteurs, sinon le bien fondé, du moins l'objectif ou la nature de notre travail. Les anecdotes ne manquent pas : ce professeur émérite en économie à l'université Technique du Moyen-Orient [14], qui décline notre requête d'entretien en nous faisant part de ses interrogations quant à la pertinence d'une telle étude et nous renvoie consulter la littérature internationale, suffisamment riche. Notre éventuel entretien aurait été, selon ce professeur – dont les positions « gauchisantes » sont connues – susceptible de se transformer, en un « bavardage intellectuel [*okumuş adamlar gevezeliği*] » inutile et sans intérêt. Ou encore cette professeure en économie de la prestigieuse université privée de Bilkent (Ankara), à laquelle on prête des positions politiques opposées, qui nous déclare simplement : « Il n'y a que les Français pour faire des études pareilles. Qu'est-ce que ça veut dire les conceptions [du développement]. Ce n'est tout de même pas la psychologie. » Et enfin, ce responsable des études socio-économiques de la TOBB (Union des chambres de commerce et des bourses de Turquie) qui, visiblement très étonné qu'on puisse mener une telle étude ou travailler sur un tel sujet, demande à sa secrétaire qui lui transmet notre requête de rendez-vous « de nous envoyer balader en disant que « M. le responsable » est indisponible », car « ils n'ont pas de temps à perdre avec des types pareils et leurs questions « tordues [15] ».

L'explication de cette « inertie conceptuelle », quelque peu hégémonique – c'est-à-dire observable aussi bien à droite, qu'à gauche, au sein de l'État, perceptible dans l'ensemble de la société et chez les acteurs sociaux les plus divers – peut résider, en partie du moins, dans la quasi-inexistence de la réflexion épistémologique dans la tradition intellectuelle turque [16]. Comme nous le verrons ultérieurement (partie II), on ne trouve pas en Turquie trace d'un mouvement de réflexion « authentiquement turc » sur le développement qui, à l'instar de la pensée dite africaniste du développement, ait pour ambition, à partir par exemple de la redécouverte d'une rationalité supposée « locale », d'opérer une rupture radicale avec les postulats de base du développement, fondés sur la trajectoire de l'Europe comme référentiel universel. La notion de « colonisation conceptuelle » évoquée par Hassan Zaoual n'est sans doute pas pour rien dans ce suivisme [17] que la majorité des intellectuels turcs – dont les premiers, à l'époque ottomane, étaient des traducteurs – entretiennent avec l'Occident. Elle peut certainement éclairer la nature de ce rapport pervers : une sorte de fascination doublée d'une espèce de honte de soi, qui ne prédispose certainement pas à l'évaluation épistémologique des produits conceptuels importés. Fikret Başkaya, intellectuel protestataire précédemment cité, l'exprime ainsi : « On ne fait qu'importer des produits [concepts] non contrôlés. C'est-à-dire qu'on n'a, à aucun moment, été associé à leur production [...]. Ajoutez à cela une très forte aliénation des intellectuels de ce pays envers leur propre société, tout cela n'aide pas pour la réflexion critique [18]. »

L'ensemble de ces difficultés, et surtout ce qui les sous-tend, nous a conduit à une approche de notre sujet selon deux vecteurs complémentaires, que l'on pourrait schématiquement qualifier de diachronique pour l'un, de synchronique pour l'autre. Ces deux vecteurs se présenteront ainsi :

Perspective historique : l'évolution du concept de développement dans son application au cas turc. Autrement dit remonter, dans un premier temps, le plus loin possible dans le passé et identifier les situations de contact de la société turco-ottomane avec le monde « développé ». De là, procéder à une contextualisation du concept jusqu'à nos jours. Quand et comment le concept a-t'il fait son irruption en terre ottomane ? Pourquoi et comment la société turco-ottomane a-elle été investie par la logique du développement ? Quelle est l'évolution historique, du point de vue sémantique et linguistique, de l'équivalent turc du mot développement [*kalkınma*] ? Quel a été le contenu historique et social de cette évolution (acteurs, représentations, structures et intérêts) ? La première partie de notre ouvrage tentera de répondre successivement à ces questions. On verra ainsi qu'un bon nombre des thématiques qui seront développées dans la seconde partie ont des racines historiques profondes. Pour la période d'après 1960, les plans quinquennaux de développement élaborés depuis 1963 par le DPT (Organisme étatique de planification) nous serviront de fil conducteur et restructureront le travail de périodisation.

Le concept de développement aujourd'hui : ce qu'est le développement, à l'époque présente, en Turquie, pour la Turquie, pour ses ressortissants, décideurs, ou faiseurs d'opinion. Ceci revient notamment à s'interroger sur l'appropriation, la transformation, et l'usage du concept par les différents acteurs sociaux ainsi que sur les conditions, les raisons et les conséquences de ces processus (appropriation, transformation, usage). C'est là qu'interviennent nos enquêtes, nos investigations de terrain. Il s'agit d'identifier dans un premier temps les principaux acteurs ou institutions du champ de production et de diffusion des discours de développement en Turquie afin d'en saisir ensuite les conceptions. Puisque la production des discours de développement n'est pas l'apanage d'un lieu ou d'une institution, qu'elle est diffuse et multiforme, nous avons identifié cinq champs comme lieux de production et de diffusion des discours de développement : champ des économistes universitaires, champ bureaucratique, champ politique, champ médiatique, ou journalistique, champ des acteurs de la « société civile ». Une série d'entretiens non directifs a été effectuée avec quarante interlocuteurs appartenant aux champs mentionnés, et sélectionnés à l'aide de la méthode de l'échantillonnage par choix raisonné [19]. Afin de mieux appréhender le halo sémantique de la notion, nous avons donc adopté une méthodologie qualitative qui passe autant par la réalisation des enquêtes que par l'analyse des textes émanant de divers auteurs ou institutions appartenant aux champs mentionnés.

Cet ouvrage suit un plan simple en deux temps. Dans la première partie nous allons tenter de situer, de la fin de l'Empire ottoman à nos jours, les contextes historiques et institutionnels où va se déployer, se constituer, se définir la perception du développement, et ceci selon les différentes catégories d'acteurs et de groupes. On constatera ainsi que, longtemps assimilé au progrès ou perçu comme une transformation totale de la société dans le sens de l'accès à la civilisation, le développement relève de l'ingénierie sociale, et ceci aussi bien pour les dirigeants ottomans que pour les kémalistes (chapitre I). La dimension politico-culturelle est déterminante. L'économique est inféodé aux considérations politiques. La fin de la seconde guerre mondiale et les changements de configuration politique qui se traduisent en Turquie par le passage au multipartisme marquent une rupture. Le référentiel économique devient prédominant au détriment du politico-culturel. Le développement s'interprète de plus en plus comme un fait exclusivement économique mesuré par la performance de l'appareil productif. L'ère des chiffres est ouverte (chapitre II).

La seconde partie du travail fait la plus grande part aux enquêtes de terrain et confirme ce constat, car la question de la centralité du référentiel économique dans la construction de « l'objet développement » induit le premier niveau de rupture entre les représentations telles que nous avons pu les identifier sur le terrain. On remarquera notamment que deux grands axes de représentations se constituent à partir de leur positionnement respectif par rapport à la centralité du marché, du référentiel économico-quantitatif et de la logique marchande. Les représentations relevant de l'axe I (chapitre III), avec certes des nuances entre les différentes « tendances », assignent au social un même rôle d'appendice du marché et ne considèrent comme logique, compréhensible, intelligible que le seul quantifiable, le chiffrable. Par contre, les conceptions regroupées dans l'axe II (chapitre IV) dénient au quantifiable, à l'économique, toute hégémonie, et privilégient à l'inverse des élaborations plus qualitatives, plus changeantes, voire symboliques qui, puisque non mesurables, échappent à toute quantification.

PREMIÈRE PARTIE

ÉVOLUTION DU DISCOURS DU DÉVELOPPEMENT EN TURQUIE

CHAPITRE PREMIER

Le développement comme projet de l'ingénierie sociale

L'irruption

Le développement est avant tout un concept, une construction sociale dont la pleine intelligibilité ne peut se révéler qu'historiquement. D'origine occidentale [20], son irruption en terre turque est intimement liée à l'évolution des rapports entre l'Europe et l'Empire ottoman. Le rapport des Ottomans avec l'Occident (longtemps assimilé au monde gréco-romain – *rumeli* [pays des Romains]) suit une logique allant de la suffisance à la fascination [21]. Mais la suffisance d'un Empire s'étendant sur trois continents à son apogée, au XVIe siècle, n'est pas le fait d'un isolement ou d'une indifférence. Par son activité militaire (conquêtes incessantes en Europe, puissance militaire inégalée pour son époque), par ses ambitions politiques (alliance François 1er et Soliman le Magnifique contre Charles Quint), par son influence culturelle et artistique (exotique engouement en Europe pour les « turqueries »), l'Ottoman attire, intrigue et en même temps inspire la crainte [22]. Mais le dédain, du côté ottoman, pour cette Europe infidèle, impuissante, divisée par la langue et la politique, renvoie à une idée extrêmement simple selon laquelle il n'y a pas grand-chose à apprendre en Europe, à moins d'y mener des incursions au titre de son statut de *dar-ül harp* (région incroyante ouverte à la guerre en opposition à *dar-ül islam*, pays de l'islam).

Les choses évoluent toutefois à mesure du déclin de l'Empire et de la montée en puissance de l'Europe. L'intérêt pour l'Occident grandit à mesure que l'Empire prend conscience, à partir de la fin du XVIIe, de ses propres fragilités, notamment militaires. En effet, l'échec du second siège de Vienne (1683, sa première défaite militaire d'envergure devant les Habsbourg) et le traité de Karlowitz en 1699 – premier traité défavorable aux Ottomans qui fait de la monarchie habsbourgeoise la puissance dominante dans le Sud-Est de l'Europe – marquent le début du déclin ottoman qui va durer jusqu'au XXe siècle. Le regard sur l'autre/adversaire s'en trouve dès lors affecté. Le souci de mieux s'informer sur l'autre, de percer les secrets de sa puissance, remplace la diabolisation de l'infidèle. Se pose parallèlement, et presque inévitablement, l'épineuse question du transfert en pays ottoman de ce qui fait la force de l'adversaire, à savoir la technique. Celle-ci, identifiée parfois sous le vocable de rouage [*çark*], est le thème le plus fréquemment évoqué dans les récits des envoyés ou des ambassadeurs ottomans en Europe [23] qui ne cessent de s'étonner au spectacle « étrange » et « merveilleux » offert par l'Occident. Pour Stéphane Yerasimos, « la suffisance ottomane basée sur la supériorité des armes et la conviction religieuse, s'effrite [désormais] pour laisser place au sentiment d'infériorité face à la montée en puissance de l'Occident [24] ».

À travers le transfert de la technique, du rouage, de la machine, il s'agirait, alors, pour l'Empire, de combattre l'adversaire avec ses propres armes. Se trouve ainsi réunie la quasi-totalité des problématiques qui vont marquer la vie intellectuelle de la fin de l'Empire (du XVIIIe au début du XXe [25]) et au-delà jusqu'à nos jours.

Soulignons-en les plus importantes eu égard à notre thématique. L'émerveillement pour la technique occidentale (ou technique tout court) prend toute son ampleur avec la Révolution industrielle au XVIIIe siècle qui marque l'entrée dans l'ère des ingénieurs. Constatant avec amertume la supériorité technico-militaire des Européens, les branches civile (*mülkiye*), militaire (*askeriye*) et religieuse (*ilmiye*) de l'administration ottomane sont unanimes en ce qui concerne l'intérêt d'un transfert des technologies occidentales en vue d'assurer la pérennité de l'État ottoman lourdement menacé. Nous avons ainsi ici deux éléments qui vont durablement marquer les élites turco-ottomanes jusqu'à nos jours : la prédominance, toujours actuelle, des intérêts de l'État sur toute autre entité – toute la réflexion tournant autour de l'idée sacrée et obsessionnelle de la survie de l'État – et la croyance quasi absolue en la technique, perçue comme neutre, comme un outil universel facteur de puissance et déconnecté de ses fondements sociaux profonds. C'est cette technique objective, détachée de tout contexte social que les bureaucrates ottomans iront chercher en Europe pour la survie de leur État au même titre que leurs successeurs turcs sous la République (cf. chapitre III-1, rubrique « technologie ») pour conforter le développement de leur pays.

Dès lors, on comprend mieux le faible ancrage épistémologique brièvement évoqué dans l'introduction et sur lequel on reviendra ultérieurement : le processus de transfert du savoir technique (et plus tard scientifique) est globalement conçu comme un simple travail de traduction qui ne prédispose pas à la vigilance épistémologique. Les connaissances techniques (ou aujourd'hui scientifiques) étant universelles et neutres, il suffirait de puiser dans le stock existant – par simple traduction [26] – pour atteindre – par imitation – la puissance de l'adversaire ou, aujourd'hui, le niveau de développement des pays avancés.

De cet arrière-plan historique et intellectuel découle alors la première représentation, *a minima*, du développement – ou plutôt de son aîné « progrès » [*terakki*] – en terre turque, conçu comme étant synonyme d'avancée technique, donc de puissance, le dépositaire de cette puissance étant, bien entendu, l'État. Dès lors, un enchaînement logique donnerait ceci : un pays développé, dans la voie du progrès = un pays fort = un État fort = une armée puissante, bénéficiant des avancées techniques les plus récentes. C'est pourquoi les réformateurs ottomans, des Tanzimat aux Jeunes-Turcs [27], quelles que fussent leurs différences, donnèrent une priorité absolue à la réorganisation militaire et à la mise en place d'une nouvelle structure capable de la soutenir. Mais à mesure que cette nouvelle armée prend la tête du mouvement réformateur, et plus tard du pays à compter de la révolution jeune-turque de 1908 qui dégénère en une dictature militaire, elle imprime aussi un contenu extrêmement positiviste et scientiste à la notion de développement/progrès, explicable en partie par l'influence qu'exercent sur les élites militaires les idées matérialistes venues de l'Europe [28], mais aussi et surtout par l'obsessionnel émerveillement du métier des armes pour la technique, le calcul, la science.

Toutefois, la prédominance accordée à la restructuration militaire, voilà la seule chose que partageraient les réformateurs ottomans. Les lignes de clivage se forment rapidement autour de la question des limites du domaine d'application de la technique occidentale. C'est le début de la querelle entre les courants islamistes : partisan d'un rapport avec l'Occident limité au seul transfert de la technique dans le domaine militaire, avec un retour aux valeurs religieuses qui ont fait, à en croire ses tenants, la force de l'Empire ; occidentaliste, souhaitant un transfert du savoir technique occidental dans tous les domaines sociétaux et la reprise pleine et entière de la culture européenne qui l'a engendré ; et turquiste, promoteur d'un transfert du savoir-faire occidental dont le but serait de simplement régénérer la turcité ancestrale, asiatique, supposée non affectée du cosmopolitisme ottoman. Bernard Lewis évoque de la façon suivante les principaux termes de ce débat qui va durablement marquer les deux derniers siècles de l'Empire : « On pouvait adopter les armes à feu, puisqu'elles allaient servir à la guerre sainte contre les infidèles : mais pas l'imprimerie et les horloges qui n'avaient aucune utilité de ce genre et risquaient d'endommager le tissu social de l'islam [29]. » Toute l'imaginaire modernisatrice républicaine se fondera dès lors, comme on verra dans la suite de notre travail, sur ce pseudo-obscurantisme ottoman ou religieux, qui a refusé pendant des siècles l'adoption de l'imprimerie, symbole du progrès, de la science et de la modernité.

À la veille de la naissance de la Turquie républicaine, trois points de vue rivaux se départagent donc l'espace ottoman de réflexion en termes de vision sociétale ou de stratégie de changement [30], leur point de départ commun étant l'Occident ou le rapport à l'Occident : « Quand, à partir de la période des Tanzimat, la supériorité de l'Occident commence à envahir la conscience ottomane, tous les courants politiques, aussi bien islamiste, occidentaliste que turquiste, évaluent leurs idées à l'aune de l'Occident. Mais plus que d'un Occident objectif, il s'agit d'Occident imaginé, de sa représentation par l'Orient. L'Orient conforte même sa propre identité aux reflets de l'Occident [31]. » Pour retrouver son identité estompée face à la supériorité de l'Occident, pour réparer sa « conscience mutilée [32] », L'Ottoman cherche alors des voies. Il en trouve trois :

— Occidentalisme (*Batıcılık*) pour qui le progrès (ou le développement) se mesure à l'aune du degré d'adoption, d'irruption ou d'intériorisation des codes, normes, valeurs ou principes occidentaux considérés comme universels et donc parfaitement transportables, transposables, et ceci indépendamment du christianisme. La technique occidentale est jugée inséparable de la culture qui l'a créée. C'est l'avis de Şemsettin Sami, l'un des représentants les plus en vue de cette tendance : « si l'Occident avait été inférieur du point de vue culturel, il n'aurait pas pu développer sa civilisation matérielle [33]. » Mais ce qui est en cause ici, ce n'est pas tant l'islam, qui ne constitue pas, affirme-t-on, un obstacle au progrès, à la civilisation, mais sa mauvaise interprétation. Viser directement la religion telle quelle dans un Empire fondé sur la croyance religieuse aurait sans doute été trop risqué et par ailleurs ni nécessaire, ni utile. Cette stratégie sera reprise par la suite, sous la République, par les kémalistes qui ne vont jamais affronter directement la religion telle quelle, même lors de l'adoption des réformes les plus hostiles à la présence de l'islam dans l'espace public.

— Islamisme (*İslamcılık*), pour qui le progrès (ou le développement) se mesure à l'aune de la conformité stricte aux pratiques de l'époque de

Mahomet et des premiers califes – une espèce d'âge d'or perdu, quelque peu utopique, servant de modèle de société, projeté dans le futur. Pour Nilüfer Göle, il serait difficile d'affirmer que « les mouvements islamistes [de l'époque] sont radicalement opposés à la modernisation, au progrès [34] ». Il s'agirait pour l'auteur non d'un retour pur et simple aux « sources de l'islam », mais plutôt de la reconnaissance de la supériorité, avant tout technique, de l'Occident, au final de récupérer son idéal de progrès, tempéré d'une sensibilité/identité islamique [35]. Ce qui nous ramène, de nouveau, à la question du transfert de la technique d'origine occidentale à laquelle les courants islamistes ne s'opposent pas forcément, à condition qu'elle n'agisse pas sur la morale. Mahmut Esat, un des représentants de la pensée traditionaliste, l'exprime ainsi : « chaque civilisation a un côté spirituel et un côté matériel. Son côté spirituel est la morale. Le côté matériel de la civilisation s'étend de la machine à coudre aux chemins de fer et aux bateaux de guerre, bref, il comprend toutes les inventions de l'industrie que nous avons sous les yeux de nos jours [36]. » En découle alors indirectement l'idée selon laquelle il est parfaitement possible « de préserver la civilisation orientale dans le domaine de la morale, tout en s'appropriant les aspects matériels de la civilisation occidentale [37] ». Par la suite, cette idée aura une audience particulièrement large, au-delà même des seuls cercles traditionalistes/islamistes, et sera par exemple mobilisée pour comprendre et expliquer les « miracles asiatiques » (cf. chapitre III-1, rubrique « la Corée du Sud »).

— Et enfin le turquisme (*Türkçülük*), pour qui le progrès (ou le développement) se mesure en fonction du degré de non-contamination de la turcité authentique par l'islam et le cosmopolitisme ottoman.

Le remodelage kémaliste

S'emparant du pouvoir dans des conditions historiques exceptionnelles [38] suite à une résistance armée contre l'occupant, notamment grec, couronnée par l'abolition en 1922 du sultanat et l'instauration en 1923 de la République, les kémalistes [39] tranchèrent parmi ces trois options et optèrent pour un subtil mélange de la première et de la troisième, ce qui a fait dire au romancier Peyami Safa que « la révolution d'Atatürk se fonde sur deux principes immuables, le nationalisme et l'occidentalisme [40] ».

De la vision occidentaliste, ils retiennent un ensemble de valeurs érigeant l'Occident en référent universel : la supériorité de la raison, de la pensée rationnelle, l'universalisme des valeurs issues de l'idéologie des

Lumières et des formes de savoir scientifique, la croyance en la technique, en la science, au progrès, en la supériorité de l'homme face à la nature et face à tout « garant métasocial », notamment religieux. À l'inverse de l'éclectisme « gélatineux » de l'occidentalisme ottoman tentant de greffer timidement – mais sans trop y réussir, au coup par coup, réforme par réforme – quelques éléments occidentaux sur un tissu qui reste relativement incompatible, les kémalistes optèrent pour une thérapie de choc [41], mais sans s'en prendre directement à l'islam tel quel. Considérant que « la civilisation occidentale est un tout qu'il faut faire sien avec ses roses et ses épines [42] » – rappelons-nous la discussion, typiquement ottomane, sur les champs d'application de la technique occidentale importée – ils tentèrent de procéder à un remodelage quasi complet des institutions [43] mais aussi de l'*habitus* national : intériorisation par chaque individu/citoyen des schèmes occidentaux d'appréciation et de classement, générateurs d'actions – manières de manger, de parler, de juger, de se conduire, de se vêtir, etc. Il s'agissait alors d'opérer un remodelage au niveau de ce qu'il y a de plus qualitatif et personnel : le style de vie et le goût – dans le sens d'une idée de civilisation, au final la civilisation occidentale telle qu'excellemment décrite par Norbert Elias [44]. Mais, ce faisant, ils rejetèrent tout ce qui pouvait être assimilé au cosmopolitisme occidental stambouliote, comme décadent, élitiste, insouciant, coupé de la réalité du peuple et étranger à l'idée nationale. Le transfert de la capitale, d'Istanbul à Ankara, prend ici tout son sens. Du turquisme, les kémalistes gardèrent bien entendu tout l'imaginaire national : peuple asiatique valeureux, épris de liberté et d'héroïsme, bâtisseur de civilisations, des Huns aux Mongols, un passé censé représenter les « pures » valeurs de la turcité, non atteinte encore par l'islam ou l'ottomanisme. Mais ils refusèrent toute visée expansionniste vers les contrées peuplées par les communautés turcophones, d'Asie centrale notamment, et déclinèrent également toute revendication de particularisme national, anatolien ou asiatique, au profit de la conception d'une civilisation supposée unique, sur le modèle occidental.

Pour les kémalistes, la politique économique est certes importante, mais elle n'est pas réellement prépondérante. On ne raisonne pas encore en termes exclusivement économiques lorsqu'on pense au progrès, au futur du pays, et l'économie est plutôt mise au service du projet radical d'ingénierie sociale des dirigeants kémalistes, chose qui va changer avec le passage au multipartisme. L'objectif dans ce domaine reste de « favoriser une économie nationale et de restructurer les forces économiques dans le pays afin de donner rapidement un fondement socioéconomique à l'État républicain naissant [45] ». À partir de là, avec un certain pragmatisme sans doute effet de leurs piètres connaissances en matière économique[46], les kémalistes appliquèrent différents régimes d'accumulation pourvu que soit assurée l'indépendance politique du pays par la mise en place d'une économie nationale, solide et non dépendante.

Ils privilégièrent, dans un premier temps, entre 1923 et 1929, un modèle économique donnant une priorité absolue aux exportations et à la création d'une nouvelle bourgeoisie turco-musulmane commerciale, censée donner un fondement « sociologique » à la République nouvellement créée – à condition cependant d'en garder le contrôle. Toutefois la grande dépression de 1929, en paralysant tout le système productif agricole turc, comme celui des pays périphériques, bouleversa ce régime d'accumulation reposant sur un modèle extraverti. La pénurie d'infrastructures économiques, l'absence d'une véritable classe d'entrepreneurs privés industriels et le blocage du système productif agricole amenèrent par conséquent les dirigeants kémalistes à étendre l'emprise du capitalisme d'État [*Devletçilik*[47]]. Tout le commerce extérieur du pays se retrouva progressivement sous le contrôle du gouvernement et l'emprise du secteur public s'élargit aux activités minières, à la sidérurgie et aux infrastructures, puis à la chimie et aux matériaux de construction et enfin à une part notable des industries de biens de consommation et des services. Ces mesures et d'autres[48] adoptées par la suite eurent pour effet de modifier favorablement la balance commerciale en faveur de la Turquie et d'assurer une certaine protection aux productions locales. Elles permirent également un redressement économique stable, sans inflation ni déficit budgétaire, et jetèrent les bases de l'industrialisation du pays.

CHAPITRE II

Le développement comme performance économique

La petite Amérique

Les réformes entreprises par Mustafa Kemal jusqu'à sa mort en 1938 entraînèrent de profondes transformations politiques, économiques et culturelles. Sous la férule du Parti unique (CHP), le régime républicain renforça sa légitimité fondée sur le principe de la souveraineté nationale. Grâce à la solidité des institutions républicaines, la succession d'Atatürk se déroula dans le calme. İsmet İnönü, son ami et plus proche collaborateur, lui succéda à la présidence de la République en 1938, tandis que les nuages commençaient à s'amonceler sur l'Europe. İsmet İnönü sut maintenir la neutralité de la Turquie pendant la seconde guerre mondiale, se tenant plutôt du côté des Alliés, non sans quelques concessions à l'Axe. En août 1944, les dirigeants turcs, sûrs de la défaite de l'Axe, rompirent finalement les relations diplomatiques avec l'Allemagne et lui déclarèrent la guerre le 23 février 1945. Face aux revendications avancées par Staline (des bases sur le Bosphore et le retour à l'URSS des provinces de Kars et Ardahan cédées à la Turquie en 1918), les dirigeants du parti unique jugèrent nécessaire d'aller plus loin et de faire un geste spectaculaire afin de bénéficier de l'appui militaire américain : le passage au multipartisme fut annoncé en 1945.

Entrant désormais, pleinement, dans la logique particulière de la guerre froide [49], la Turquie déclare marcher à grand pas dans la voie de la démocratie, voie qui contraindra, cinq ans plus tard, le CHP (Parti républicain du peuple) à céder pacifiquement le pouvoir à l'issue des élections du 14 mai 1950 au Parti démocrate (*Demokrat Parti*, DP), après un règne sans partage de vingt-sept ans. Quatre groupes sociaux constituent la base électorale – et clientéliste – du DP : les populations rurales, premières victimes de longues années de mobilisation et de leur lot de pénurie et de misère ; les notables locaux, grands et moyens propriétaires terriens, alliés les plus importants des cadres kémalistes pendant la guerre de libération, qui virent cependant leurs privilèges et leur autonomie diminuer avec la création d'un État fortement centralisé ; les tenants de la renaissance islamique, qui ne cessaient de prendre de l'ampleur, suite aux réformes radicales de laïcisation ; et enfin les nouvelles classes manufacturières et commerciales turco-musulmanes qui ont su bénéficier des possibilités offertes par six années de neutralité dans un monde en guerre.

Le passage au multipartisme en 1945 et l'arrivée au pouvoir du Parti démocrate pour dix ans (1950-1960) marquent aussi un tournant pour le discours de développement. Ce tournant est consécutif aux changements intervenus dans la politique internationale dès la fin de la seconde guerre mondiale, il en est même l'effet. Encore une fois, les termes du débat en Turquie – que ce soit sur le développement ou sur un autre thème – sont intimement liés à l'évolution générale du contexte international. Rappelons pêle-mêle, et sans entrer dans le détail, le nouvel ordre international marqué par le début de la guerre froide, l'instauration du système de *Bretton Woods*, l'hégémonie américaine et le mouvement de décolonisation. L'accession à l'indépendance des pays qualifiés de « tiers-monde » engendre des transformations politiques et économiques majeures sur la scène internationale d'après guerre. Dès lors, ce qui apparaît dans ce contexte, ce n'est pas à proprement parler le concept de « développement », bien que l'idée qui le sous-tend existe depuis déjà plusieurs siècles, mais plus exactement celui de « sous-développement » évoqué pour la première fois par le point IV de Truman [50]. La différence de nature qui opposait les pays colonisés – souvent qualifiés de sauvages, primitifs ou d'états stationnaires – aux peuples colonisateurs – civilisés – n'existe plus. Le « sous-développement » ne s'oppose pas au « développement », il en constitue la forme embryonnaire. Le « développement » n'est donc plus simplement cet état, produit d'une évolution naturelle, caractéristique des pays occidentaux. Il relie les deux états et implique la possibilité d'un passage du « sous-développement » au « développement ». Tout ceci donne à la fois un sens et une justification aux diverses mesures engagées au nom de l'aide au « tiers-monde ». Le « développement » devient ainsi un programme, qui sera relayé par de nombreuses institutions internationales qui se mettent en place dans la lignée des institutions de *Bretton Woods* (Banque mondiale et Fonds monétaire international).

Cette évolution internationale est absolument fondamentale pour comprendre les changements intervenus sur la scène politique turque en 1945 (passage au multipartisme) et 1950 (victoire du Parti démocrate). Le discours sur le développement s'en trouvera lui aussi largement affecté, et ceci pour longtemps, et probablement jusqu'à nos jours. Deux conséquences majeures sont à noter :

L'ambitieux projet kémaliste de remodelage de la société tout entière est remplacé par la volonté clairement affichée, par le gouvernement du Parti démocrate, de faire de la Turquie « une petite Amérique » et d'avoir « dans chaque quartier un millionnaire ». Le développement est désormais synonyme, du moins pour dix ans, d'enrichissement à outrance et ceci au nom de la liberté enfin retrouvée après « 27 ans de régime autoritaire ». La question du développement n'est-elle pas par ailleurs au cœur de la politique internationale, comme le rappellent les militants du Parti démocrate ? Pour le gouvernement, il ne fait aucun doute que les « vieilles » recettes kémalistes, entachées de paternalisme et d'élitisme, qui lui inspirent une haine sans borne et lui apparaissent comme un pénible anachronisme, ne sont tout simplement plus légitimes dans un monde libre en plein développement.

Le référent économique sera désormais plus que jamais déterminant, prédominant, dans l'idée du développement, et il induira une rupture radicale par rapport au projet de modernisation kémaliste où l'économie inféodée à la politique ne joue qu'un rôle secondaire. Est donc ouverte l'ère où on étale les chiffres de croissance ou de PIB chaque fois qu'on évoque le terme de développement.

Soutenus par la bourgeoisie d'affaires, les notables provinciaux et les populations rurales, se montrant proches des préoccupations « du peuple » et promettant la liberté politique, économique et religieuse – ce qui lui valut une immense popularité auprès des paysans très attachés à l'islam – le Parti démocrate restera au pouvoir pendant exactement dix ans. Toutefois le règne démocrate, inauguré dans l'allégresse de tout un peuple qui croyait que « l'heure de la liberté est arrivée », se terminera mal.

Dans la première moitié des années cinquante, les démocrates bénéficiaient en fait du *boom* économique mondial. L'aide économique et militaire américaine arrivait en abondance, tandis que les investissements dans les infrastructures et l'agriculture induisaient une prospérité certaine dans les zones rurales. Dans le prolongement de la doctrine Truman, préconisant le maintien de la Turquie et de la Grèce dans la mouvance atlantique (américaine) sur le flanc de l'URSS, une aide massive en crédits et matériels (tracteurs et autres équipements agricoles) était accordée dès 1947 à l'économie turque. Ceci permettait au gouvernement de mettre en œuvre un régime d'accumulation centré sur l'agriculture industrielle, productrice de devises (coton, fibres, tabac, etc.). Pendant ses dix années au pouvoir, le Parti démocrate s'en tint à ce modèle centré en grande partie sur l'agriculture pour préserver la prospérité de ses principaux clients, paysannerie, notables anatoliens et commerçants.

À partir de 1955 pourtant, la situation se dégrada. L'élan agricole atteignit ses limites et les transferts américains d'aide et de crédit s'avérèrent rapidement insuffisants pour subvenir aux besoins des programmes économiques de plus en plus ambitieux des démocrates au pouvoir. Les exportations chutèrent sous l'impact d'une baisse des prix, les difficultés économiques s'accumulèrent et la pénurie s'installa. Face à cette situation alarmante, le gouvernement démocrate recourut à de sévères restrictions commerciales. Une nette préférence pour l'industrialisation comme stratégie de développement commença ainsi à se dessiner dans certains milieux d'affaires dès la fin des années cinquante. Plusieurs facteurs contribuèrent à ce choix en faveur de l'industrialisation :

D'abord, il y avait eu, au cours de la guerre, génération d'une accumulation considérable de capital par la bourgeoisie commerciale soucieuse de l'investir dans des activités manufacturières ;

Ensuite, grâce au développement des moyens de transport longtemps négligé durant le régime du parti unique, le pays avait connu un fort exode rural, qui s'est traduit par une urbanisation aussi rapide qu'anarchique. Les habitants des bidonvilles approvisionnaient l'industrie manufacturière urbaine non seulement en force de travail peu coûteuse et abondante, mais constituaient également l'assise d'une demande, ou de l'expansion de la demande, du marché domestique. Car les migrants arrivant en ville étaient munis de quelque épargne, ce qui leur permettait d'investir dans l'immobilier et d'accéder aux biens de consommation.

Parallèlement à ces poussées de l'industrialisation et du protectionnisme, le parti au pouvoir avait fait cependant un choix politique en faveur de l'agriculture, optant particulièrement pour l'ouverture de crédits par la banque agricole, les facilités de remboursement, l'augmentation du prix des céréales ainsi que la suppression de l'impôt sur le bétail et sur les produits de la terre. Cette politique de distribution des crédits et des subventions attisait sans doute l'impatience de la bourgeoisie manufacturière urbaine qui, ainsi, n'avait plus qu'à rejoindre les officiers putschistes qui prendraient le pouvoir le 27 mai 1960.

L'obsession de l'industrialisation

La presse, les intellectuels, les couches citadines et les universités soutinrent le coup d'État pour se débarrasser d'un pouvoir jugé réactionnaire et antidémocratique. Il en alla de même des forces de gauche qui montrèrent un enthousiasme débordant et une confiance sans bornes envers les putschistes. Les milieux d'affaires, eux aussi, accueillirent favorablement la prise du pouvoir par les militaires : ils en espéraient la mise en place d'un gouvernement plus à même de répondre à leurs demandes, en, l'occurrence essentiellement une nouvelle distribution des crédits et des subventions jusque-là attribués à l'agriculture, l'abandon du régime d'accumulation centré sur l'agriculture et son remplacement par une politique économique privilégiant l'industrialisation appuyée par un protectionnisme accru.

Si une idée devait caractériser cette période (1960-1980) en Turquie, ce serait sans doute l'idéal globalement partagé (aucun infléchissement observé à cet égard même lors des changements gouvernementaux) d'un développement indubitablement assimilé à la croissance des forces productives dont la seule voie possible serait celle d'une industrialisation fondée sur le transfert de technologie [51]. La logique du transfert technologique est simple : le développement, symbole de la marche vers le bien-être, ne peut se réaliser de lui-même. Des politiques volontaristes sont par conséquent nécessaires, qui peuvent prendre pour modèle l'évolution des pays industrialisés. Or, l'élément fondamental retenu de l'histoire du développement des pays occidentaux, c'est la révolution industrielle, assimilée aux bouleversements sociaux, techniques et scientifiques qu'elle implique. La technique, conçue comme socialement, idéologiquement et culturellement neutre, acquiert le statut d'outil privilégié pour s'engager dans la voie du développement, image de la destinée humaine. Présentée toutefois à tort comme une volonté de rupture avec le système mondial, cette stratégie d'industrialisation s'inscrivait, en réalité, parfaitement dans la logique du fordisme hégémonique des pays « centraux » en leur permettant, entre autres, de se débarrasser de leurs technologies vieillissantes et dépassées tout en maintenant les pays importateurs de technologie en état de dépendance en termes de biens d'équipement et de production. L'exemple des Renault 12 produites en Turquie jusqu'aux années quatre-vingt-dix en est une illustration. Ladite stratégie était par ailleurs accréditée par les organisations internationales et les puissances hégémoniques de l'époque, comme en témoigne la reprise du « développementisme » de la CEPAL [52] par la diplomatie de JFK après la révolution cubaine. Necdet Erder, un des instigateurs de l'idée du plan en Turquie, le confirme, en soulignant la parfaite concordance qui existait à l'époque entre les bureaucrates turcs et les experts des institutions de *Bretton Woods* quant au modèle économique à instaurer en Turquie (industrialisation dans un cadre de l'économie mixte [*karma ekonomi*]) [53].

Cette idée du développement par le biais d'une croissance accélérée reposant sur l'industrialisation est commune à la majorité des partis politiques – que ce soit de droite ou de gauche – et des acteurs sociaux de l'époque – de la bourgeoise à la classe ouvrière syndicalisée, les deux principales bénéficiaires du modèle – puisqu'elle est supposée neutre et bénéfique à tous : création d'un marché national interne porté par la demande interne – celle-ci étant favorisée par la hausse du pouvoir d'achat des salariés – et permettant aux industriels d'écouler leurs marchandises, certes de mauvaise qualité, mais protégées par des tarifs douaniers élevés. On retrouve ainsi là toute la logique de la stratégie d'industrialisation par substitution aux importations (ISI) telle qu'on l'a appliquée en Turquie entre 1960 et 1980 : la production et la diversification de produits de consommation locaux destinés au marché intérieur, en accumulant les revenus provenant de l'exportation des produits agricoles dans les industries naissantes protégées par de très fortes barrières douanières. Dans cette perspective, la réalisation des investissements dans les secteurs de biens intermédiaires et de biens d'équipement était assignée au secteur public, tandis que le secteur privé et les investissements directs étrangers devaient concentrer leurs efforts dans le secteur des biens de consommation durables.

La coalition sociale « gagnante » qui s'est formée autour de ce modèle d'accumulation dans une espèce d'alliance « développementiste » est celle qui a aussi soutenu l'intervention militaire de 1960. Elle est expressément désignée par le Premier ministre İsmet İnönü dans l'introduction du premier plan de développement (1963-1967) :

« Le succès que notre plan apportera sera non seulement celui de notre développement économique et social, mais aussi de notre démocratie. Cette croyance se fonde sur la volonté de développement, dans la liberté et la démocratie, de la nation tout entière avec ses *bureaucrates, hommes d'affaires, ouvriers* [NDRL : c'est nous qui soulignons], et enseignants des universités [54]. »

L'époque correspond aussi à l'âge d'or de l'Office de planification (*Devlet Planlama Teşkilatı*, DPT) prévu par la Constitution de 1961 et des plans quinquennaux de développement que l'organisme planificateur met en place. Quatre plans virent le jour entre 1963 et 1983. Il ne serait pas faux d'affirmer qu'ils expriment globalement les intérêts particuliers de l'alliance développementiste évoquée ci-dessus. Le premier qui couvre la période de 1963-1967 se veut, d'abord, une rupture heureuse avec la période précédente (les années cinquante) et son esprit jugé chaotique, la Turquie retrouvant enfin le chemin d'un développement planifié, rationnel, à l'instar des pays occidentaux qu'elle souhaite rattraper :

« La Turquie vient d'opter pour un développement planifié dans un cadre démocratique. Nous constatons une importante demande de développement exprimée par la société turque. Les conséquences néfastes découlant des politiques arbitraires imposent la planification comme la seule voie possible du développement [55]. »

Necdet Erder, ex-bureaucrate précédemment cité, va plus loin, et voit, dans ce premier plan quinquennal, ni plus ni moins qu'une tentative de refonder le capitalisme turc sur des assises rationnelles, ce qui inaugure pour l'ex-bureaucrate une alliance conjoncturelle entre la bureaucratie et la bourgeoise industrielle [56].

En conformité avec la tendance économiciste croissante qui prédomine à compter du début des années cinquante, au sens d'une prédominance accordée aux préoccupations d'ordre économique par rapport à toutes les autres, la croissance représente, pour le plan, l'objectif fondamental à atteindre, condition nécessaire et suffisante à la réalisation de sous-objectifs comme l'amélioration du bien-être. La conception dominante du développement, ayant pour référence implicite la reconstruction de l'Europe après la seconde guerre mondiale, témoigne d'un optimisme considérable quant aux perspectives de croissance et de planification. De plus, la solidarité internationale à ce sujet était considérée comme acquise : « On constate aujourd'hui dans le monde une grande amélioration des techniques de planification économique et sociale. D'importantes expériences de développement planifié dans un cadre démocratique furent couronnées de succès [...]. La résolution des problèmes à moyen terme dépend des taux de croissance élevés. En tenant compte des ressources et moyens de la Turquie, un taux de croissance annuel de 7 % est posé comme objectif [...]. Non seulement les ressources nationales, mais aussi les fonds internationaux disponibles sont pris en considération dans les prévisions de taux de croissance. La solidarité internationale contribuera à cet effort national [57]. »

Le second plan de développement (1968-1972) reprend les objectifs posés dans le premier et les prolonge en mettant notamment l'accent sur l'impératif d'industrialisation *via* une stratégie de substitution toujours plus poussée pour couvrir à terme non seulement les principaux biens de consommation mais aussi les biens intermédiaires et d'équipement. L'objectif d'un taux de croissance annuel de 7 % est maintenu. Ce taux est jugé nécessaire pour réduire l'écart avec les pays développés d'Europe occidentale. Le changement de paradigme par rapport à la vision kémaliste de modernisation est ici pour le moins évident. Alors que, pour les fondateurs de la République être occidental, être européen, être progressiste se mesurent, aussi, à l'aune de certains comportements sociaux d'ordre qualitatif, comme les manières de manger, de se raser, de se vêtir…, rattraper les pays européens, s'engager dans la voie du développement indiquent ici, pour le plan, suite au tournant économiciste des années cinquante, une simple amélioration d'un certain nombre d'indicateurs économiques. Lisons ceci : « Un taux de croissance annuel moyen de 7 % semble non seulement nécessaire mais aussi réalisable. Afin de réduire à long terme l'écart existant avec le monde occidental dont la nation turque est membre, une telle prévision de croissance constituerait le strict minimum. Les tendances actuelles observées depuis l'entrée en vigueur des plans nous permettent de conclure que cet objectif est parfaitement réalisable [58]. » Mais il ne s'agit pas ici de n'importe quelle croissance, mais de celle qui repose impérativement sur l'industrialisation. L'obsession de l'industrialisation est manifeste [59] : « Le rôle moteur de l'industrie dans l'économie sera consolidé pendant la période d'application du second plan. L'industrialisation s'avère impérative pour démarrer et maintenir un développement rapide […]. La mise sur pied des industries stratégiques de biens d'équipement et intermédiaires sera prioritaire [60]. » Les autres thématiques, telles l'agriculture, l'urbanisation ou la répartition du revenu, ne sont abordées que dans leur rapport à l'industrie. À titre d'exemple : « Le taux de croissance étant retenu comme un des objectifs majeurs du développement, une politique démographique compatible avec cet impératif sera poursuivie [61]. » Le développement est dès lors synonyme d'une augmentation continue de la part de la production industrielle dans le PIB, l'usine est supposée entraîner des bouleversements radicaux d'ordre social et politique [62].

Le IIIe plan de développement (1973-1977) garde le cap. L'impératif de l'industrialisation est réaffirmé avec encore plus de vigueur : « L'objectif de l'industrialisation est celui visé par toute une nation depuis le début du siècle [63]. » [Objectif que la nation va étrangement oublier ou reléguer au second plan à partir des années quatre-vingt !] Il serait peut-être nécessaire de rappeler ici le contexte politique de l'époque, puisque celui-ci imprime fortement son empreinte au texte. En mars 1971, un *pronunciamiento* militaire oblige le gouvernement de Süleyman Demirel (de droite) à quitter le pouvoir. Jusqu'en janvier 1974, le pays est gouverné par des cabinets successifs de technocrates (quatre au total) sous la surveillance vigilante des militaires. La technicité bureaucratico-technocratique du gouvernement de Ferit Melen, qui a préparé et signé le IIIe plan, se lit dans pratiquement chaque paragraphe, chaque phrase. Des raisonnements d'un simplisme extrême se succèdent. Les rapports mécaniques entre tel ou tel autre fait sont rapidement établis, et tout ceci sur fond d'un réductionnisme économique ambiant qui rapporte encore tout à l'industrialisation. Ce passage, certes un peu long mais formidablement parlant, en témoigne :

« Le protocole additionnel avec la Communauté économique européenne a été signé en 1970. La période de transition se trouve ainsi démarrée. Ce qui veut dire que d'ici 22 ans, la Turquie réalisera son union douanière avec les pays membres de la CEE et que la libre circulation des marchandises, des services et des travailleurs sera pleine et entière entre les pays signataires [on est encore loin du compte aujourd'hui]. Ce projet important de notre siècle se concrétise avec réussite entre les pays de l'Ouest. Mais il ne faudrait pas oublier que ces pays disposent de structures économiques, sociales et culturelles comparables. Ce sont des pays industriels avancés avec une population active travaillant majoritairement dans l'industrie. Leurs produits d'exportation se composent aussi principalement de biens industriels [un certain réductionnisme économique se fait déjà timidement sentir. Pays européen = pays développé = pays industriel, les structures « sociale » et « culturelle » s'y ajustant automatiquement]. Lors de la mise sur pied de la stratégie qui structure le IIIe plan, la perspective d'adhésion, d'ici 22 ans, à l'union douanière est prise en compte et l'objectif de disposer, le moment venu, des mêmes structures économique, sociale et culturelle que celles des pays industriels de l'Ouest est posé prioritairement. Il s'agit là de la seule voie possible de développement qui puisse garantir notre existence nationale et nos intérêts suprêmes [...]. La Turquie entrera dans le nouveau siècle comme un pays pleinement industriel [le rêve de l'industrialisation, vision très technocratique encore perceptible aujourd'hui, industrie synonyme aussi de puissance ; la prédominance du référent économique] [...]. Pour atteindre cet objectif, des réformes devraient être engagées dans le domaine de l'administration publique, de l'agriculture, du système judiciaire, des finances et du secteur énergétique [on est déjà dans le langage des réformes, langage qui sera prédominant dans les années quatre-vingt-dix]. Ces réformes feront disparaître les obstacles au développement rapide [ou plutôt à l'élan industriel, l'économisme dans toute sa splendeur, on s'intéresse aux « autres » chapitres du développement, parce qu'ils peuvent agir sur notre effort industriel] [64]. » Et il faudrait aller vite car : « La Turquie devrait parcourir en 20 ans la distance que l'Europe de l'Ouest a parcourue en 100-150 ans [évolutionnisme manifeste] [65]. » Mais par quoi faudrait-il commencer ? Par la production industrielle bien sûr, car faut-il encore rappeler que « la sidérurgie, le ciment et l'électricité sont les principaux signes d'une vie civilisée [66] ». Au final, si tout se passe bien et si nos calculs sont bons

« d'ici 22 ans la Turquie atteindra le niveau de vie de l'Italie d'aujourd'hui [NDRL : Italie de 1973, les améliorations ou changements dans les structures « sociale » et « culturelle » ne faisant que suivre l'élan industriel] [67] ».

Le dernier plan de la période 1960-1980, le IVe plan (1979-1983), est rédigé en pleine crise du modèle de substitution aux importations [68]. Rappelons aussi que le contexte interne est particulièrement meurtrier. La violence politique atteint son sommet l'année 1979. L'instabilité politique persistante prend une allure inquiétante. Le pays glisse vers une guerre civile. Le texte porte grandement les traces de ces facteurs. Un certain malaise quant au futur du pays est palpable : « La Turquie entre dans la période ouverte par le IV plan sous l'effet d'importants problèmes d'ordre interne et externe. La société est confrontée à ses problèmes les plus urgents qu'elle ne peut plus ignorer [69]. » Le gouvernement de Bülent Ecevit (de gauche) qui restera au pouvoir environ un an souhaite toutefois marquer son empreinte. Nous avons ainsi, avec ce IVe plan, la version éventuellement la plus atypique, la plus inhabituelle de tous les plans mis en œuvre en Turquie, une approche se voulant globale et définissant le développement comme l'émancipation de l'homme par rapport à son milieu social, à l'environnement naturel, au travail, au sacré. L'industrialisation demeure certes l'objectif principal, car l'usine est censée permettre justement cette émancipation, mais le référent économique est, pour la première et la dernière fois dans les plans quinquennaux du DPT, mis au même niveau d'analyse que les dimensions dites « sociale » ou « culturelle » du développement qui sont traitées sur le même pied d'égalité que la composante économique [70].

Représentant pour beaucoup l'ultime espoir d'un pays au bord de la faillite économique et en train de s'enliser dans le chaos politique, Bülent Ecevit fut loin d'avoir réalisé tout ce qu'il avait prévu dans le plan. Le retard dans l'aide extérieure, l'inflation et les difficultés chroniques de paiement précipitèrent la chute de son gouvernement. À la fin des années soixante-dix, la dette extérieure avait déjà atteint 16 milliards de dollars (soit 22 % du PNB) [71]. La totalité des recettes d'exportation ne suffisait même plus à payer la facture d'un produit indispensable à l'économie : le pétrole. Le très important déficit extérieur ne permettait pas d'importer les biens d'équipement et les intermédiaires indispensables à l'industrie, laquelle ne tournait plus qu'à 50 % de ses capacités. L'inflation, qui était de 50,8 % en 1978, atteignait les 100 % en 1980 [72]. Après avoir été en moyenne de 6,5 % depuis 1970, le taux de croissance annuel de l'économie tombait à zéro en 1979 et devenait négatif en 1980 [73].

Il devenait donc de plus en plus difficile de gérer l'économie, surtout lorsque la détérioration de la balance des paiements se mit à menacer les taux de croissance élevés, exacerbant par-là même les conflits sociaux pour le partage de la richesse nationale. Les syndicats se renforçaient considérablement et défendaient les droits des travailleurs, dont la conscience de classe s'élevait à mesure que l'ampleur des luttes sociales s'amplifiait. Certes, les petits propriétaires terriens et les paysans sans terre n'étaient toujours pas syndiqués, mais une prise de conscience se faisait sentir même dans les campagnes, les petits paysans contestant dans certains endroits le pouvoir des gros propriétaires terriens.

Au cours des années soixante-dix, la Turquie cumulait ainsi de nombreuses mutations vertigineuses qui fragilisèrent à leur tour sa structure politique bipolaire issue des années cinquante : à droite le Parti de la justice (AP) et à gauche le Parti républicain du peuple (CHP). Dès lors, ces deux pôles traditionnels du système partisan connurent d'importantes scissions internes, puis éclatèrent. L'émancipation de certains acteurs sociaux – habitants des bidonvilles, bourgeoisie provinciale, classe ouvrière syndicalisée, populations rurales politisées, jeunesse estudiantine – aboutit en effet à l'émergence de nouvelles forces politiques particulièrement actives [74]. Certaines d'entre elles, comme le Parti de l'action nationaliste (MHP, extrême droite) ou le Parti du salut national (MSP), d'obédience religieuse, entrèrent même au Parlement et participèrent aux éphémères gouvernements de coalition.

Entre-temps, sur fond d'instabilité politique persistante, le terrorisme urbain – nationaliste ou gauchiste – et rural – la guérilla maoïste – prit des proportions dramatiques et déstabilisa progressivement l'appareil étatique. De graves troubles éclatèrent dans les centres industriels et un très puissant courant révolutionnaire antiaméricain s'empara de la jeunesse et du mouvement ouvrier. La Turquie glissait donc vers une guerre civile dévastatrice entre militants de gauche et d'extrême droite tandis qu'au Parlement les partis politiques se montraient incapables de former une coalition stable. C'est dans de telles circonstances que la Turquie prit connaissance de la nouvelle intervention militaire le 12 septembre 1980.

Le consensus libéral

L'intervention des forces armées ne constitua pas vraiment une surprise puisque, dès janvier 1980, les chefs militaires avaient déjà mis très sérieusement en garde les politiques civils. L'homme de la rue, craignant pour sa sécurité et écœuré par la « stratégie de la terreur » qui durait depuis plusieurs années, accueillit sans doute le coup d'État avec un réel soulagement. Au lendemain de l'intervention, la junte se constitua en un Conseil de sécurité nationale dirigé par le chef d'état-major et composé de commandants en chef des trois armées. C'est ce conseil qui gouverna le pays pendant 3 ans (1980-1983).

Il est communément admis qu'au-delà de la lutte contre les « responsables de l'anarchie », la junte suivait bien une politique de réorientation et de réorganisation complète de l'État et de la société. Avec un projet de transformation radicale, les généraux semblaient vouloir créer une société plus disciplinée, plus hiérarchisée et un régime politique étroitement surveillé par un État tout-puissant. Cette remise en ordre de la société n'épargna d'ailleurs pas la Constitution de 1960, que la junte ne tarda pas à abolir et à remplacer par une nouvelle, « plus adaptée à la réalité turque ».

Les orientations économiques prises par le régime militaire montrent aussi que, quelles qu'aient été leurs intentions premières, les militaires ont assumé un rôle qui est allé bien au-delà du rétablissement de l'ordre public et de la paix civile. Il est même permis de penser que les généraux cherchaient à renforcer la bourgeoisie exportatrice en sorte que celle-ci assume ultérieurement la direction de l'ensemble des secteurs sociaux et crée un consensus élargi autour de ses orientations.

La crise de l'État des années soixante-dix était bien une crise globale de l'État, et le coup d'État de 1980 fut un coup pour l'État, c'est-à-dire une rupture institutionnelle visant à reconstituer l'organisation étatique sur d'autres bases socioéconomiques et sur d'autres alliances politiques, sous l'égide de la bourgeoisie industrielle exportatrice. Le consensus libéral d'alors, conformément aux intérêts des secteurs exportateurs, constitua le cadre général de cette restructuration.

La Turquie des années quatre-vingt s'inscrit, de ce point de vue, dans la continuité des tendances observées de l'époque : rupture politique avec les logiques volontaristes populistes, souvent par l'intermédiaire d'une intervention militaire, pour imposer un consensus libéral qui confond désormais le développement avec les plans d'ajustement structurel. C'est la fin des illusions. L'optimisme des politiques volontaristes laisse place au malaise. De nombreux pays se détournent des stratégies jusqu'alors en vogue et font le constat d'une dépendance politique, financière et technologique accrue. Les plans d'ajustement structurel s'imposent.

Encore une fois Ankara ne déroge pas à la règle ; le programme de restructuration économique et d'orientation vers les marchés extérieurs préconisé par le Fonds monétaire international à la Turquie n'avait en effet « rien de particulier par rapport aux recettes traditionnelles que les instances internationales, du FMI à la Banque mondiale en passant par l'OCDE, conseillent à d'autres pays du Tiers Monde confrontés aux mêmes problèmes de solvabilité internationale et de blocage de la production [75] » : compression des salaires et de la demande interne, alignement de la livre turque sur le dollar, c'est-à-dire fluctuation à la baisse, privatisation des entreprises d'État, encouragement à l'exportation et libéralisation du commerce extérieur. Cela revenait à dire clairement qu'il fallait importer la technologie et les produits énergétiques, produire des biens de consommation durables et être compétitif sur le marché mondial grâce à la baisse des salaires.

Mais, en amont de ces politiques économiques, un discours résolument performatif sur les bienfaits du néolibéralisme précède en quelque sorte sa pleine réalisation : en faisant advenir ce qu'il modélise comme une donnée naturelle ou pire comme une fatalité, ce discours, fondé dans la croyance, acquiert, « selon le principe de la prophétie autoréalisante [76] », une validité empirique. Ainsi, les principes libéraux se traduisent, dans le quotidien, par une « débrouillardise » imposée qui transforme chacun en un « capitaliste » en puissance, tandis que le champ médiatique, parmi bien d'autres vecteurs de transformation, se charge du modelage des schèmes cognitifs du nouveau citoyen-consommateur. Le développement est alors mesuré à l'échelle de la vente ou non sur le « marché libre » d'un certain nombre de produits de consommation (tels les cigarettes de marque Marlboro ou le whisky Johnny Walker) ou à l'extension du réseau de télécommunications et d'autoroutes, tandis que les réseaux ferroviaires sont volontairement et publiquement assimilés, en la personne même du président Özal [77], à la collectivisation communiste. L'idéologie d'enrichissement à outrance remplit le vide laissé par la mise au pas de la société sous le régime militaire et rend improbable toute critique aussitôt considérée comme « ringarde », dépassée, insensée, renvoyant aux clivages politiques stériles d'antan. Dépourvu de ses repères classiques – l'opposition traditionnelle gauche/droite pour simplifier – du fait du libéralisme hégémonique et de plus en plus « désenchanté » ou « en déficit », le politique ne figure donc plus dans la Turquie des années quatre-vingt comme une instance d'objectivation des aspirations sociales.

Le politique n'est plus la seule instance qui se délite sous l'effet hégémonique du consensus libéral. L'idée du plan, et partant de là, les plans quinquennaux de développement, perdent toute leur légitimité, leur « utilité », puisque le marché laissé à lui-même est censé engendrer naturellement la dynamique du développement. Les bureaucrates, planificateurs, acteurs chargés de « faire du développement », sont « en chômage technique ». Leur champ de compétences se trouve considérablement réduit. Les volumineux plans des années soixante et soixante-dix qui se plaisent à détailler, pour mieux la maîtriser, la moindre parcelle de leurs domaines de prédilection (le Ier plan : 535 pages ; le IIe : 665 pages ; le IIIe : 1077 pages ; le IVe : 699 pages) laissent place progressivement (à partir des années quatre-vingt et jusqu'à nos jours) aux « petits fascicules » de vulgarisation des croyances économiques (le Ve plan : 221 pages ; le VIe : 375 pages ; le VIIe : 319 pages ; le VIIIe : 254 pages ; le IXe : 101 pages).

Cette croyance en l'économie de marché et en ses vertus est expressément formulée dans le Ve plan (1985-1989), le premier après 1980, puisqu'il se donne l'objectif « d'encourager et d'assurer la bonne marche des activités du secteur privé dans le cadre d'une économie de marché libre et concurrentielle [78] ». Considérant éventuellement, mais sans le dire ouvertement, que le « caractère de classe » des plans précédents était trop affirmé [79], le Ve plan précise avec insistance que « seule l'unité-famille serait prise en compte au sujet de la répartition des fruits du développement économique [80] », ce qui correspond aussi parfaitement à l'idéologie de l'unité nationale [*milli birlik ve beraberlik*] héritée du régime militaire, thème revenant par ailleurs fréquemment dans ledit plan. Tout ceci n'empêche pas, bien sûr, « le caractère de classe » très affirmé, à leur tour, des plans d'après 1980. Une idéologie conforme aux intérêts des fractions exportatrices de la bourgeoisie s'y exprime, en se donnant les allures d'une pensée « départicularisée », « dépolitisée ». On saisit dès lors mieux la particularité de cette nouvelle orthodoxie, effective en Turquie à compter du Coup d'État de 1980, qui s'impose avec d'autant plus de force que, tout en restant un enjeu de lutte, elle est réifiée, technifiée [81] pour imprégner des pans entiers de la société.

Le VIe plan (1990-1994) offre, à ce propos, des exemples formidablement parlants, puisque les principes tels que le marché libre, la concurrence sans entrave, la croissance infinie, l'esprit entrepreneur, l'État dit minimal et l'ouverture vers les marchés extérieurs sont érigés en impératifs absolus et universellement partagés [82]. À partir de là, il n'y a absolument pas de place pour une autre stratégie de développement – ou de croissance, ce qui revient au même, lorsqu'on suit l'esprit du plan – que celle axée sur la demande externe et les secteurs exportateurs.

Puisque tout repose sur la seule performance des secteurs exportateurs, censés « apporter du développement » et que le développement, lui-même, est synonyme d'augmentation continue des biens de consommation exportés, il serait sans doute inutile, voire absurde, de vouloir tout contrôler, tout planifier, comme on se plaisait autrefois à le faire à Ankara. Le VIIe plan de développement (1996-2000) fait aussi ce constat, de son côté, avec une certaine franchise : « Compte tenu du fait que l'économie turque repose essentiellement sur le principe de marché libre concurrentiel, ouvert à l'extérieur, on ne devrait pas s'attendre à ce que les plans de développement réglementent minutieusement toute la vie économique et sociale et qu'ils formulent des mesures contraignantes [83]. »

Ce régime d'accumulation axé sur la performance des secteurs exportateurs de l'industrie et évoluant dans un cadre institutionnel pour le moins « débridé » – très peu de contraintes administratives, juridiques ou économiques pesant sur les exportateurs, pourvu qu'ils exportent, d'où de nombreuses affaires de corruption impliquant les politiques et les hommes d'affaires – entre en crise en 2001. Ce qu'il est convenu d'appeler la grande crise de février 2001 fut déclenché par une fuite éperdue des capitaux qui entraîna à son tour la chute de la Bourse, une dévaluation de la livre turque, la faillite d'une douzaine de banques et de centaines de petites entreprises et de commerces. Avec, à la clef des milliers de licenciements. Il a en fait suffi d'une altercation, le 19 février 2001, entre le président de la République, Ahmet Necdet Sezer et le Premier ministre de l'époque Bülent Ecevit, lors d'une réunion du Conseil de Sécurité nationale, pour déclencher le processus. La crainte d'une déstabilisation du régime financier fit fuir les spéculateurs qui profitaient depuis des années d'un système bancaire pléthorique vivant largement aux crochets d'un État lui-même prodigieusement endetté. Le gouvernement réagit immédiatement en abandonnant son plan anti-inflation et en laissant flotter sa monnaie et se tourna une fois de plus vers le Fonds monétaire international et la Banque mondiale, qui vinrent au secours de la Turquie en débloquant en sa faveur 10 milliards de dollars en avril 2001 puis 12 milliards de dollars de crédits supplémentaires en février 2002. Malgré ces plans de sauvetage, les conséquences restèrent désastreuses : la livre turque perdit 40 % de sa valeur par rapport au dollar, l'inflation atteignit, en avril 2001, 48,3 % en glissement annuel, et le chômage progressa fortement. Entre le 31 décembre 2000 et le 31 mars 2001, le nombre de chômeurs passa, selon l'Institut d'État de Statistiques, de 1,451 million à 1,809 million soit une progression de 24,7 %.

Cette crise de grande envergure entraîna également une situation difficile pour la coalition gouvernementale présidée par Bülent Ecevit. Celui-ci chercha alors à restaurer la confiance dans le pays comme à l'étranger en nommant Kemal Dervis, ancien haut fonctionnaire à la Banque mondiale, au poste de ministre des Finances et le 2 mars 2001, le gouvernement adopta un vaste ensemble de réformes financières et économiques conformes aux recommandations du FMI : politique budgétaire restrictive, réforme du secteur bancaire, indépendance de la Banque centrale et privatisations. Mais c'est surtout la restructuration du secteur financier qui constitua la pierre angulaire du « programme de consolidation de l'économie ». La législation bancaire fut modifiée de manière à renforcer le secteur bancaire ; plusieurs banques passèrent ainsi sous la direction du Fonds national de garantie des dépôts [*Tasarruf Mevduatı Sigorta Fonu*, TMSF] et un processus de restructuration et de privatisation fut entamé pour certaines banques d'État. La loi sur la Banque centrale fut enfin modifiée afin de renforcer son indépendance par rapport au gouvernement [84].

De manière générale, ces épisodes font réfléchir sur les risques de dérapage du système financier, et de là, de naufrage du système tout entier, en l'absence des institutions régulatrices. Les inégalités sociales de plus en plus criantes, aggravées par des crises successives, au point de menacer « la paix sociale » (la criminalité urbaine explose à partir de la fin des années quatre-vingt-dix) feront le reste. Ainsi les chroniqueurs économiques les plus « intégristes du marché » découvriront-ils, du jour au lendemain, les « défaillances » de leur cher marché et se feront les relais de ce qu'il est convenu d'appeler le postconsensus de Washington porté actuellement par les institutions internationales, qui propose de repenser le rapport de l'État, à l'économie, à la société, dans les pays en développement [85]. Cette relative inflexion vis-à-vis du marché tout puissant, sans toutefois toucher à l'essentiel – c'est-à-dire en préservant le même régime d'accumulation axé sur l'exportation, avec ses gagnants et perdants – se traduira en Turquie par un regain d'intérêt pour les questions d'inégalité, de pauvreté et de répartition qui ne débouchent pour le moment sur rien, et surtout par la montée en puissance d'un certain nombre d'organismes d'État, chargés de surveiller et de réguler les marchés. Nous traiterons de ces aspects dans la seconde partie de cet ouvrage. Parmi ces organismes, on citera la Direction générale de la concurrence [*Rekabet Kurumu*], la Banque centrale [*Merkez Bankası*], la Comité de surveillance des marchés de capitaux [*Sermaye Piyasası Kurulu*], le Fonds national de garantie des dépôts [*Tasarruf Mevduatı Sigorta Fonu*] et l'Agence de supervision et de régulation des banques [*Bankacılık Düzenleme ve Denetleme Kurumu*].

Nous avons ainsi tenté, dans la première partie de notre travail, de procéder à une contextualisation générale de l'évolution du discours de développement, depuis la fin de l'Empire ottoman et les débuts de la République jusqu'à nos jours. Mais, qu'on nous comprenne bien, il ne s'agit que de l'identification des orthodoxies au fil des périodes successives : ceci n'empêche nullement l'existence d'hétérodoxies pour chaque période étudiée, mais leur étude exhaustive aurait largement dépassé le cadre de ce travail.

Les tableaux des pages suivantes présentent, en une vue synthétique, les principales périodes identifiées en y distinguant chaque fois le discours dominant (lié au développement), le contexte international environnant (avec ses contraintes et rapports de force) et enfin les acteurs clés (avec leurs intérêts et alliances).

Prérépublique, fin de l'Empire ottoman (fin XVIIe – début XXe)

Acteurs-groupes clés, classes dominantes, alliances gagnantes	La bureaucratie civile (*mülkiye*) et militaire (*askeriye*) dominante. La branche religieuse de l'État (*ilmiye*) est en perte de pouvoir. L'armée devient hégémonique dans le contexte des conflits à la veille de la Grande Guerre.
Discours de développement	Dans un premier temps le développement (ou son aîné progrès) assimilé à l'avancée technique ; la technique (rouage, machine) synonyme de puissance ; et la puissance censée assurer à son tour la survie et la pérennité de l'État ottoman. Mais à partir du début du XIXe, deux conceptions rivalisent, sans qu'aucune affirme sa suprématie : développement (ou progrès) synonyme de reprise et d'intériorisation des valeurs et manières occidentales (y compris le goût) ; et développement synonyme de retour à l'âge d'or perdu de l'Islam – époque de Mahomet – tout en s'appropriant la technique occidentale. Le turquisme est, pour le moment, naissant. À mesure que l'armée prend la tête du mouvement réformateur et plus tard du pays, elle imprime un contenu fort, positiviste, scientiste, mais aussi turquiste, à la notion de développement/progrès.
Environnement international	La fin de l'expansion ottomane, les défaites militaires successives, le déclin de l'Empire, la menace de dislocation, le début de la question d'Orient, la supériorité technique et militaire de l'Occident, la révolution industrielle, l'expansion coloniale de l'Europe.

Début de la République-remodelage kémaliste (1923-1945)

Acteurs-groupes clés, classes dominantes, alliances gagnantes	Une bureaucratie civilo-militaire hégémonique dont la légitimité historique est renforcée par sa mission autodéclarée de « conduire le pays au concert des pays civilisés ».
Discours de développement	Suprématie absolue de la conception kémaliste du progrès/développement. Celle-ci est l'expression d'une volonté politique, celle de créer de toutes pièces une nation turque, fondamentalement européenne, non seulement au niveau de ses institutions, de sa législation, mais aussi et surtout jusqu'à ses manières de faire les plus intimes (dont le goût et le style de vie).
Environnement international	La fin de la Grande Guerre, les années vingt marquent un optimisme général, la création de la SDN, le krach de 1929, l'atmosphère de tension, la montée des idéologies totalitaires, la seconde guerre mondiale. La création de la République, le régime du parti unique, la Turquie reste neutre pendant la guerre.

Passage au multipartisme-petite Amérique (1945-1960)

Acteurs-groupes clés, classes dominantes, alliances gagnantes	La place historiquement dominante de la bureaucratie civilo-militaire est très sérieusement remise en cause. La bourgeoisie commerciale et les notables provinciaux (grands et moyens propriétaires terriens) renforcent considérablement leur position. Le profond mépris du Parti démocrate (au pouvoir depuis 1950) vis-à-vis des classes urbaines et de la bureaucratie. « Âge d'or » de la paysannerie qui a laissé des traces profondes dans la conscience populaire".
Discours de Développement	Changement important dans le paradigme. L'ère des chiffres est ouverte. Le développement est quelque chose de parfaitement mesurable, quantifiable. Il ne s'agit ni plus ni moins que de l'enrichissement à outrance. Un régime d'accumulation centré sur l'agriculture exportatrice entre en vigueur. L'heure est à l'intégration pleine et entière au capitalisme mondial. Le doux commerce est de retour.
Environnement international	Le début de la guerre froide, la nouvelle hégémonie américaine, le système de *Bretton Woods*, la montée en puissance de la BIRD, le plan Marshall dont la Turquie bénéficie (85 millions de dollars), la doctrine Truman, le mouvement de décolonisation. La Turquie entre dans l'OTAN, participe à la guerre de Corée, aide massive américaine, passage au multipartisme.

Substitution aux importations (1960-1980)

Acteurs-groupes clés, classes dominantes, alliances gagnantes	Renversement complet de la situation par rapport à la période précédente. Les militaires écartent du pouvoir les secteurs exportateurs et agricoles. La bureaucratie retrouve sa position dominante. Elle forme la « coalition gagnante » avec la bourgeoisie industrielle, la classe ouvrière syndicalisée et les couches citadines pour partager les rentes ou fruits découlant du régime d'accumulation retenu.
Discours de Développement	Le coup d'État de 1960 met en place une économie dite « mixte » [*karma ekonomi*] reposant sur le modèle de substitution aux importations. L'office de planification est né. Les plans quinquennaux voient le jour. Le rêve de l'industrialisation prend un caractère obsessionnel. Le développement est indubitablement assimilé à la croissance des forces productives dont la seule voie possible est celle d'une industrialisation fondée sur la substitution aux importations.
Environnement international	La guerre froide, la crise des missiles (la Turquie est directement concernée). De sérieux doutes, dans le bloc occidental, sur la capacité du commerce et de l'agriculture à engendrer, à eux seuls, la dynamique du développement. L'idée de l'industrialisation s'impose. Elle est largement accréditée par les institutions internationales et puissances hégémoniques.

Le consensus libéral-fétichisme de l'exportation (1980-2001)

Acteurs-groupes clés, classes dominantes, alliances gagnantes	La coalition gagnante de la période précédente est « cassée ». L bourgeoisie fait cavalier seul. Elle veut désormais conquérir l marchés extérieurs. Le marché interne passe au second plan. L salariés supportent. La masse salariale passe de 37 % en 1977 a environs de 20 % en 1985. La bureaucratie, quoiqu'affectée par tournant libéral (son pouvoir d'achat tombe vertigineusemen tente de se rattraper et de maintenir sa position en gardant sous main la vanne des subventions accordées aux entrepris exportatrices. De nombreuses affaires de corruption éclatent grand jour.
Discours de développement	L'expansion relative du marché populaire urbain prend fin à deuxième moitié des années 1970. Aussi les tensions social s'accroissent-elles en même temps que l'État populis « régulateur » « intégrateur », mis en place par le coup d'État 1960, ne peut plus absorber les conflits sociaux. Avec le co d'État de 1980, le modèle populiste et la législation du trav paternaliste sont remplacés par l'ajustement structurel so l'égide de la haute bourgeoisie industrielle et commerçante prix d'une forte détérioration de la répartition du revenu nation et de la chute radicale des salaires réels des travailleurs. L consensus libéral imprègne des pans entiers de la société. L développement est de nouveau synonyme d'enrichissement outrance. Il est mesuré à l'aune de la capacité, ou non, d consommateurs à accéder aisément aux biens de consommati désirés. « Il y a désormais tout en Turquie » est éventuellement phrase qui décrit le mieux la Turquie années 80-90.
Environnement international	La crise du fordisme dans les pays centraux, crise de la dette d pays du Sud, les politiques libérales de Ronald Reagan aux État Unis et Margaret Thatcher en Angleterre, le mouvement génér de déréglementation, de libéralisation et de privatisation. L'heu est aux plans d'ajustement structurel pour les pays du Sud. L stratégies d'industrialisation préconisées autrefois so définitivement enterrées. La libre concurrence, le marché et commerce international sont érigés en principes universelleme reconnus. La fin de la guerre froide et la chute de l'Unic soviétique renforcent les fétichistes du marché dans leu convictions.

Le consensus libéral-réhabilitation de l'État (2001...)

Acteurs-groupes clés, classes dominantes, alliances gagnantes	Le seul changement à noter par rapport à la période précédente est la montée en puissance de certains organismes d'organismes d'État, chargés de surveiller et de réguler les marchés dont la Banque centrale. Ce qui consolide, voire améliore, la position de la bureaucratie.
Discours de développement	La grande crise de 2001 fait réfléchir sur les risques de naufrage du système tout entier. Les institutions régulatrices des marchés sont mises sur pied. Les inégalités sociales de plus en plus criantes réhabilitent l'État qui est appelé à poursuivre des politiques plus « volontaristes » dans les domaines de la santé, de l'éducation et de la répartition du revenu. Le développement est toujours synonyme d'investissement, d'exportation ou d'intégration aux marchés mondiaux, mais éventuellement de manière moins « débridée », plus contrôlée, sous l'œil « neutre et impartial » de l'État.
Environnement international	Ce qu'il est convenu d'appeler le postconsensus de Washington souligne, multiplication des crises aidant, les défaillances de son prédécesseur : l'ignorance des aspects institutionnels du développement et le traitement « insuffisant » de la question de la redistribution. Dès lors l'État, autrefois banni par les organisations internationales, est invité à établir un système de lois, à maintenir un système de redistribution, à investir dans les services de base et l'infrastructure, à favoriser l'équité et à protéger l'environnement.

DEUXIÈME PARTIE

TAXINOMIE DES REPRÉSENTATIONS

Les conceptions du développement en Turquie

Nous avons identifié cinq représentations différentes du développement en Turquie, exprimant des intérêts distincts et contradictoires : il s'agit de constructions approchées, construites empiriquement, exprimées sous forme d'idéal-types, qui n'excluent donc aucunement les écarts ou les variantes plus ou moins « hybrides ». Ce sont (par ordre d'importance) :

La représentation néolibérale ;
La représentation musulmane modérée ;
La représentation gauchisante ;
La représentation kémaliste ;
La représentation musulmane radicale.

On pourrait concevoir que ces cinq représentations puissent se distribuer suivant deux grands axes perpendiculaires dont la principale ligne de rupture tiendrait essentiellement à la centralité ou non du référent économico-quantitatif dans la construction de l'objet « développement » – l'un de ces axes correspondant au domaine de l'économique, du quantitatif, du mesurable (conceptions néolibérale, musulmane modérée et gauchisante, avec certes des degrés d'économisme divers), l'autre, à celui du culturel, du politique, du qualitatif, du non mesurable (conceptions kémaliste et musulmane radicale, encore une fois avec des variations plus ou moins fortes).

L'opposition entre ces deux axes n'est évidemment pas absolue mais relative, puisqu'il existe toujours une part de qualitatif, de subjectif, de construit même dans ce qu'il y a de plus quantitatif. Ainsi, qu'elles soient euphémisées ou non sous l'effet d'une vulgate réifiante, les conceptions les plus férues de méthodes quantitatives, « axiologiquement et épistémologiquement neutres », deviennent éminemment politiques à partir du moment où elles véhiculent intrinsèquement des catégories de perception qui travaillent à la constitution d'un sens commun [86]. La question ne se pose donc pas en termes du « tout économique quantitatif » ou du « tout politique qualitatif », mais du poids respectif de divers référents (d'ordre économique, politique ou culturel) dans le noyau de sens intrinsèque à chaque représentation identifiée.

Les différences notables à ce niveau peuvent s'observer à l'intérieur même de chaque axe. Ainsi, alors que leurs sensibilités, « sociales » dans le cas de la gauche, « morales religieuses », dans le cas de l'islam modéré, semblent les tirer davantage, du moins plus que la conception néolibérale, vers des élaborations qualitatives, cette dernière se distingue par un discours extrêmement technique, voire techniciste. Mais ce vocabulaire « départicularisé », « réifié » de la vulgate néolibérale ne devrait pas faire perdre de vue l'essentiel du projet poursuivi : le réagencement des rapports sociaux autour d'un mode de vie axé sur la demande solvable et l'échange marchand, projet nécessairement politique, mais réduit lui-même à un manque quantitatif, à un « rattrapage » nécessaire, puisque son degré d'achèvement est mesuré à travers divers indicateurs concernant en principe le bien-être du pays ou des individus (par exemple le PIB par tête).

Le qualitatif, lui-même réductible à des chiffres, c'est ce qui apparaît donc commun (certes à des degrés divers) aux trois conceptions de l'axe I, à l'inverse de celles de l'axe II qui refusent cette sectorisation du qualitatif au profit du quantitatif. En conséquence de quoi, le développement s'interpréterait, très schématiquement, pour l'axe I, comme entrée dans la modernité marchande, certes revue au gré des sensibilités politiques, musulmane ou gauchisante par exemple, mais diagnostiquée en tout cas à travers divers indicateurs hybrides dits de développement, alors qu'il se ramènerait, globalement, pour l'axe II, à une succession de ruptures politico-culturelles. Mais, là aussi, l'agencement des référents (économique, politique ou culturel) peut varier d'une conception à l'autre. En témoignerait par exemple l'extrême sensibilité des islamistes radicaux aux questions économiques relevant de l'industrialisation (mythe de la Turquie disposant d'une industrie lourde [*ağır sanayi*] et qui produit ses propres chars, quête de puissance), alors que les kémalistes semblent avoir, sur ce dossier, des positions beaucoup moins tranchées, attitude proportionnelle, en réalité, à leurs piètres connaissances en la matière.

Considéré plus globalement, le concept de développement semble revêtir chez les kémalistes un sens plus proche de la notion de progrès (*terakki*[87]) dans son usage plutôt XIXe siècle, fortement positiviste, scientiste et eurocentriste ; une Turquie développée (civilisée ?) serait celle qui a su confiner la religion dans le domaine privé et libérer par là l'individu des contraintes et des carcans religieux. De là découle une occidentalisation à marche forcée de la société tout entière qui est synonyme d'un alignement quasi complet de l'*habitus* national (schèmes d'appréciation, de perception et de classification générant des actions et intervenant fortement sur le style de vie et le goût) sur celui d'un certain « *habitus* européen » daté plutôt XIXe, mais dans sa variante éventuellement « haute société » – scientiste, positiviste, laïque, anticléricale, nationaliste, républicaine…

Cette composante culturelle consubstantielle à la représentation kémaliste du développement est également déterminante pour les conceptions musulmanes radicales, puisque le développement s'interpréterait ici aussi à partir de ce qui est le plus qualitatif et renverrait, comme chez les kémalistes, à un projet de transformation radicale de la société tout entière, non plus toutefois dans le sens d'une occidentalisation générale, mais dans le sens de l'âge d'or rêvé (*asr-ı saadet*[88]). Il s'agit là, pour l'islam radical, d'une source de légitimité, dans sa tentative d'apparaître comme une alternative au modernisme occidental. Pour Nilüfer Göle :

« Que l'âge d'or rêvé ne soit pas orienté vers l'avenir (comme c'est le cas pour l'utopie socialiste d'une société sans classe) mais une période vécue dans le passé puis perdue (pour le mouvement islamiste, l'âge d'or) ne fait rien perdre à cette fonction novatrice de l'utopie […]. Il ne s'agit pas d'un refus du monde moderne et de ses principes. L'utopie islamiste est un mode de vie alternatif que l'on désire brandir en face de la modernité occidentale [89]. »

Le politique y est déterminant et renvoie à une ingénierie sociale forte. La non-centralité de l'économie est pour le moins manifeste. Le développement n'est plus pensé (ou pas exclusivement) en termes de croissance, de pouvoir d'achat ou de consommation (comme c'est le cas de trois représentations de l'axe I), mais de puissance et de transformation sociétale : la Turquie serait plus forte et plus développée si elle produisait ses propres chars, avions de chasse et obusiers (idée chère à Necmettin Erbakan et renvoyant à son projet démesuré et inachevé de lancement de l'industrie lourde en Anatolie profonde dans les années soixante-dix) et si ses institutions (y compris l'ordre économique), fortement imprégnées des valeurs musulmanes étaient justes et morales (*adil düzen* : ordre juste) et ses habitants habités par la foi… Autant d'éléments indispensables pour défier, sans tomber dans la caricature mais en reprenant les propres slogans des intéressés, l'impérialisme et déjouer les complots ourdis par les « sionistes ».

C'est ce projet politico-culturel, particulièrement agressif de l'islam politique traditionnel, qui se diluera, s'effritera, à partir des années 2000, pour aboutir enfin, comme on le verra ultérieurement, à un islam dit modéré de plus en plus « soluble » dans le marché. Il s'agit là certainement du prix à payer pour arriver et rester au pouvoir, mais aussi d'un aveu d'impuissance : cet islam politique n'est plus guère capable d'aborder les grands sujets nationaux sans une lecture résolument hérétique (définitivement enterrées par exemple les velléités d'instauration de la finance islamique et du marché commun avec les pays musulmans) mais chargé essentiellement, sur ce dossier de développement, d'assurer le relèvement moral du pays, synonyme de plus de religiosité insufflée à la société tout entière à partir de l'individu, du croyant, de la famille et surtout de l'homme d'affaires musulman.

La « problématique européenne » nous offrirait une seconde illustration du contraste évoqué entre les deux axes identifiés (axe 1 : développement comme entrée dans la modernité marchande ; axe 2 : développement comme rupture politique). Ainsi, lorsque cette problématique est exclusivement conçue dans sa seule dimension juridico-politique d'adhésion à l'UE, productrice de développement, elle renvoie à un processus profondément technique de mise aux normes, de remise à niveau dont le fil conducteur serait sans conteste la centralité du marché : ce qui expliquerait aussi sans doute l'enthousiasme de l'islam dit modéré pour cette conception de l'Europe, la moins toxique possible pour « l'*ethos* musulman ».

Or une autre lecture, en l'occurrence kémaliste, de la « problématique européenne », véhiculée par le concept d'occidentalisation, déplacerait le centre de gravité de l'économique vers le culturel, du mesurable vers le non mesurable, du quantitatif vers le qualitatif. Car la modernisation kémaliste (ou le projet européen des kémalistes pour reprendre le langage du moment) est avant tout un projet radical de transformation culturelle de l'existence de l'individu jusque dans ses moindres détails. À l'inverse, c'est plutôt la forme/norme des quantités croissantes [90] qui orienterait les « projets européens » des représentations de l'axe I. La preuve en serait ce rapport de *benchmark* de la TİSK intitulé « La position de la Turquie vis-à-vis des pays membres et candidats à l'UE dans le cadre du processus d'adhésion à l'Union européenne » qui se propose de mesurer, à partir de 145 indicateurs retenus, la performance du pays par rapport à l'ensemble européen. Ceux-ci comptent par ordre d'importance, 24 indicateurs macroéconomiques, 15 indicateurs démographiques, 54 indicateurs relatifs au marché du travail et à l'emploi, 11 indicateurs éducatifs, 16 indicateurs hybrides (nombre de médecins, d'usagers du téléphone portable ou de foyers ayant accès à la connexion Internet, etc.), 11 indicateurs financiers, 7 indicateurs énergétiques, 7 indicateurs divers (relatifs à la compétitivité, à la liberté économique, etc.) [91]. Ces 145 indicateurs servent précisément à mesurer le niveau de développement (ou de pénétration de la modernité marchande) et à apprécier, ce qui revient au même dans le sens employé ici, l'européanité du pays. Les 35 chapitres de l'acquis communautaire que la Turquie « négocie » relèvent d'une logique similaire. Ces 35 chapitres sont à considérer comme 35 écarts possibles, du côté turc, de la norme du développement, de l'européanité.

Cette façon de concevoir le développement comme « un déploiement indéfini, infini [92] » est donc commune à trois représentations de l'axe ; malgré leurs divergences réelles ou supposées, elles partagent, au final, le même présupposé implicite relatif au concept : développement comme synonyme d'entrée dans la modernité marchande diagnostiquée à travers divers indicateurs concernant en principe le bien-être du pays ou des individus (du PIB ou PIB par tête au nombre de médecins, en passant par la longueur des routes goudronnées, le taux de scolarisation ou la structure de la production), mais qui mesurent en fait, à l'instar de ce que souligne Pierre Achard, la pénétration d'un mode de vie axé sur l'individu (la demande solvable) et sur « le primat de l'échange marchand sur la satisfaction directe des « besoins » profanes [93] ». Tandis que le sous-développement est considéré comme un simple retard dans ce processus : retard dû à diverses raisons, mais tient souvent et prioritairement, soutient-on, aux facteurs propres au pays, dont une espèce de culpabilité de soi, à la limite « pathologique », que résumerait parfaitement l'ingénieuse expression populaire de *treni kaçırmak* [rater le train] : avoir raté le train de l'industrialisation au XIXe siècle et donc le rendez-vous de « la grande transformation » qui l'a accompagnée [94]. Cette façon de penser le sous-développement « comme une histoire qui se répète (sous-développement-retard) ou qui est comparée (sous-développement-écart) [95] » semble aussi caractériser la gauche turque, dans sa grande majorité, qui ne voit pas là, ou ne voit plus, « les conséquences d'une situation induite au moins partiellement par les pays qui ont réussi à se développer les premiers, en grande partie grâce à l'utilisation qu'ils ont su faire du reste du monde [96] ».

Les facteurs de ce « ratage de train » – avant tout, soulignons-le, techniques et scientifiques – seraient dus, selon les représentations dites « néolibérale » et « gauchisante » à l'obscurantisme supposé de la fin de l'Empire ottoman et à l'interprétation trop stricte (erronée ?) de la religion musulmane, : l'exemple en est fourni, nous dirait-on, par le développement tardif de l'imprimerie (vers 1729) dans la société ottomane principalement en raison de l'obscurantisme religieux supposé [97]. Dans cet exemple, sont particulièrement perceptibles les éléments épars d'un « scientisme » mettant en exergue le caractère parfaitement neutre, objectif, transportable, transposable et technique des connaissances scientifiques. Contrairement à ce qu'on aurait pu attendre, ce « scientisme » plus ou mois marqué se rencontre aussi chez les élites dites « musulmanes » (pour qui le passé ottoman serait, en revanche, pratiquement « sans faute » et donc extrêmement glorieux), notamment dans l'image d'un certain islam « préconisant de rechercher la science jusqu'en Chine si nécessaire », bien que cette science recherchée soit d'un type particulier, renvoyant davantage à la pure technique.

Il ressort de ce qui précède que les divergences entre les trois premières représentations (de l'axe I) seraient bien moins importantes que les points et traits communs et concerneraient principalement le qualificatif qui suivra le vocable de modernité marchande : éventuellement « plus morale » dans le cas de « l'islam modéré » et « plus égalitaire et juste » en ce qui concerne les mouvements marqués à gauche. Une certaine idée du développement, quelle que soit la « nébuleuse idéologique imaginaire [98] » avancée (musulmane ou socialiste par exemple), leur reste commune : développer un pays signifierait, au final, « le rendre capable d'entrer dans la phase de la croissance auto-entretenue [99] » avec le triple assemblage de la modernisation de la structure de production, de l'individualisme et du fétichisme marchand alors que le sous-développement peut être entendu « comme un retard *chronologique* [100] » dans ce processus ou « un écart *normatif* par rapport aux potentialités du développement [101] ».

C'est sur le fond de cette différenciation majeure en deux axes perpendiculaires que se structureront nos analyses ultérieures :

Axe I « économico-quantitativiste », développement comme entrée dans la modernité marchande ;

Axe II « politico-culturel-qualitativiste », développement comme rupture politique.

Le règne du quantitatif, du chiffrable, lui-même lié à l'universalisation bêlante du marché, de la marchandise et de la logique économiciste, introduit le premier niveau de rupture, peut-être le plus important, entre les représentations : d'une part, celles qui s'alignent plus ou moins, remplissant dès lors les « critères de dicibilité » et destinées par conséquent à une audience large (représentations néolibérale, musulmane modérée et gauchisante de l'axe I, chapitre III) ; d'autre part, celles qui refusent toute hégémonie au quantifiable, à l'économique (représentations kémaliste et musulmane radicale de l'axe II, chapitre IV), et qui privilégient, à l'inverse, les élaborations plus qualitatives, changeantes, symboliques, échappant à toute quantification, puisqu'incommensurables, mais condamnées dès lors à la marginalité (car s'aventurant loin des sentiers de la normalité posée par la centralité du marché).

En rapport avec cette réflexion, on observera aussi que cette normalité « marchande » oblige même ceux qui s'y opposaient autrefois à rentrer dans le rang, sous peine d'être définitivement exclus du pouvoir. C'est le cas notamment d'un certain islam radical qui s'est remarquablement « adouci » après s'être rangé sous la bannière uniformisante de la modernité marchande – une modernité plus ou moins arrachée de son ancrage « occidental », relativement vidée de son contenu « culturel », essentiellement recentrée sur le marché (lui-même construction historico-culturelle, comme par ailleurs toutes les catégories de pensée économique [102]). À la manière d'une certaine gauche (chapitre III-3) qui, en abandonnant ses lectures hérétiques anticapitalistes, est devenue « recommandable », cet islam accrédité, estampillé « fréquentable » (chapitre III-2) ne peut plus, dès lors, placer ses « résistances » que dans l'ordre du moral [103], faute de pouvoir élaborer une contre-normalité « musulmane » (tâche à laquelle s'attelait tant bien que mal son aîné « radical » de l'axe II à travers la réactualisation de l'utopie de l'âge d'or). Ce changement de cap, particulièrement payant sur le plan politique (8 ans de majorité absolue du gouvernement de l'AKP [104]) comporte aussi un risque, celui de s'empêtrer dans ses contradictions internes (sur fond d'opposition entre le développement moral et le développement économique) en aspirant à devenir « normal » ou sous l'emprise du « normal ».

CHAPITRE III

Le développement comme entrée dans la modernité marchande

Malgré leurs divergences réelles ou supposées, les trois approches (néolibérale, musulmane modérée, gauchisante) qui seront étudiées ici ont en commun de considérer le développement comme une marche linéaire et irréversible vers l'opulence, matérialisée par le passage à la modernité marchande. Celle-ci qui s'instaure comme « vérité » de l'histoire de l'humanité a les caractéristiques suivantes : une transformation du mode de production, un accroissement et une diversification des marchandises, une transformation du niveau de vie et de la consommation, l'urbanisation, l'importance croissante du salariat, une structure politique centralisée qui est celle de l'État-nation, une culture dominée « par le souci de la connaissance et du progrès matériel, de l'appropriation privative et de l'esprit d'acquisition, de la concurrence et de la rivalité, de l'accumulation et de la croissance [105] ».

La représentation néolibérale

Cette approche est pour ainsi dire hégémonique dans tous les champs étudiés (champ des économistes universitaires, bureaucratique, politique, médiatique, des acteurs dits de la « société civile »), notamment chez les protagonistes suivants qui, par leur position dans le monde social, sont prédisposés à adhérer (ou ont intérêt à croire, ce qui revient au même) à ladite vision :

Les chroniqueurs économiques les plus en vue, les mieux pourvus en capital journalistique et médiatique ;

Les enseignants en économie relativement jeunes (entre 35 et 50 ans), mais très bien dotés en capital symbolique d'autorité et de prestige (en raison de leurs nombreuses publications dans des revues reconnues de leur discipline) ; parfaitement anglophones, ils travaillent de manière générale dans les universités les plus réputées du pays (publiques, privées confondues) et ont parcouru au final une certaine trajectoire sociale (origine sociale généralement aisée), scolaire et professionnelle (études supérieures, effectuées, presque systématiquement, aux USA ou en Grande-Bretagne), sans que ces éléments relèvent, bien entendu, d'un déterminisme mécanique quelconque [106] ;

Les principaux acteurs du champ politique ;

Les principaux groupes d'intérêt, organisations patronales et ONG ;

Enfin l'appareil étatique dans sa presque totalité, malgré les différences observées (importantes mais mineures lorsque l'on sait le tournant libéral quasi intégral de l'État à compter des années quatre-vingt) entre tel ou tel organisme, dissemblances dues aux positions et particularismes institutionnels des uns et des autres dans le champ bureaucratique.

Implicite du développement

L'entrée progressive dans la modernité marchande ou « la croyance qu'il est possible de déclencher ou d'accélérer de manière volontariste l'intégration des pays sous-développés dans la modernité marchande [107] » sous-entend l'intégration à un mode de vie, un projet sociétal, axé sur l'individu et le primat de l'échange marchand avec « toujours plus de moyens pour dominer la nature, toujours plus de production et de consommation pour instaurer le bien-être [108] », puisque « le « plus » est nécessairement apprécié comme préférable au « moins [109] ». Dès lors, il s'agirait d'un « projet totalitaire au sens le plus strict », car il viserait « à une réduction complète de la vie des gens dans un mode de vie référé à la société globale, intégrée organiquement et interprétable fonctionnellement [110] ». Pour Christian Coméliau, « l'importance historique et actuelle exceptionnelle de ce système vient de ce qu'il tend à diffuser et à imposer, à l'ensemble de la planète, *un modèle de développement*, ou si l'on veut un modèle de civilisation, fondé sur un ensemble de valeurs, de comportements et de justifications prétendument rationnel, et débouchant sur des modes de consommation, de production, d'accumulation, d'échange et de régulation homogénéisateurs [111] ».

Par cette évolution, toujours plus prononcée, toujours plus homogénéisatrice, quasi mécanique, vers une socialité réduite au seul rapport marchand est aussi affirmée l'idée d'écart entre le développé et le sous-développé dans une « continuité substantielle [112] » qu'on explique, dans l'exemple de ce document du DPT, par l'inégale distribution des ressources :

« Compte tenu de l'inégale distribution spatiale des ressources humaines et sociétales, le développement ne peut suivre un processus identique et similaire partout. Autrement dit, le développement économique et social diffère dans le temps et l'espace. À l'intérieur même d'un pays, on constate des écarts de développement qu'indiqueraient les termes tels développé, en développement ou sous-développé. La raison principale de ces écarts de développement entre les régions est à rechercher dans l'inégale distribution spatiale des facteurs de développement d'ordre économique ou social [113]. »

Cela revient à dire en clair qu'il y a toujours eu des pays avancés, des régions sous-développées et que par conséquent il n'y a pas lieu de « s'inquiéter ». D'autant que le processus de développement est censé reprendre de plus belle, puisqu'il s'agit « d'un phénomène naturel, spontané, dont on connaît l'existence et dont on analyse le mécanisme [114] ». Sous-développés ou en développement (joli euphémisme onusien), « ces pays sont donc simplement un peu en retard sur le droit chemin qui a mené les pays du monde développé à leur niveau actuel. Dans cette histoire, passée et future, vue comme un déroulement linéaire, mais dont le point de référence demeure l'Europe occidentale et ses excroissances, le reste du monde doit démarrer et accélérer pour rattraper le retard. C'est une histoire de course automobile, semble-t-il. Le retard rattrapé, on les imagine, sans grand effort, membres à part entière du club des pays de la libre entreprise, qu'ils auront dû imiter, forcément [115] ».

Il suffirait, alors, d'après les dires de l'ancien président Turgut Özal (1983-1993), homme dit « visionnaire », initiateur des réformes néolibérales et monétaristes en Turquie, d'un petit coup de pouce pour que démarre le processus de développement essentiellement axé sur la croissance et l'accumulation :

« Depuis 1980, nous sommes passés d'une économie d'État à une économie libérale, autrement dit d'un système planifié de type semi-socialiste à une société offrant à chaque individu une plus grande liberté grâce à un processus général de libéralisation [116] [...]. Nous avons libéralisé les importations et les échanges, aboli les contrôles de prix. Nous n'avons investi les revenus de l'État que dans la réalisation d'une infrastructure. Nous avons rendu possible l'action du secteur privé et des hommes entrepreneurs. Nous avons entamé une politique de privatisation [...]. Ainsi les énergies réprimées depuis des siècles se sont-elles trouvées tout à coup libérées, permettant aux hommes d'affaires et aux constructeurs turcs de s'implanter dans le monde extérieur. L'équilibre économique s'est instauré dans le cadre du marché [...]. Le développement ne dépend plus de la seule volonté de l'État. Nous avons mis en marche un processus d'évolution organique qui progresse de lui-même [117]. »

Objectifs du développement

Une Turquie plus prospère, plus riche doit ainsi émerger qui correspondrait globalement à l'amélioration continue et sans limite de la totalité des indicateurs synthétiques dits de développement. De là découle un ensemble d'objectifs, parfois incohérents ou simplement sans consistance précise, mais qui interagissent entre eux sans qu'on établisse une hiérarchie des thèmes considérés. Il est donc évident qu'ici aussi « finalités, nature et significations du développement s'entremêlent et se confondent » et que « le développement peut être à la fois un processus d'évolution économique et une finalité comme l'accès à un certain niveau de richesses et de bien-être matériel [118] ». À titre d'exemple de cette non-clarification des finalités et nature du développement, il est indiqué dans un document officiel du DPT que :

« Le VIIIe plan quinquennal de développement [119] a été conçu dans un contexte marqué très fortement par la mondialisation et le passage à la société de la connaissance. Afin de tirer la meilleure partie des opportunités présentées par ces deux processus liés entre eux, il serait d'une importance capitale que la structure sociale de notre pays soit renforcée, que les écarts régionaux et les inégalités dans la répartition du revenu soit atténués, que les réformes structurelles soient menées à terme, et qu'enfin une infrastructure, permettant de bénéficier au mieux des opportunités présentées par la mondialisation et le passage à la société de la connaissance, soit mise en place [120]. »

« Une *chorba* conceptuelle », comme on dirait en Turquie, mais pour synthétiser les objectifs assignés au développement, on peut globalement, et très schématiquement, affirmer, avec Cornelius Castoriadis, qu'il s'agirait d'un mouvement vers le plus et plus : plus de routes goudronnées, plus de téléphones portables, plus de marchandises, plus de production, plus de consommation, plus d'hôpitaux, plus d'écoles, plus d'années de vie et de scolarisation, donc « plus de décimales dans les valeurs numériques des constantes universelles [...] et « plus », c'est « bien ». « Plus » de quelque chose de positif et, bien entendu, algébriquement, « moins » de quelque chose de « négatif ». Ainsi parvenons-nous à la situation présente. Le développement historique et social constitue à sortir de *tout* état défini, à atteindre un état qui n'est défini par rien sauf par la capacité d'atteindre de nouveaux états. La norme est qu'il n'existe pas de norme. Le développement historique et social est un déploiement indéfini, infini, sans fin [121] ».

L'un des premiers objectifs du développement est donc ce plus, cet « idéal d'accroissement quantitatif indéfini de la consommation [122] », de la production, de l'échange marchand. Procédant de cette logique du mieux = plus, on peut s'attendre à ce qu'il y ait plus de fruits à répartir, s'il y a plus de production, et surtout si ce travail de répartition est bien fait, et donc éventuellement plus de consommateurs capables de consommer toujours plus. Dès lors, une Turquie développée est aussi une Turquie où le pouvoir d'achat des masses est bien plus grand, par l'intermédiaire d'une meilleure répartition du revenu, ce qui serait plutôt bénéfique pour plus de croissance, mais aussi pour calmer les ardeurs, pacifier les rapports sociaux, « assurer l'adhésion durable de l'opinion publique aux réformes [123] » et empêcher les éventuelles explosions dites sociales, tant les inégalités et la violence urbaine sont devenues beaucoup trop menaçantes pour le système tout entier (à l'instar du problème d'antan dit des classes laborieuses). Les mesures dites sociales (comme celles relatives à la lutte contre la pauvreté ou à l'amélioration de la répartition du revenu, thèmes qui ressortent majoritairement des enquêtes réalisées) sont dès lors conçues, du moins implicitement, « comme un coût nécessaire, et reconnu comme tel, de la survie du système [que résumerait ce terme très fréquemment employé : *sosyal bakımdan sürdürülebilirlilik* – la durabilité du point de vue social] [124] » parce qu'elles permettent « à la fois la réduction des tensions sociales les plus menaçantes et l'accroissement du nombre de participants potentiellement solvables au jeu du marché [125] ».

Un document de la TEPAV [126] note ainsi l'inquiétude que suscite le chômage croissant : « Les taux de chômage officiels ne reflètent pas suffisamment la gravité et l'importance du problème du chômage en Turquie. Si on prend en considération ceux qui ne sont pas comptabilisés, une certaine menace sociale dérangeante est là [127]. » Ou cette responsable de la TÜSİAD [128], lorsqu'elle parle de l'exode rural et de ses conséquences sur les villes, une vision qui n'est sans rappeler un certain discours sur la nécessité de mener une vraie politique d'aide au développement des pays africains pour éviter que leurs ressortissants débarquent en Europe à bord d'embarcations de fortune :

« Il existe des disparités régionales extrêmement importantes. La Turquie est un pays qui n'a pas terminé sa transformation sociale, non seulement en termes de mobilité entre les couches sociales mais aussi en termes de mobilité spatiale, de l'Est vers l'Ouest. Cet exode rural arrivera à un point où il sera impossible de l'empêcher. Ce n'est tout de même pas quelque chose que vous pouvez stopper par des moyens coercitifs. Cet exode rural incontrôlable se traduira par l'apparition de problèmes sociaux très inquiétants, et des difficultés d'adaptation. Aussi serait-il nécessaire de développer les régions en retard, tout en préservant bien sûr le patrimoine naturel et culturel [passage quelque peu accessoire, volonté d'être en phase avec les tendances écologiques récentes] [129]. »

Citons enfin ce passage, tiré du VIIe plan de développement, qui souligne, « officiellement » lui aussi, parfois avec les mêmes termes que ceux employés par la responsable de la TÜSİAD, l'actualité pressante des préoccupations « sociales urbaines » :

« Le phénomène de l'urbanisation qu'on observe dans notre pays depuis environ 40 ans porte à l'ordre du jour un problème fondamental de changement culturel. L'inadaptation de nouveaux migrants à la culture citadine, les problèmes d'incivilité, le refus d'intégration des migrants entraînent des problèmes sociaux qui font obstacle aux efforts de développement [développement entendu au sens économique, de là, l'inféodation des facteurs sociaux aux facteurs économiques, on y reviendra]. Un exode rural plus fort que celui que nécessiterait le développement économique a pour conséquence de susciter des problèmes majeurs tels que le chômage, le phénomène des bidonvilles, l'insuffisance d'infrastructures, la pollution, la spéculation des terrains, les difficultés d'adaptation à la nouvelle culture citadine. Ces problèmes incitent les nouveaux migrants, notamment les jeunes, à un renfermement sur soi, à l'illégalité, à la criminalité. Aussi faudrait-il se pencher davantage sur ce dossier et prendre des mesures susceptibles de faciliter l'intégration des jeunes à la culture citadine [130]. »

Mais notons que ces sensibilités « sociales » exprimées rejoignent, en réalité, parfaitement les principaux thèmes explorés durant la période dite de « post-consensus de Washington » reconnaissant « la nécessité d'élargir à la fois la gamme des instruments utilisés et l'ensemble des objectifs [131] ». Consensus après consensus, du consensus stiglitzien [132] au consensus de São Paulo en passant par celui de Monterrey ou de Beijing (la liste est longue), sans qu'aucun d'entre eux n'aboutisse à une doctrine résolument nouvelle et unanimement reconnue comme étant alternative au consensus de Washington, quelques « défaillances » de ce dernier sont néanmoins mises en lumière. Parmi celles-ci, on signalera notamment l'ignorance des aspects et préconditions institutionnels « nécessaires » au développement (ce qui débouchera sur la problématique de gouvernance) et le traitement « insuffisant » de la question de la redistribution (ce qui donnera essor à la formulation des politiques de lutte contre la pauvreté) [133]. Ces failles soulignées du consensus de Washington réhabilitent dès lors le rôle des institutions et surtout de l'État « au travers d'actions qualifiées de *market-friendly* [134] ». L'État est invité à établir un système de lois, à maintenir un système de redistribution, à investir dans les services de base et l'infrastructure, à favoriser l'équité et à protéger l'environnement. Aussi peut-on affirmer que les politiques plus « volontaristes » dans les domaines de la santé, de l'éducation et de la répartition du revenu, que nos enquêtés appellent de leurs vœux, comme nous le verrons ultérieurement, ne sont que le prolongement de cette « prise en compte des aspects institutionnels du développement [135] » à l'intérieur des frontières nationales.

Moyens du développement

On peut notamment citer : croissance forte et durable [136], stabilité macroéconomique, réformes dites structurelles, mise aux normes européennes, processus de reprise de l'acquis communautaire, davantage d'intégration au système mondial supposé générer du développement, davantage d'investissements directs étrangers, développement et promotion des agences de développement (ce qui implique une décentralisation plus poussée mais aussi le transfert vers le local d'un certain nombre de prérogatives politiques et économiques, on y reviendra ultérieurement), consolidation du rôle du secteur privé dans l'économie, meilleure gouvernance et notamment meilleure et plus efficace gestion des fonds publics, amélioration du climat d'investissement, renforcement du rôle du secteur privé dans l'économie, marché de l'emploi plus flexible, développement de la culture de la concurrence, politiques de *clusters*, privatisation et recentrage de l'État sur ses compétences et fonctions principales, meilleure infrastructure au sens plus large, diminution des écarts sociaux et régionaux, meilleur niveau de capital humain (ce qui suppose un meilleur système éducatif, davantage articulé avec le marché de l'emploi et une bien meilleure structure de santé), économie plus solide tournée vers l'innovation avec une base technologique plus avancée afin de concurrencer plus efficacement sur les marchés internationaux *via* l'exportation des produits à valeur ajoutée élevée (ce qui suppose une stratégie globale, à long terme, de spécialisation et de conquête des marchés extérieurs pour verser quasi systématiquement dans une vision relevant de la théorie des avantages comparatifs).

Nous l'avons déjà souligné mais remarquons ici encore une fois, la confusion, voire l'inversion des moyens et des fins : « les objectifs collectifs d'amélioration du niveau général d'éducation ou de santé sont encouragés essentiellement pour le motif que ces améliorations conditionnent la croissance marchande et donc celle des revenus individuels [137] ». Ils ne sont donc pas recherchés pour l'usage que nous pouvons en faire dans la satisfaction de nos besoins, mais par rapport à la fonctionnalité qu'ils ont de relancer la croissance. Les citations ci-dessous, tirées du document gouvernemental intitulé *Güneydoğu Anadolu*

Projesi, Eylem Planı (2008-2012) [Plan d'action, Projet de l'Anatolie du Sud-Est] sont, de ce point de vue, édifiantes : après avoir affirmé, sous la rubrique « politiques et stratégies », que « la productivité et la compétitivité des entreprises régionales seront renforcées *via* une plus grande flexibilité du marché de l'emploi... [138] » et que « [...] tout sera mis en œuvre pour attirer durablement les investisseurs dans la région et faire ainsi de la région un pôle d'attraction et de développement parfaitement intégré au système mondial [139] », le document indique que « le marché de l'emploi constitue le lieu par excellence des influences réciproques de l'économique et du social. Afin de rendre la main-d'œuvre plus flexible et adaptable aux conditions changeantes du marché de l'emploi, il serait capital que les habitants de la région, notamment les jeunes, soient mieux dotés en formation technique et professionnelle, ce qui augmenterait considérablement leurs possibilités d'embauche. Une société ouverte, entrepreneuse, hautement qualifiée, sûre d'elle-même et ouverte sur l'innovation et la communication sera au centre de la dynamique de la concurrence et du développement [140] ».

Certains documents ont le mérite de la cohérence et de la clarté quant aux objectifs et moyens du développement, comme ce texte tiré du rapport intitulé « Les priorités économiques et sociales à l'Anatolie de l'Est et du Sud-Est » de l'importante ONG TESEV [141], : « L'objectif à long terme de ces mesures [économiques et sociales] est d'assurer le développement de la région. Celui-ci est synonyme d'amélioration du bien-être des populations locales par l'intermédiaire de la multiplication, grâce au développement de l'entrepreneuriat privé, des offres d'emploi [142]. » À partir de là, la grille de lecture privilégiée est celle de l'amélioration du climat d'investissement, de l'infrastructure, de l'accès au financement ou du capital humain, qui concernent plus des trois quarts des thèmes développés dans l'introduction et le bref résumé dudit rapport, alors que les passages faisant allusion au volet proprement social des politiques proposées y sont réduits à ceci : « les politiques sociales, en dehors de leur contribution au développement économique et à la création d'emploi, seront perçues, par les populations locales, comme un acte de bienveillance de l'État à leur égard et auront pour conséquence de renforcer leur allégeance citoyenne [143] ».

La conclusion semble claire : la chance d'un facteur dit social/culturel/ou politique d'être intégré dans une stratégie globale de développement dépendra grandement de la mesure dans laquelle « le fonctionnement du marché s'en trouvera facilité ou amélioré [144] ». D'où le caractère instrumental, subordonné des objectifs/moyens non économiques :

« Oui à la démocratie, si elle permet de maintenir l'équilibre social dont le marché ne peut se passer. Oui à une amélioration de la santé et de l'éducation, si la productivité de la main-d'œuvre doit s'en trouver renforcée. Oui aux moyens de protection de l'environnement, s'ils conditionnent la survie des entreprises, et surtout dans la mesure où ils peuvent faire l'objet d'une nouvelle activité productrice rentable [145]. »

Last but not least, nous avons constaté sur le terrain la même confusion, voire l'inversion, des moyens et objectifs chez certains tenants de la croissance dite endogène. Se voulant critiques envers la théorie néolibérale à laquelle ils reprochent son réductionnisme étroit, ses modèles abstraits, sa cécité à l'égard des faits sociaux, sa définition du développement trop centrée sur la croissance au risque de perdre de vue la complexité du monde social, il leur arrive aussi de conclure, à l'instar de ce professeur en économie de l'université d'Ankara, l'un des représentants les plus en vue de ladite théorie en Turquie, de manière aussi simpliste que ceux à qui il reproche leur économisme :

L. Ü [Levent Ünsaldi] : « Suite à cette discussion, le développement aurait-il toujours un sens pour vous ? [L'enquêteur concluant peut-être hâtivement que l'enquêté, si critique dans ses réflexions envers la théorie classique et appelant à une plus grande pluridisciplinarité dans l'étude du social, rejette éventuellement le concept de développement] ».

E. [Enquêté] : « Oui, bien sûr, pour revenir au sujet du développement, il reste, malgré tout, le point central : l'augmentation du PIB par tête. Le développement est, bien sûr, toujours extrêmement important [...] Les modifications institutionnelles dans les domaines de l'éducation, de la santé, de l'environnement, de la culture peuvent agir positivement sur le PIB par tête et, par là, le développement [146]. »

Les mots (le vocabulaire) du développement

À l'instar de Christian Comeliau, on peut définir le vocabulaire comme une convention sociale composée de mots ni vrais ni faux servant à l'échange [147]. Il est évident que ces mots « font sens et s'insèrent dans des représentations et ont des significations différentes [148] ». Il s'agirait alors ici d'aborder un ensemble de notions, plus ou moins cohérentes et articulées entre elles, exprimant les intérêts de ceux qui les emploient, tout en les légitimant, pour former un bloc conceptuel relativement homogène autour duquel s'effectue l'échange au sujet du développement. Les thèmes similaires sont regroupés entre eux. Nous tenterons de les illustrer tantôt par des citations adéquates, tantôt par des développements plus longs.

De manière globale, le lecteur ne manquera pas, à notre sens, de remarquer l'uniformité croissante, le caractère stéréotypé, des points de vue exprimés. Cette relative homogénéité « doctrinale » qui marque tout particulièrement la représentation abordée ici « découle de l'usage fréquent et largement répandu d'un nombre limité de mots à la mode et de poncifs, d'une terminologie « correcte » qui occulte les problèmes sous-jacents et les rend acceptables, en leur conférant une légitimité politique [149] ». Des mots, des concepts, d'autant plus légitimes et indiscutables pour un pays périphérique comme la Turquie, qu'ils sont accrédités par toute une littérature se voulant scientifique et surtout diffusés par des organisations internationales, érigées en monuments de crédibilité de la « pensée vraie ». Ainsi est-il particulièrement « ringard » aujourd'hui de dire au sujet de la Turquie que c'est un pays en développement, encore moins sous-développé, mais il est de bon ton de dire que c'est un *emerging market*. *Idem* pour les notions telles réforme agraire ou industrialisation qui sentent terriblement la naphtaline. En revanche des concepts « nouveaux », comme ceux de confiance des investisseurs, politiques des *clusters*, agences de développement, capital humain, gouvernance, climat favorable aux investissements, panoplies de compétences, flexibilité, innovation, réformes ou mondialisation, occupent le devant de la scène.

— AB [UE] ; *Ev ödevi* [Devoirs] : le langage employé ici est presque exclusivement celui d'une mise aux normes ou d'une remise à niveau. L'UE étant considérée comme « la norme » en termes de modernité marchande, ou mieux, comme « le point vers lequel devrait converger tout ce qui peut s'apparenter au développement [150] », toute déviation constatée par rapport à cette normalité est identifiée comme « anormale », « problème » ou « pathologique » (voir aussi à ce propos la rubrique « ancre » de la présente étude). Le développement ne serait que la correction de ces anomalies à travers les réformes, règlements ou réglementations (un processus d'ordre plutôt juridico-politique que désignerait le terme de « normalisation », fréquemment employé en Turquie, la normalisation des rapports civilo-militaires par exemple). Cet aspect normatif revient aussi, lorsqu'on évoque l'élévation des standards [*standartların yükselmesi*] qui indique le processus par lequel on entre dans le domaine du normal, du bon, du positif, du souhaitable, de l'universel : « Nous considérons le processus d'adhésion à l'UE comme un processus de restructuration susceptible d'élever les standards politique, économique, social et juridique de la Turquie. Nous visons l'adhésion pleine et entière » [Recep Tayyip Erdoğan, *Programme du 60e gouvernement de la République de Turquie* [151]].

Quelle que soit la signification accordée au terme de standard, une idée majeure soutient finalement tout l'édifice de ce schème de pensée :

l'idée que la reprise de l'acquis communautaire permettra au pays de devenir « normal ». Le ton est donc extrêmement technique (les standards supposés de l'UE, de la Turquie, les standards souhaités, auxquels on se réfère...), le pays reprenant chapitre par chapitre tout l'acquis communautaire (qui renferme tous les standards identifiés de l'Europe), censé apporter du développement ou du moins mettre le pays au même niveau de développement que celui des pays membres de l'UE. L'expression d'*ev ödevini yapmak* [faire ses devoirs] indiquerait ce processus de réformes, d'effort fourni par le pays pour rattraper son retard (dans divers domaines de l'acquis communautaire).

— *Arayı kapatmak* [Rattrapage] ; *Yakınsama* [Convergence] : Termes majeurs de toute conception évolutionniste, ils désignent un mouvement linéaire « qui doit conduire les hommes d'un état réputé inférieur à un stade toujours plus avancé [152] », c'est-à-dire dans le sens d'un développement calqué sur la trajectoire des pays occidentaux. Dès lors, est exclue « la possibilité d'une situation durable de sous-développement [153] », puisque « toute économie a vocation au développement [154] », ce qui débouche sur un postulat optimiste fondamental que Jacques Freyssinet schématise ainsi :

« Les pays développés montrent aux pays sous-développés la voie du développement ; les pays sous-développés sont ceux qui jusqu'ici ont échoué dans la mise en œuvre de leur processus de développement ou qui n'y sont parvenus qu'avec beaucoup de retard. Le problème posé par le sous-développement est celui de la généralisation à l'ensemble du monde de ce qui a été déjà réalisé par un certain nombre de pays [155]. »

Aussi l'optimisme exprimé par l'enquêtée suivante ne traduit pas un trait de caractère particulier, mais implique tout un modèle (théorie classique) qui, par sa conception du développement comme phénomène naturel, ne peut être qu'optimiste quant au décollage futur des pays retardataires :

« Je suis de nature optimiste. Je crois à l'amélioration de la répartition du revenu au fil du temps. Certes, c'est un processus lent, mais le monde va vers plus d'égalité. Les taux de croissance, beaucoup plus élevés dans le cas des pays en développement, nous le confirment. Un processus mondial de rattrapage est donc en cours. Ceci fait aussi largement l'unanimité dans la littérature économique [156]. »

Ou ce professeur en économie de l'université de TOBB (Ankara) qu'on aura l'occasion de citer encore ultérieurement :

« La Turquie est considérée comme un *emerging market*. L'écart se réduit. Il y a cette histoire de convergence. Il existe des calculs, par exemple si on a un taux de croissance ininterrompu de 7 % sur tant d'années, le rattrapage peut être effectif d'ici tant d'années [157]. »

— *Beşeri sermaye* [Capital humain] ; *Eğitim* [Éducation] : présenté comme un puissant vecteur d'amélioration du bien-être, de la compétitivité et du développement, le référentiel éducatif (employé ici de manière à couvrir les deux thèmes) est sans doute l'une des problématiques les plus exploitées du moment [158], mais aussi des plus ambiguës, des plus floues. Sans entamer une analyse plus approfondie du sujet [159], signalons que nous avons affaire à l'un des facteurs dits de développement les plus évoqués (éducation ou capital humain à l'origine de tel ou tel autre changement), identifié comme variable majeure dans des variations concomitantes extrêmement complexes (notamment chez les économètres). Le texte ci-dessous peut servir d'exemple à cette « bouillie causale » où tout détermine tout dans la confusion la plus totale :

« L'éducation se situe au centre des politiques économiques (sur les plans de la croissance, de la compétitivité et de la productivité) et sociales (au niveau de la lutte contre la pauvreté, de l'amélioration de la répartition du revenu, de la participation et de la protection de l'environnement [160]). » [...] « Mais, comme c'est le cas de toute variable, le facteur éducatif ne peut assurer, à lui seul, ni la croissance durable, ni le développement. Autrement dit, l'éducation est nécessaire mais non suffisante pour la croissance et le développement. La littérature économique et les expériences nationales montrent que l'éducation est fortement corrélée avec la technologie, la bonne gouvernance, les investissements étrangers directs, le capital social, la compétitivité, etc. [161]. »

Et plus loin, on lit, parfaitement aligné sur « le post-consensus de Washington » qui met en exergue la mise en œuvre des stratégies de réduction de la pauvreté et d'amélioration de la répartition du revenu par l'intermédiaire essentiellement de politiques publiques plus volontaristes dans les domaines de l'éducation et de la santé :

« L'aspect social de l'éducation ne devrait pas être négligé. L'éducation sert de pont entre la croissance économique et l'amélioration du bien-être. Dans le domaine économique, elle augmente le PIB par tête en améliorant la productivité ; tandis qu'elle joue un rôle capital, sur le plan social, dans la répartition plus équitable du revenu, le renforcement des libertés, le développement d'une société plus démocratique et ouverte et enfin dans l'amélioration du bien-être. Il est évident que la solution passe par le développement du capital humain, si on souhaite transformer en avantage notre potentiel démographique, en finir avec la pauvreté et améliorer la répartition du revenu [162]. » Mais pour revenir juste après à la sainte croissance : « La compréhension de l'enchevêtrement des aspects économique et social du capital humain est extrêmement importante pour l'entrée de la Turquie dans un processus de croissance durable [163]. »

On ne sait donc pratiquement jamais (ou du moins très difficilement) si disposer d'un meilleur capital humain est posé comme un objectif en soi ou comme un simple moyen au service de la croissance. Un autre exemple significatif à ce propos serait le document du DPT intitulé « Étude sur le classement du développement socio-économique des villes et des régions [164] », lequel – après avoir souligné que la croissance n'est pas synonyme de développement et que l'organisme du plan se reconnaîtrait plutôt dans une conception plus globale de « développement social », qui renverrait aux diverses avancées dans les domaines social, culturel, régional, éducatif, etc. (p. 6) –, aborde paradoxalement, un peu plus loin (p. 7), le sujet capital humain, essentiellement à partir de son impact sur la croissance.

Le rapport de la commission spéciale sur les politiques industrielles, une des sous-commissions procédant au IXe plan de développement [165] a le mérite d'être plus clair, en renfermant sans équivoque possible le référentiel éducatif dans la problématique économique, mais aussi dans l'intérêt des entrepreneurs (car il est demandé après tout à la collectivité de prendre en charge entièrement la formation des futurs employés) :

« Évoluant depuis longtemps en marge des politiques industrielles, les politiques dans le domaine de la science, de l'innovation et de la technologie devraient être reformulées de manière à répondre aux besoins stratégiques de nos entreprises [166]. » Et un peu plus loin : « Au sujet de l'amélioration des qualifications de la main-d'œuvre, la base de la stratégie à suivre dans le système éducatif devrait consister à former des candidats à l'emploi répondant mieux aux besoins du secteur privé [167]. »

La contribution de la TEPAV à ce rapport est parfaitement reconnaissable à travers ces réflexions, puisqu'on les retrouve, quasiment à l'identique, dans un autre document de l'organisme de recherche de l'Union des chambres de commerce : « La discordance entre les besoins de l'économie et les compétences transmises par le système éducatif est très préoccupante. Le système éducatif devrait répondre aux besoins du secteur privé [168]. »

L'enseignement supérieur n'échappe pas, lui non plus, à cet impératif de « répondre aux besoins du secteur privé » : « Il ressort des enquêtes réalisées [dans le cadre d'une recherche intitulée « L'enseignement supérieur et le marché du travail » menée conjointement avec la Banque mondiale] que les institutions de l'enseignement supérieur ne se considèrent pas comme étant chargées de subvenir aux besoins du monde des affaires. Les petites universités locales prennent comme modèle pour leur organisation les grandes universités prestigieuses de recherche comme ODTÜ ou İTÜ [respectivement université technique du Moyen-Orient à Ankara et université technique d'Istanbul], ce qui a pour conséquence d'induire un modèle unique pour tout le champ universitaire. Or, pour le développement de l'industrie locale, il serait impératif que les universités locales proposent des formations et créent des programmes en fonction des besoins en compétences du monde des affaires [169]. »

— *Büyüme* [Croissance] ; concept omniprésent dont la récurrence discursive aboutit soit à la confusion quasi totale des fins et des moyens, soit au réductionnisme économique étroit : le développement serait subordonné à la croissance : le développement social au développement économique, le développement de l'homme au développement technico-scientifique. La citation ci-dessous en provenance d'une brochure de présentation de la TÜSİAD constitue déjà une belle entrée en matière (à plus d'un titre par ailleurs) :

« Si la Turquie tire la meilleure partie de son processus d'adhésion à l'UE, elle peut, avec la nouvelle stratégie économique qu'elle appliquera, atteindre un taux de croissance annuel de plus de 6 % et disposer ainsi des ressources nécessaires pour s'attaquer à ses problèmes dans des domaines aussi vitaux que l'emploi, l'éducation, la structure financière, l'équilibre sectoriel, l'agriculture, le développement régional, la productivité ou l'accumulation de capital [...]. Le progrès social viserait la prospérité et l'atteindre supposerait le respect des règles de l'économie globalisée [170]. »

Une autre citation en provenance cette fois de la TEPAV semble aller plus loin en réinterprétant la devise très connue des « kémalistes » à travers le prisme économique, alors que cette devise [*muasır medeniyet seviyesine ulaşmak*] qui peut être traduite par « accéder à la civilisation contemporaine » ou « s'élever au niveau de la civilisation contemporaine » ne relève pas d'une lecture économique [171] : « La possibilité de s'élever au niveau de la civilisation contemporaine passe par des taux de croissance annuels encore plus forts que ceux des pays développés [172]. »

Les choses peuvent ne pas être dites aussi clairement et le cas inverse semble majoritaire : dans les textes comme dans les discours, la distinction entre croissance et développement « est proclamée vertueusement et de manière unanime », pour reprendre les mots de Christian Comeliau [173] (nos entretiens le confirment, aucun interlocuteur n'y soutient que le développement est synonyme de croissance). Mais au fil de la lecture ou de l'entretien, et c'est là que commence la difficulté, on s'aperçoit qu'on passe d'une extrémité à l'autre, c'est-à-dire d'une conception du développement particulièrement vague, indécise au départ à une autre réduite à un ensemble d'améliorations ou de changements (dans les domaines politique, social et culturel) induits par la dynamique économique, pour enfin aboutir à un raisonnement tournant exclusivement autour de la croissance. Auquel cas le développement n'est plus, comme le souligne Jean-François Baré, définissable en lui-même [174]. Edgar Morin l'exprime, de son côté, ainsi :

« Comme il apparaissait évident que la croissance était le moteur du développement économique, lequel devenait le moteur du développement social, lequel devenait le moteur du développement/épanouissement humain, il était donc clair qu'assurer la croissance, c'était assurer par enchaînement nécessaire toutes les formes de développement [175]. » Dès lors, « croyant faire de la croissance pour le développement (social, humain), on fait de la croissance pour la croissance [176]. »

Force est donc de constater, avec Jean-François Baré, que ces confusions, difficultés « tiennent pour une part importante aux associations sémantiques implicites du mot [développement] lui-même [177] ». Mais mettre en évidence cette « contagion » sémantique, tirant le sens de développement vers celui de croissance [178] » n'est pas un exercice aisé. Pour nos enquêtes par exemple, un effort plus grand a souvent été nécessaire non seulement lors des entretiens en termes d'exploration plus profonde de l'univers conceptuel de l'enquêté, mais aussi au moment de l'analyse du matériel recueilli en termes de décorticage thématique plus approfondi des données textuelles. Ceci est le cas des *verbatim* d'entretien ci-dessous où le passage évoqué d'une extrémité à l'autre est le plus manifeste. Commençons par ce chroniqueur économique (de la chaîne d'information NTV) l'un des plus médiatiques et des mieux dotés en capital symbolique d'autorité (en analyse économique) [179] :

À la question de départ : « Si je vous dis développement, quels sont les premiers mots qui vous viennent à l'esprit ? À quoi ça vous fait penser ? »

E. : « Certes, la première chose qui vient à l'esprit, c'est l'amélioration du bien-être matériel. Mais pour moi ceci n'est pas pertinent. Tout n'est pas économique, le développement n'est pas uniquement l'amélioration de la prospérité. Il y a aussi un aspect sociologique, culturel, dans le sens de changement des mentalités des gens, changement aussi dans le sens de la démocratisation. Pour moi, c'est donc un concept assez étendu. L'aspect exclusivement quantitatif de ce processus est la croissance. En gros, c'est la distinction entre '*Growth*' et '*Development*'. L'amélioration du niveau éducatif, le changement de notre vision de la démocratie, l'amélioration des droits de l'homme, tout cela, c'est du développement. En tout cas, c'est un concept à dimensions multiples. Il inclut la croissance, l'industrialisation, les droits de l'homme, la démocratisation [180]. »

Ainsi exprimée la complexité du sujet, la grille de lecture commence toutefois à s'infléchir à partir de la question sur le rapport industrialisation-développement. Les éléments épars d'un déterminisme économique mécanique sont déjà perceptibles :

« Il est vrai qu'on peut aussi dire ceci : quand un pays s'enrichit, les changements induits s'y ajustent. Par exemple, qui dit industrialisation, dit ouvrier, qui dit ouvrier, dit revendications sociales. C'est dire que l'industrialisation et l'enrichissement peuvent entraîner le développement [181]. Certes, ce n'est pas sûr à 100 % [prise de conscience du déterminisme évoqué], mais la tendance générale est ainsi, lorsqu'on regarde l'histoire des pays européens, notamment de l'Angleterre [référence absolue de la révolution industrielle]. Le développement économique entraîne avec lui un certain nombre de revendications sociologiques parallèles [entendues au sens de changement] [182]. » Pour déboucher enfin, vers la fin de l'entretien, sur un déterminisme économique clairement exposé : « C'est-à-dire que si un pays à PIB par tête égal à 7 ou 8 000 dollars atteint le niveau de 30 000 dollars, on revendiquera inévitablement dans ce pays plus de démocratie, s'il y a bien sûr cette base [entendue comme culture de revendications] ; cette base fait défaut par exemple à l'Arabie saoudite [présentation des pays arabes comme exemples du retard, pour ne pas dire, de l'infériorité, procédé fréquent], mais elle est présente en Turquie [...]. Je veux dire par là que si on arrive au niveau de 10 ou 15 000 dollars de PIB par tête, les aspirations, revendications peuvent être différentes [183]. »

Un autre exemple, parmi tant d'autres, de ce type de passage d'une conception extrêmement vague à une autre pour le moins simpliste est le témoignage de cette responsable de la TÜSİAD précédemment citée où les trois éléments discursifs peuvent être identifiés comme majeurs : la volonté d'être en phase avec la littérature la plus récente (débat sur le développement durable, entendu au sens écologique, qu'on suit ou qu'on veut faire comprendre qu'on suit [184]), le caractère politique très marqué des propos tenus (donc la force des points de vue et des intérêts exprimés au sujet notamment de la gouvernance et des agences de développement) et enfin le réductionnisme économique extrêmement simpliste vers lequel le discours finit par tendre et qui commande toute la transformation sociétale. Ainsi à la question de départ toujours la même (Si je vous dis développement, à quoi ça vous fait penser ?), notre interlocuteur répond :

« À l'économie, mais aussi au développement social et à la durabilité du point de vue écologique. Il est vrai que la conception qu'on a aujourd'hui du développement, ce n'est pas celle d'antan, exclusivement économique. La durabilité est mise en avant, du point de vue à la fois social et écologique [du point de vue social, entendu, comme on l'a déjà signalé, au sens de la pérennité du système] [...]. Fini le développement irrespectueux de la nature. L'énergie propre et la technologie adaptée feront partie de notre style de vie ! [185]. »

À la question du comment (moyens) du développement :

« Que dieu soit remercié, le processus européen est là et les choses bougent un peu [cf. rubrique intitulée « ancre »]. Il y a eu par exemple la création des agences de développement, sous la supervision du DPT [on le verra ultérieurement]. On aurait préféré qu'elles soient plus proches de la société civile [...]. De façon générale, la conception qu'a l'État du développement devrait changer. Jusque-là, tout était géré par Ankara et voici le résultat auquel on arrive finalement, après plus de 75 années d'application de cette approche [186]. Or le développement devrait être conçu en rapport avec les acteurs locaux. Il faudrait identifier correctement les problèmes pour proposer des solutions adéquates [...]. Mais tant qu'on continue à tout gérer, à tout planifier à partir d'Ankara, il arrivera ce qui doit arriver [...]. De plus, certains principes tels la responsabilité ou l'obligation de rendre compte devraient être valables aussi bien pour la société civile que pour la bureaucratie ou le champ politique [187]. » Pour finir enfin sur un ton réducteur, éventuellement encore plus fort que le premier témoignage : « La richesse économique, à partir d'un certain niveau, bon il est vrai qu'on entre ici dans un débat théorique complexe [prise de conscience du déterminisme qui sera évoqué], peut préparer le terrain non seulement pour plus de démocratie, mais aussi pour plus de dépenses sociales. [L. Ü : Vous dites donc que l'économie est déterminante ?] Bien sûr, par exemple, aujourd'hui en Turquie, on achète plus de livres, de journaux et de peintures. On va plus souvent au cinéma et au théâtre. Pourquoi ? Parce qu'il nous reste maintenant un peu d'argent, après avoir acheté notre pain. C'est la théorie économique classique, ça. S'il n'y a pas de routes, on demandera d'abord la construction d'une route. C'est parfaitement logique tout ça. Plus tard, on demandera plus de livres [188]. »

La démocratie induite presque mécaniquement par le développement économique (en l'occurrence par la croissance du PIB par tête), voici une idée particulièrement forte qu'exprime, avec une certaine franchise par ailleurs, ce professeur en économie [189] de l'université d'Économie et de Technologie de TOBB [190],. Il affirme dans un premier temps que « dans les pays comme la Turquie, il existe un déficit d'épargne » et que « pour le compenser, il faudrait attirer plus d'investissements étrangers directs, ce qui suppose l'amélioration du climat d'investissement. En clair, éviter toute chose qui puisse faire fuir l'investisseur étranger : l'instabilité politique, la corruption, le populisme, le faible développement du cadre institutionnel, les problèmes de gouvernance, les problèmes liés au respect des droits de propriété. Et en rapport avec tout ça, parce que c'est ça qui intéresse prioritairement l'investisseur : un marché du travail flexible, les charges et impôts pas trop lourds ».

L. Ü : « Le rythme du développement serait-il alors plus rapide dans des pays autoritaires ? »

E. : « Bien entendu, l'exemple sud-coréen par exemple [cf. notre rubrique « la Corée du Sud »]. Qu'est-ce qu'ils ont dit dans un premier temps ? « On s'en fout, mon frère, de la démocratie » et ils ont réalisé leur développement sous un régime militaire, mais en respectant, bien sûr, les règles de l'économie [économie supposée une et indivisible]. »

L. Ü : « À partir d'un certain niveau de développement, on passe alors à la démocratie, c'est ça ? »

E. : « C'est inévitable. Impossible de faire taire les gens dans un pays à PIB élevé. Les attentes sont forcément plus grandes. Ils voient ce qui se passe dans le reste du monde. Ce qui va certainement arriver par exemple en Chine. Je n'ai aucun doute là-dessus [191]. »

Le véritable mythe du développement est enfin là, dans toute sa splendeur, toute sa « vérité ». Dans ce mythe, la croissance est donc conçue, et on le voit bien à travers les témoignages, « non seulement comme le producteur, mais comme le régulateur interne du développement : elle [devrait] par ses vertus, résoudre les problèmes historiques fondamentaux de l'humanité, réduire puis dissoudre les conflits, antagonismes, créer donc dans son double mouvement producteur/régulateur une société harmonieuse [192] ». Dès lors, « l'éducation, la santé, la sécurité, voire la démocratie [...] ne sont plus des objectifs en soi, mais des instruments au service de la croissance et des profits qu'elle engendre ; comme tels, leur poursuite est subordonnée à l'utilité qu'ils présentent pour la croissance [193] ».

Véritable panacée universelle du développement anthropo-social, la croissance peut aussi être déterminante en ce qui concerne le changement des mentalités comme l'affirme ce maître de conférences en économie de la prestigieuse ODTU (université technique du Moyen-Orient, Ankara) :

« Il existe pour moi un seuil de 10 000 dollars de PIB par tête que je qualifierais de magique. J'ai vu par exemple au Portugal qu'une fois passé ce seuil de 10 000 dollars, les voitures ne se garaient plus sur les trottoirs [la sociologie spontanée dans toute sa splendeur]. Si on arrive à le faire descendre [le seuil de 10 000 dollars] jusqu'au bas de la société [une meilleure répartition du revenu [194]], on appellera ça le développement [les changements des mentalités supposés suivre la dynamique engagée] [195]. »

De manière globale, les résultats de nos enquêtes semblent grandement corroborer le modèle de développement dominant excellemment esquissé par Christian Comeliau. Citons-en les deux points principaux :

Le développement est assimilé, pour l'essentiel, à la croissance indéfinie qui « concerne à la fois la consommation de marchandises, leur production, leur échange, et surtout l'accumulation des moyens du profit [196] ». Elle constitue par là même la composante intrinsèque fondamentale de la modernité marchande.

Dès lors, « le développement social, avec ses composantes de lutte contre l'inégalité, la pauvreté, le chômage, la désintégration sociale, n'a pas besoin d'être poursuivi comme tel ». Car « il résultera, pour l'essentiel, des retombées de la croissance économique (*trickle down*) [197] » : changements induits par la croissance dans le domaine social (on y fourre tout ce que peut contenir le qualificatif social, de l'amélioration du bien-être au capital humain), culturel (sous le terme notamment de changement des mentalités) et politique (allusion à la démocratie [198]).

Le témoignage ci-dessous d'un autre professeur en économie de l'université d'Économie et de Technologie de TOBB [199] exprime parfaitement cet enchaînement mécanique vers un réductionnisme économique, non plus « explicite » cette fois, comme c'est le cas de nos trois témoignages précédents, mais plutôt « latent » où l'aspect central et le caractère déterminant de la croissance ne sont pas dits « crûment » mais sous-entendus :

L. Ü : « Si je vous dis développement, quels sont les premiers mots qui vous viennent à l'esprit ? À quoi ça vous fait penser ? »

E. : « Je pense à un concept complexe incluant la croissance, mais pas seulement. Je pense aussi au bien-être, à la justice sociale et à la liberté. La croissance y est donc incluse tout comme une meilleure répartition du revenu. Par exemple, un pays où les gens n'attendent pas dans les couloirs des hôpitaux, où les dépenses en éducation et en santé sont plus élevées. Les libertés et droits démocratiques sont aussi très importants [200]. »

Ce n'est que lorsqu'on aborde les moyens du développement qu'on voit apparaître un discours se voulant à la fois pragmatique (supposé non idéologique), objectif et technique, tournant principalement autour de ce que l'interviewé appelle le noyau dur du développement qui est la croissance (*kalkınmanın çekirdeği büyüme,* comme dit l'enquêté), les autres aspects (ou objectifs), qu'il n'évoque plus d'ailleurs par la suite, étant censés implicitement en découler.

À travers tant la technicité et l'objectivité supposées du discours que la couleur politique des « recettes » proposées, on peut lire, toute la trajectoire professionnelle de l'interviewé (ingénieur devenu économiste, pour l'aspect technique des propos et ancien vice-président de la Banque centrale pour l'importance accordée à la discipline budgétaire, à la stabilité économique) :

« On ne peut pas donner sans prendre. Il faudrait assainir le marécage. Pour cela il faudrait d'abord de la stabilité. Votre argent va aux trous budgétaires. Et puis, plus rien pour la santé, plus rien pour l'éducation. Donc d'abord la stabilité. Comme ça, vous pouvez récupérer l'argent qui sert à payer les intérêts et le réinvestir dans d'autres domaines. La Turquie devrait se poser la question suivante : pourquoi je n'ai pas pu assurer une croissance durable qui *devrait* faire partie du noyau du développement [comparaison faite ici par l'enquêté avec les pays tels la Chine, la Corée du Sud ou l'Irlande présentés comme exemples de réussite du développement, mais quelle cohérence alors avec la définition extrêmement vaste du développement donnée au début de l'entretien ?] Parce qu'il n'y a pas de stabilité. Bon, c'est certes un peu vulgaire, mais vous demandez l'aide du FMI, parce que vous avez déconné. La stabilité est extrêmement importante, mais non suffisante à elle seule. Par exemple vous avez la stabilité, mais ça ne va pas très bien, en revanche, au niveau du capital humain, beaucoup trop faible. Aussi vous ne pouvez pas accélérer le *taux de développement*, le taux de croissance [le premier employé comme synonyme du second]. Je suis quelqu'un de *pragmatique* [synonyme de non idéologique, non politique, c'est l'ancien vice-président de la Banque centrale qui parle]. Il faudrait avoir une vision hybride. Les recettes monétaristes, keynésiennes, tout ceci est applicable alternativement selon les nécessités du moment. *Pour revenir à la croissance qui constitue le noyau dur du développement.* La théorie économique nous dit en fait ce qu'il faut faire. Il y existe des modèles, des formules au sujet de l'augmentation du PIB par tête [la technicité des choses, doublée de la trajectoire/formation ingénieur de l'interviewé] : il faudrait par exemple un marché du travail flexible, un niveau de capital humain élevé, sans parler de la nécessité d'innover technologiquement et sans que les entreprises soient écrasées sous le poids des charges et des impôts [la force des intérêts exprimés : c'est l'enseignant à l'université de l'Union des chambres de commerce qui parle]. Il faut bien sûr faire tout ça de façon écologique [201]. » [Une dernière touche pour être dans l'air du temps ?]

Signalons ici que certains thèmes d'ordre politique, qui ne font pas nécessairement partie du noyau central des représentations liées au développement, peuvent tout de même être évoqués par les enquêtés comme étant des éléments centraux sous l'effet bien connu de la situation d'enquête (souci d'apparaître dans la « norme » ou de ne pas paraître ignorant ou indécis). Ainsi, en réponse à la question : « Quand vous pensez au développement, à quoi pensez-vous ? », relativement peu d'interviewés faisaient spontanément allusion aux thèmes politiques (par exemple la démocratie, les droits de l'homme, etc.). Ce n'est qu'après avoir formulé la question de relance pour savoir si les critères proprement politiques comptaient dans leurs conceptions liées au développement que les interviewés répondaient dans leur quasi-totalité par l'affirmative, mais pour enchaîner toute de suite après sur des thèmes entièrement hors politiques, au point de ne plus évoquer (ou très accessoirement) les questions politiques dans la suite de leurs raisonnements. Comme si le souci des enquêtés de paraître conformes à ce qu'ils considèrent comme « légitime » ou « normal » les contraignait à produire des artefacts normatifs (« c'est évident qu'un pays développé est aussi un pays démocratique », « un pays développé ne peut être gouverné autrement » ou « pas de démocratie, pas de développement »). À l'inverse, dire qu'un pays peut être à la fois riche, prospère, bien placé en termes de niveau de vie et dirigé par exemple par une dictature militaire, n'est pas légitime [202]. D'autant plus illégitime qu'un enquêteur, venu de l'Europe, du monde supposé « développé » et « démocratique », peut, par sa seule présence, donner à l'entretien les allures d'un « interrogatoire » où il est question de juger de « l'européanité d'un candidat [203] ». Les exemples donnés par les interviewés eux-mêmes pour illustrer leurs propos peuvent être de ce point de vue extrêmement intéressants, puisqu'ils permettent, certes pas toujours, de distinguer, en révélant les incohérences internes d'un raisonnement, ce qui est périphérique ou dit sous l'effet de la situation d'enquête, de ce qui fait solidement partie du noyau dur de la représentation. Le cas de ce bureaucrate du ministère des Finances [204] en constitue un exemple éclatant : Dans un premier temps, à notre question de départ, l'enquêté répond ainsi :

E. : « Lorsque je pense au développement, je pense à un concept total, à un changement total : la croissance économique, certes, mais aussi des avancées dans le domaine de l'éducation, de la culture. »

L. Ü : « Et les avancées dans le domaine politique, elles en font partie ? »

E. : « Oui, bien sûr, l'objectif est d'accéder aux standards européens. La démocratie en est l'élément central ».

Et enfin, un peu plus loin, à la question de savoir si à l'avenir l'écart entre la Turquie et les pays développés peut se réduire, sa réponse témoignera d'une grande incohérence avec les objectifs assignés au développement au départ :

« Oui bien sûr que l'écart peut se réduire. Regardez la Chine par exemple, elle a bien rattrapé son retard. La Turquie n'est plus la Turquie des années quatre-vingt [expression populaire qui souligne le contraste entre les difficultés économiques d'antan et l'abondance d'aujourd'hui [205]]. Il n'y a plus de place dans mon quartier pour se garer. Autant dire que la Turquie change [206]. » [Changement ou développement mesuré en fonction du nombre de voitures en circulation !]

Tout à fait remarquable, aussi, est l'exemple de cette jeune maître de conférences en économie [207] de l'université de TOBB. L'incohérence observée entre moyens et objectifs du développement, tels qu'ils sont énoncés par l'interviewée, est significative :

L. Ü : « Si je vous dis développement, quels sont les premiers mots qui vous viennent à l'esprit ? À quoi ça vous fait penser ? »

E. : « Je pense plutôt à ce que j'enseigne en cours. Le concept est, dans un premier temps, pensé majoritairement en termes d'augmentation du PIB par tête. Mais, plus tard, on s'aperçoit que c'est bien plus que le PIB par tête et qu'il s'agit plutôt d'un concept multidimensionnel, beaucoup plus complexe, à l'exemple de l'index du développement humain » [référence à la littérature, à ce que l'enquêtée considère comme vrai et légitime – « Je pense plutôt à ce que j'enseigne en cours » – discours hésitant, « coincé », qui trahit non seulement la position de l'interviewée – jeune économiste « débutante », « hésitante » qui ne veut pas commettre d'erreurs – mais aussi toute la force de la situation d'enquête – donner la « bonne » réponse à l'enquêteur [208]].

L. Ü : « Et les avancées dans le domaine politique, elles en font partie ? »

E. (après quelques hésitations) : « L'amélioration des conditions de vie matérielle est bien sûr importante. Mais, en complément à cet aspect, et *moi j'y crois aussi* [gage de sincérité], il faut rajouter la démocratie, la parité homme femme et le respect des règles. »

L. Ü : « Quels sont alors d'après vous les moyens pour atteindre tous ces objectifs que vous avez évoqués ? »

E. : « La croissance est extrêmement importante tout comme l'augmentation du PIB par tête. Il faudrait, par conséquent, diminuer les facteurs de risque qui peuvent agir négativement sur la croissance. À titre d'exemple, il faudrait plus de stabilité et plus de produits à valeur ajoutée élevée […]. C'est comme ça que vous pouvez rattraper votre retard, en disposant de taux de croissance encore plus élevés que ceux des pays développés [jugés sans doute nécessaires pour la démocratie et la parité homme femme aussi, puisqu'on n'en parle plus] ».

— *Çıpa* [Ancre] : cette métaphore d'origine journalistique, reprise par les acteurs politiques ou économiques de tous bords et enfin par la communauté des « savants », a le vent en poupe en Turquie, depuis notamment l'ouverture des négociations d'adhésion avec l'UE. Ce terme maritime transposé au monde social donne l'image d'un pays ayant nécessairement besoin d'un dispositif de fixation externe tant le risque de dérive, de naufrage est grand. Ce dispositif d'ancrage externe (autrefois l'OTAN, aujourd'hui l'UE et, à en croire certains, voir plus bas, le FMI) est considéré comme la seule alternative capable d'engendrer du changement au « pays des Turcs » : les choses sont du moins présentées comme s'il en était ainsi. Tout changement politique ou transformation sociétale depuis l'époque ottomane jusqu'à nos jours (de la monarchie constitutionnelle ottomane à l'instauration de la République, du passage au multipartisme dans les années cinquante à la démocratisation dans le cadre européen, en passant par l'intégration dans le bloc occidental) porte l'empreinte de cette idée. L'effet de levier incessamment avancé, en allusion à la dynamique de réformes (donc de changement, dirait-on) engagée dans le cadre de la reprise de l'acquis communautaire, relève aussi de cette vision de dispositif d'ancre ou d'ancrage qui se résumerait, au risque de tomber dans la caricature, à : « Que Dieu soit remercié, le processus européen est là [209]. » Notre professeur en économie de l'université de TOBB précédemment cité (entretien n° 12) ne dit pas autre chose, lorsqu'il parle de la candidature d'adhésion de la Turquie à l'UE : « [...] Ce qui compte ce n'est pas le résultat, mais le processus, car vous n'arrivez pas à faire seul [pays incapable de changer seul] [210]. »

Mais on sait que toute transposition conceptuelle d'un domaine à un autre est une pratique particulièrement périlleuse et peut déboucher (et débouche dans le cas qui nous intéresse) sur un sens inattendu, en l'occurrence fort péjoratif : lorsqu'on évoque notamment toutes ces anomalies, pathologies locales dont la correction n'est possible que dans l'UE et par l'UE, tant le pays est jugé inerte, dépourvu de dynamiques internes de changement qui permettraient aux Turcs « d'évoluer [211] » ; ou lorsqu'on insiste sur la nécessité d'un nouvel accord *stand-by* avec le FMI, tant les règles, programmes ou réformes économiques risquent de ne pas être respectés, en l'absence d'un organisme de supervision, et qu'on insinue que le Turc est capable, à tout moment, de déraper.

La problématique de déculturation exploitée par Serge Latouche [212] peut être ici d'une certaine utilité car les schèmes d'appréciation et de classification évoqués ci-dessus (le regard qu'on porte sur le Turc) sont d'origine étrangère, occidentale. Il s'agirait alors « d'une intériorisation tellement forte du regard étranger » que la société turque « ne se saisit plus à travers ses propres catégories, mais à travers celles de l'autre [213] », en reproduisant dès lors sa propre domination, puisque « la dépendance commence à partir du moment où la société en question a besoin de l'autre pour définir ses problèmes, ses solutions, ses besoins et ses ressources [214] ». Le témoignage ci-dessous du bureaucrate du ministère des Finances, précédemment cité (entretien n° 21), concorde parfaitement avec ces constats (en même temps que s'y exprime ce rôle, tant intériorisé par les *maliyeci* [surnom donné aux bureaucrates du ministère des Finances], de gardien sourcilleux de la discipline budgétaire) :

« J'ai personnellement travaillé avec le FMI. Je bossais à l'époque sur la sécurité sociale. Franchement, il n'y avait rien de faux dans ce qu'ils proposaient. Certes, c'est contraignant, mais tant mieux. Car notre société est une société qui a rapidement tendance à perdre les pédales. Donc un peu de contraintes, c'est mieux pour des sociétés comme la nôtre. »

Cette irresponsabilité supposée d'une société tout entière peut verser dans certains cas dans une espèce de honte de soi implicite que résumerait cette expression très fréquemment employée dans les couches sociales aisées et citadines, en cas de contact « malheureux » avec leurs concitoyens de classe inférieure : *Bizden adam olmaz* [il ne sortira jamais rien de bon de nous]. S'y exprime un certain mépris envers la société environnante, dans un contexte de ruralisation accélérée des villes, notamment un dégoût que suscitent l'autre (en l'occurrence le nouveau migrant) et ses manières (paysannes) de faire, d'être au monde. Tout à fait remarquable, par exemple, est la façon dont ce chroniqueur économique du journal *Radikal* [215] explique les recours successifs aux programmes du FMI. Discours à travers lequel se trahit aussi, en conformité avec ce qui a été souligné précédemment, la position sociale de l'interviewé (d'origine sociale aisée et citadine) :

« Les sociétés dotées d'intelligence planifieraient leur avenir à l'avance en bonne intelligence collective. Mais nous, nous ne réagissons qu'une fois le système effondré, qu'une fois au pied du mur. Aussi, on fait les choses par obligation, une fois touché le fond. Comment ? En recourant au FMI. Les sociétés dotées d'intelligence auraient une vision de long terme. » [Dont la société turque n'est pas censée disposer, parce que dépourvue d'intelligence collective.]

Les textes ci-dessous constituent une autre illustration en la matière. Ils montrent notamment que ce sens péjoratif lié à la métaphore de l'ancre (à travers laquelle sont aussi véhiculés les intérêts de ceux qui l'emploient à tout va, en l'occurrence les organisations patronales, s'agissant notamment de l'ancre FMI) n'est pas forcément perçu tel quel par les intéressés :

« La plus grande incertitude demeure quant au rôle futur des ancres UE et FMI qui ont grandement participé à la performance de l'économie turque durant la période 2002-2005. Cette incertitude constitue un facteur de risque supplémentaire aux yeux des investisseurs, compte tenu de l'instabilité des marchés mondiaux [...]. L'accélération du rythme des réformes et leur extension à d'autres domaines se révéleraient alors cruciales en cas de disparition de l'impact des ancres UE et FMI [216]. »

Ou dans un sens encore plus explicite (tant au niveau des intérêts véhiculés qu'en termes de nature péjorative du texte) :

« Compte tenu de la fin, en 2008, de l'accord existant avec le FMI, la question de la mise en place d'une nouvelle ancre pour la stabilité macroéconomique se trouve posée. Les rapports avec le FMI et l'ouverture des négociations avec l'UE le 3 octobre 2005 ont joué le rôle d'un système à double ancrage et permis la poursuite des réformes. Ce type d'ancre alimente et renforce la croyance que les réformes et politiques en matière de discipline budgétaire ne sont pas de courte, mais de longue durée. Les ancres FMI et UE ont donc considérablement participé à l'amélioration de la confiance vis-à-vis de l'économie turque. En ont découlé l'arrivée des fonds à long terme et l'augmentation considérable des investissements étrangers directs. Les incertitudes quant au futur du processus européen observées ces derniers temps ainsi que les critiques dans l'opinion publique envers le programme du FMI rendent nécessaire la recherche d'une nouvelle ancre pour le nouveau programme économique [217]. »

Et enfin plus récemment, en pleine crise de l'année 2009, toujours les mêmes ancres pour éviter le chavirage :

« Le nouvel accord avec le FMI et les avancées dans le cadre de la reprise de l'acquis communautaire constitueront les deux ancres majeures et diminueront la fragilité. La réalisation des élections municipales de mars 2009 sans le recours, de la part du gouvernement, aux politiques populistes et l'instauration des ancres évoquées permettront à l'économie turque d'atteindre un taux de croissance annuel de plus de 2 % [218]. »

— *Esneklik* [Flexibilité] : tout bien considéré, la flexibilité n'est qu'un outil, qu'une façon d'organiser le travail comme il en est d'autres, également imparfaites. Mais elle est aussi, et surtout, un projet politique, un projet sociétal qui s'accompagne d'un discours formulé vers l'individu en terme de libération et d'épanouissement et l'invitant à adhérer à cet effort de performance sacralisée. C'est donc bien plus qu'une nouvelle forme d'organisation du travail. Il s'agit ni plus ni moins de la création de l'individu flexible, ouvert sur une sollicitation permanente à l'identification, à la performance et à l'adaptabilité aux situations. C'est à l'individu de « s'adapter », de faire face aux objectifs qui lui sont imposés. C'est encore à lui de « se responsabiliser » et de garantir son « employabilité ». Au final, il s'agit d'un projet extrêmement marqué idéologiquement, véhiculant et légitimant les intérêts concrets dont même les documents censés représenter le plus « l'intelligence collective » portent profondément l'empreinte. Pour s'en convaincre, lisons les passages ci-dessous tirés de l'avis du Premier ministre relatif au projet de loi n° 5449 sur la création, la coordination et les missions des agences de développement (thématique qui sera abordée dans les paragraphes suivants) :

« La politique des ressources humaines [des agences de développement] en ce qui concerne à la fois le recrutement et les salaires prendra pour critères la performance et la réussite. La garantie de l'emploi sera conditionnelle à la performance, à l'esprit d'équipe, à l'enthousiasme professionnel et aux rapports professionnels sains. Compte tenu du statut des agences [statut mi-privé, mi-public], il est prévu de recourir aux contractuels, ce qui résoudra le problème de productivité inhérent à la fonction publique. Le personnel sera recruté parmi ceux qui sont spécialisés dans leurs domaines de compétence à travers un concours objectif et transparent [219]. »

Pour juger ces candidats, on parlera alors de leurs *beceri seti* [panoplies de compétences], censées être en phase avec les besoins du marché du travail enfin débarrassé, grâce aux réformes, de ses rigidités pour retrouver le plein-emploi :

« Afin de lutter contre le chômage, exercice extrêmement important du point de vue de la durabilité du processus de réformes, les rigidités du marché du travail devraient être réduites et la panoplie de compétences de la main-d'œuvre devrait être en phase avec les impératifs contemporains [...]. Devrait aussi être entreprise la réforme du système éducatif, depuis surtout les formations professionnelles, pour mieux répondre aux besoins en main-d'œuvre qualifiée de nos entreprises engagées dans la concurrence mondiale [220]. »

Le discours patronal, en somme très classique, sur les rigidités du marché ainsi que la traditionnelle revendication de la baisse des charges pesant sur les entreprises et de l'introduction de plus de flexibilité en matière d'embauche, toutes ces mesures censées être neutres et bénéfiques pour tous les partenaires (parce que supposées relancer l'économie) sont en effet tout à fait connues et même d'une étendue universelle. Jusque-là rien de choquant, aurait-on envie de dire. Mais ce qui est « choquant », c'est que le grand patronat turc tente de présenter à chaque fois, quelle que soit la nature du document, le marché turc du travail comme l'un des marchés les plus rigides d'Europe et ceci à partir d'études ou d'enquêtes dont la méthodologie reste terriblement obscure [221]. Pour s'en convaincre, lisons le passage tiré de l'étude de la TEPAV menée conjointement avec la Banque mondiale :

« Comparées à d'autres pays, les réglementations du marché du travail turc sont moins flexibles. La réglementation turque de la protection de l'emploi est quasiment la plus restrictive comparée à l'ensemble des pays européens ; les charges patronales, le poids des impôts ainsi que les aides obligatoires hors salaire sont également très élevés [222]. »

— *Güney Kore* [Corée du Sud] : elle est présentée comme un exemple particulièrement réussi d'un pays qui a su appliquer au « bon moment » les « bonnes politiques » à travers une stratégie globale, extrêmement intelligente, de longue haleine, sans tomber dans les travers de courtes vues politiciennes, inféodées au populisme (à l'inverse de tout ce que la Turquie représenterait, sous-entend-on). Un succès laissant perplexe (lorsqu'on sait qu'au démarrage, la Corée du Sud était en bien plus mauvaise posture que la Turquie) mais donnant aussi de l'espoir (car la réussite sud-coréenne prouve que tout est encore possible, même lorsqu'on ne fait pas partie du club, de l'hémisphère occidental, veut-on dire, et malgré l'écart qui se creuse entre les pays développés et en développement). Les allusions à la *success story* sud-coréenne sont donc particulièrement nombreuses, lorsqu'on évoque l'idée du développement en Turquie [223].

— *İyi yönetişim* [Bonne gouvernance] : l'argument principal consiste à considérer que l'efficience des institutions est décisive dans le succès des processus de développement économique et que l'incidence des mesures politiques sur la croissance économique est fonction de la qualité des institutions. Cette représentation assez classique de *good governance* qui est celle, d'après Philippe Hugon, de l'approche néoinstitutionnaliste anglo-saxonne de l'économie politique du développement [224] est aussi celle qui distingue très probablement le mieux, l'ancien, le dépassé, le traditionnel du neuf, du moderne, du contemporain vers lequel devrait logiquement et nécessairement tendre toute organisation, ne serait-ce que pour être en phase avec son temps (là interviennent toutes les notions annexes telles la mondialisation, la « société civile » ou la démocratisation). Le caractère normatif du concept est extrêmement marqué, comme en témoigne cette citation tirée du « rapport de la commission spéciale sur la bonne gouvernance dans le secteur public [225] » :

« Les critiques formulées à l'égard de l'approche traditionnelle de la fonction publique privilégient la flexibilité, l'organisation horizontale et la spécialisation. L'approche contemporaine de la fonction publique fait donc siennes les valeurs telles que la transparence, la participation, la contrôlabilité, l'obligation de rendre compte, la flexibilité et la productivité. Une autre notion majeure qui marque aujourd'hui la fonction publique appelée à être restructurée sous la pression constante des dynamiques mondiales de changement est celle de gouvernance [226]. »

La notion de gouvernance est introduite en concept « miracle » tant en ce qui concerne le développement que la démocratisation, alors qu'elle évacue, voire nie, le politique dans son essence, et tout ceci emballé dans du joli papier européen bien sûr (contexte oblige) :

« Le concept de bonne gouvernance qui dissout le clivage traditionnel entre l'administration et les administrés et qui réhabilite le citoyen comme partenaire actif d'une gestion de la fonction publique signifie pour la Turquie, candidate à l'Union européenne, une meilleure vie démocratique [227]. »

Et plus loin, s'agissant du développement proprement dit, en ayant recours à la légitimité dont bénéficient les concepts diffusés par les organisations internationales [228] :

« Après avoir corrélé les raisons des crises économiques observées dans les pays en développement avec leurs déficiences de gestion publique, certaines organisations internationales telles la Banque mondiale, le FMI ou l'OECD mettent en exergue l'impératif de la bonne gouvernance pour le développement [229]. »

Pour déboucher enfin sur une problématique plus vaste de la « société civile », de la mondialisation et du partage de pouvoir mettant clairement en évidence la couleur idéologique et les intérêts véhiculés [230] :

« Les traits les plus déterminants de la nouvelle approche de la gouvernance seraient la disparition du rôle dominant et déterminant de l'État quant aux décisions publiques, la participation accrue des acteurs nationaux et internationaux aux processus décisionnels, l'instauration d'un climat de dialogue, le partage du pouvoir étatique, l'association des ONG à la prise de décisions publiques [231]. »

La problématique de bonne gouvernance, « le véritable antidote à tous nos problèmes sociétaux comme la corruption, l'improductivité ou le gaspillage [232] » est investie de crédibilité, d'objectivité ou d'universalité d'autant plus fortement que les intérêts sociaux qui la traversent sont mieux dilués, euphémisés, notamment lorsque la notion est évoquée, diffusée par une ONG aussi « sérieuse », « scientifique », « objective » et

« exempte de partialité » que la TESEV. Dans son manuel de bonne gouvernance (*İyi Yönetişim El Kitabı*), celle-ci, après avoir regretté que « les *policy analysis* et *policy development* soient confondus en Turquie avec le concept de *politics* [termes employés en anglais dans le texte] » et que « les décisions politiques ne soient pas fondées sur des travaux scientifiques [233] », ce qui revient à souligner la « sensibilité scientifique » de la fondation [234], brosse un tableau extrêmement normatif entaché de scientisme quant à ce qui devrait se passer ou être retenu en termes de modèle de gouvernance (supposé implicitement réel ou effectif dans les pays développés) :

« Le bon usage de ces outils [d'évaluation ou de suivi pour améliorer la performance et la qualité du service public, comme les index du développement] permettra la distribution des ressources publiques, non pas en fonction du rapport des forces ou des choix partisans, mais sur une base scientifique et égalitaire de manière à encourager le développement. Ceci permettra aussi l'accès des pauvres au service public et réduira les écarts régionaux [235]. »

— *Kalkınma ajansları* [Agences de développement] : arrêtons-nous ici un peu plus longtemps car le sujet mérite qu'on s'y attarde. Concept complètement nouveau pour un pays habitué à faire et gérer ses plans de développement de manière très centraliste et dirigiste (toute sorte de plan – quel que soit le niveau, national, régional, local, rural, micro, macro, etc. – devant être revu, examiné ou approuvé, par Ankara, en l'occurrence par le DPT), il ne fait son entrée dans le débat public qu'en 2006 avec le projet de loi du gouvernement de l'AKP « relatif à la création, la coordination ainsi qu'aux missions des Agences de développement [236] ». Mais une fois votée, la loi est suspendue dans son application par le Conseil d'État (*Danıştay*), suite à une plainte, en attendant la décision de la Cour constitutionnelle qui lui fut finalement favorable. En 2008, redémarre donc le processus de création des agences de développement et le nombre d'agences créées atteint le chiffre de 26, en juillet 2009 [237].

Bien qu'il en soit encore à ses débuts, le système d'agences qui sera effectif progressivement sur toute l'étendue du territoire national, promet, semble-t-il, des débats vifs et passionnants, d'autant plus vifs qu'il couvre, à lui seul, certaines problématiques de développement mais aussi de pouvoir les plus brûlantes de la Turquie contemporaine. Ce débat [238], qu'il conviendrait de surveiller de plus près dans les années à venir, semble déjà opposer ceux qui considèrent (dont le gouvernement de l'AKP) la problématique d'agences comme « LA » chose qui permettra enfin un développement réel, complet, sain, participatif et démocratique [239] à ceux qui la conçoivent, à l'inverse, comme le principal instrument d'un « impérialisme bruxellois » visant à faire éclater, avec l'appui du pouvoir actuel, le modèle turc d'État-nation, laïc et républicain [240].

La citation ci-dessous témoigne grandement, à notre sens, de l'enthousiasme observé chez les adeptes de la généralisation des agences de développement, largement majoritaires aujourd'hui. Le système d'agence semble visiblement réunir en son sein toutes les « qualités » du monde :

« Les agences de développement ont des qualités prouvées au sujet du développement local, parmi lesquelles nous pouvons citer : structure organisationnelle efficace, présence spatiale, plateforme adéquate pour le dialogue social et les négociations sociales, instrument de lutte contre la pauvreté, facilités de financement pour les PME, soutien au développement de l'esprit entrepreneur, préservation du milieu naturel, importance accordée au statut et à la place des femmes, partenaire local privilégié, participation active à la formation des réseaux nationaux et internationaux [241]. »

À propos des réseaux internationaux justement, la logique d'un développement par une plus grande concurrence entre les régions pour attirer de nouveaux investissements étrangers est clairement formulée au nom de l'harmonisation avec les politiques européennes de développement régional :

« Suite au processus d'adhésion à l'UE, la Turquie abandonne sa traditionnelle politique de développement régional, vieille de 40 ans, basée essentiellement sur un système de subventions, et opte pour une nouvelle. Les rôles du secteur privé et de la concurrence entre les régions sont réaffirmés dans cette nouvelle approche proposée par l'UE à tous les pays candidats. Après avoir abandonné ses traditionnels outils de développement régional, la Turquie entre dans une nouvelle ère de restructuration. Les agences de développement régional sont au centre de cette nouvelle dynamique [...]. La tendance politique principale [en ce qui concerne les politiques régionales européennes] réhabilite l'idée qu'une plus grande autonomisation régionale quant à la formulation des politiques de développement ainsi qu'une plus grande participation des régions à une compétition saine pour le développement ; celui-ci a pour enjeu l'attrait des investisseurs étrangers, considéré comme bénéfique et hautement souhaitable. L'émergence des agences de développement, un peu partout dans le monde, suit cette idée que le développement d'une région est possible dans et par la concurrence interrégionale [242]. »

Enfin, tout le changement de paradigme relatif aux discours et pratiques du développement clairement identifié par la littérature [243], couplé à une évolution politique interne donnée [244], elle-même corrélée avec les dynamiques externes relevant du processus d'adhésion à l'UE, s'enchevêtre pour donner lieu à un discours extrêmement politique sur les bienfaits des agences de développement, véhiculant des intérêts bien réels, mais se voulant neutres, scientifiques et objectivement « vraies » :

« Il est évident que la planification centrale ne sera plus déterminante à l'ère de la mondialisation et du processus d'adhésion à l'UE. Il est aussi établi que la conception très centralisée du développement dans ses dimensions à la fois nationale et régionale (décisions prises par les gouvernements et le pouvoir central et imposées du haut vers le bas) cède sa place à celle associant les acteurs locaux, régionaux, nationaux et internationaux. La logique des agences de développement découle de ce processus [...]. L'aspect le plus apprécié de ces agences est qu'elles permettent un développement participatif, respectueux des aspirations locales [...]. Dans le cadre du processus d'adhésion, la Turquie sera obligée de se débarrasser de ses vieilles habitudes et de sa façon de faire des plans de développement, en circuit fermé, à Ankara, dans les bureaux des ministères, sans prendre en considération l'avis ou les aspirations des collectivités locales et des acteurs locaux. Il est désormais indispensable d'inventer de nouvelles structures administratives capables de proposer de nouvelles politiques de développement plus adaptées aux régions et prenant en charge les aspirations transmises du bas vers le haut [...]. Il est enfin communément admis que les politiques centralistes d'antan, du haut (Ankara) vers le bas, sont irrémédiablement vouées à l'échec et que seules les agences de développement peuvent permettre à la Turquie de rattraper son retard et de s'élever au niveau des pays développés [245]. »

Derrière cet antagonisme supposé entre les politiques « du haut vers le bas » (élitiste) et « du bas vers le haut » (proche du peuple), très fréquemment évoqué [246], se dissimule donc toute une lecture qui reste entièrement politique, mais se voulant résolument neuve, universelle et moderne. Le tableau ci-dessous, tiré d'un dépliant de la Mairie métropolitaine d'Istanbul, est là pour en témoigner.

L'approche nouvelle versus l'approche traditionnelle

Thèmes	*Modèle traditionnel*	*Nouveau modèle*
Tendance politique dominante	Du haut vers le bas	Du bas vers le haut
Modèle administratif	Centralisé	Décentralisé
Approche	Dominance étatique	Idée de partenariat
Mod. organisat.	Fordiste	Postfordiste
Objectif institutionnel principal	Croissance économique régionale maximale	Développement régional équilibré
Objectif politique principal	Grandes firmes de production	Diverses PME
Instruments politiques	Régulation bureaucratique, subvention financière, conseils, prestations générales de service public	Régulation décentralisée, subvention financière modérée, prestations générales de service public, associations
Objectifs économiques	Parité régionale, croissance économique au niveau national	Concurrence interrégionale, croissance économique régionale
Moyen économique principal	Investissement public	Investissement public/privé
Facteurs clés de concurrence	Économie d'échelle	Innovation, *clustering*
Aspect social	Faible	Rôle de la société réaffirmé
Méthode	Réactive	Proactive

Un document, rédigé cette fois par un responsable de la TOBB (Union des chambres de commerce et des bourses de Turquie) nous apprend, de son côté, ce qui est ancien, démodé, dépassé et ce qui est, à l'inverse, moderne, neuf :

« La stratégie de développement régional de la Turquie se fonde traditionnellement sur une politique de soutien et de subventions en direction des régions dites prioritaires en développement. Or la conception contemporaine du développement régional aurait pour objectif [...] de renforcer les capacités concurrentielles des régions, de mobiliser les dynamiques locales et de mieux exploiter ainsi le potentiel régional, en contribuant par là même au développement du pays tout entier. Par conséquent, le développement régional ne signifierait pas uniquement le rattrapage, mais indiquerait plutôt l'effort consenti par toutes les régions à entrer dans une dynamique de développement durable axée sur la concurrence mondiale, ce qui rendrait nécessaire la promotion des politiques permettant une plus grande participation du secteur privé, des collectivités locales et des acteurs régionaux à ce même processus [247]. »

La légitimation d'une telle vision, politiquement très agressive, s'effectue non seulement à travers les impératifs imposés par le processus d'adhésion à l'UE, la mondialisation ou par la volonté populaire de « plus de démocratie », comme on vient de le voir, mais aussi à travers la « littérature » dite scientifique et surtout à travers l'indiscutabilité théorique des concepts en provenance des organisations internationales. C'est ainsi que lorsqu'on affirme que :

« Les agences de développement ont fait leurs preuves au cours des années quatre-vingt-dix dans les pays en voie de développement qui ont retenu le concept, et qu'on peut par conséquent légitimement les considérer comme les principaux outils du développement régional, outils qui sont par ailleurs proposés par les organisations internationales comme OIT, PNUD, UNOPS, ONUAA ou UE [248]. »

La technicité du dossier (ou la vraie fausse neutralité de la technique) est aussi évoquée, lorsque le système d'agences est critiqué, à tort ou à raison, par les détracteurs du concept, dès lors accusés d'avoir des positions beaucoup trop marquées idéologiquement :

« Depuis qu'elles ont fait leur entrée en Turquie, les agences de développement n'ont été débattues que sous l'angle politique. Or au lieu de les considérer comme un facteur susceptible d'encourager le régionalisme ou à terme le séparatisme, il serait plus pertinent d'aborder le sujet sous son aspect technique et de tenter de répondre aux questions exclusivement techniques : statut administratif des agences, leurs politiques quant aux ressources humaines, structure organisationnelle...

Les considérations trop marquées politiquement ont pour conséquence d'encourager la formation d'une opinion publique plutôt réticente à l'idée des agences, or celles-ci ont besoin sur le terrain du soutien des acteurs locaux pour mener à bien leurs missions. Aussi, les considérations constructives plutôt techniques seraient d'une bien plus grande utilité [249]. »

Quoi qu'on dise sur les bienfaits supposés du système d'agences (appelées à assurer un développement enfin participatif et sain [250]), une lecture, même sommaire de deux textes officiels encadrant la création, l'organisation et les missions des agences de développement, fait apparaître sans équivoque possible les principaux objectifs visés : attirer plus d'investissements (notamment étrangers et à l'échelle des PME) dans les régions, en les rendant plus compétitives sur le marché national et international (une plus grande concurrence inter et intrarégionale, donc) dans une logique de mise en place de conditions attractives [251].

« Une grande part des efforts des gouvernements sera désormais de veiller à offrir au marché les meilleures conditions de fonctionnement, en les assortissant d'infrastructures adéquates et performantes. Mais, très rapidement, on glissera d'avantages comparatifs à des avantages construits. Il conviendra de mettre en place une politique fiscale avantageuse, des procédures administratives simplifiées et une réglementation sociale allégée, le tout fera souvent l'objet d'application dans des zones spéciales réservées, appelées zones franches [252]. »

À titre d'illustration, citons dans un premier temps quelques passages tirés de l'avis du Premier ministre relatif au projet de loi n° 5449 sur la création, la coordination et les missions des agences de développement [253] :

« La concurrence mondiale accélère, sur la base des avantages comparatifs, le processus de spécialisation des régions. Certaines régions ayant su mobiliser leur propre culture entrepreneuriale, leurs propres compétences et savoir-faire obtiennent des avantages comparatifs à l'échelle mondiale et contribuent par là même à la croissance, à la prospérité et à la stabilité au niveau national. Il est observé aujourd'hui que la concurrence entre les pays s'effectue principalement à l'échelle des villes et régions. Les économies régionales ont besoin, par conséquent, de structures, plus dynamiques, plus flexibles, capables de répondre à ces défis [...]. Il est alors jugé nécessaire de procéder, dans les plus brefs délais, à la création des agences de développement en conformité avec les tendances les plus récentes observées à l'échelle du globe et en vue d'une meilleure adaptation aux conditions sans cesse changeantes de la concurrence […] et afin que nos régions participent mieux à la croissance, au développement, à la prospérité et à la stabilité de notre pays [254]. »

L'axe dominant d'un modèle orienté principalement vers le développement des activités des PME (KOBI en turc), supposées générer du développement, est clairement formulé un peu plus loin :

« La concurrence à l'échelle nationale et mondiale présente des avantages multiples pour les PME mieux placées, en raison de leurs structures de production relativement plus flexibles et dynamiques, pour faire face aux conditions changeantes. Un modèle de développement axé sur l'entreprenariat et les PME permettrait alors une meilleure intégration des régions et des pays aux marchés mondiaux, en rendant possible par là même un développement durable. Les agences de développement sont appelées dans ce modèle à jouer un rôle majeur en raison du soutien qu'elles apportent aux PME et aux entrepreneurs locaux [255]. »

Là, le développement est synonyme, sans équivoque possible, d'investissement, d'intégration aux marchés mondiaux, et les agences, entités mi-privées, mi-publiques [256], réduites à des organismes d'accompagnement à la création et au développement des activités des PME. Ceci est non seulement « officiellement » reconnu dans les articles 15 et 16 de la loi n° 26074 relative à la création, la coordination ainsi qu'aux missions des agences de développement [257], mais aussi excellemment illustré par l'exemple suivant (qui figure dans l'avis du Premier ministre précédemment cité) :

« À titre d'exemple [pour exposer la complémentarité supposée entre les services de l'État, les collectivités et les agences] comme on le sait, la Direction générale du Trésor est chargée, de manière globale, de la promotion et du soutien à l'investissement étranger. Les agences, quant à elles, devraient examiner et évaluer le potentiel local ou régional, organiser les acteurs locaux concernés et présenter enfin, sous forme de *package*, cet ensemble de potentiels et de capacités aux investisseurs nationaux et internationaux. Les agences et la Direction générale du Trésor seraient à cet égard complémentaires, ne serait-ce que parce que les agences, en accompagnant l'investisseur étranger et lui proposant des facilités sous forme de *package*, aident la Direction générale du Trésor à mieux accomplir ses missions. Les agences fonctionneraient dès lors comme des antennes régionales de la Direction générale du Trésor [258]. »

— *Karşılaştırmalı üstünlükler* [Avantages comparatifs], et en rapport direct, *İnovasyon* [Innovation], *Katma değeri yüksek ürün* [Produits à valeur ajoutée élevée], *Küreselleşme* [Mondialisation], *Uzmanlaşma* [Spécialisation], *Strateji* [Stratégie] : alors que les plans quinquennaux de développement du DPT sont constamment dénigrés (parce que jugés trop centralisateurs, trop contraignants, coupés des réalités du terrain, frileux vis-à-vis des acteurs de la « société civile »), la nécessaire formulation d'une stratégie de développement axée sur la valorisation d'avantages comparatifs supposés ou réels de la Turquie (l'exemple sud-coréen est quasi spontanément évoqué ici) est un thème fréquemment avancé, notamment par les organisations patronales, comme en atteste le témoignage de ce responsable de la Confédération des syndicats patronaux de Turquie :

« À la fois dans les services, l'industrie et l'agriculture, la Turquie devrait proposer des services et produits à valeur ajoutée élevée. Aussi une nouvelle stratégie de croissance s'impose. Subventionner tous les secteurs ne sert à rien. Il faudrait cibler les secteurs compétitifs et y encourager les investissements. Il faudrait donc un plan, mais un plan souple au sens de vision stratégique, pas comme ceux du DPT ; fini ce genre de plans des années cinquante-soixante [259] ! »

L'appel à la formulation d'une stratégie fait donc partie intégrante d'un discours plus général, extrêmement normatif, sur la mondialisation, l'innovation, la spécialisation ou la productivité, génératrices, elles aussi, de développement :

« La solution [pour diminuer le déficit du commerce extérieur et des comptes courants qui en découlent] passe par l'accroissement de l'investissement et de la production dans les domaines où la Turquie bénéfice des avantages comparatifs. Afin de renforcer sa compétitivité, la Turquie devrait adopter une nouvelle stratégie sectorielle et identifier, et par la suite supprimer, les obstacles à l'investissement dans des secteurs où elle jouit d'avantages comparatifs. Des politiques susceptibles de déclencher la transformation structurelle et d'encourager certaines activités économiques devraient être adoptées, les investissements liés à l'accroissement de la productivité, dans l'innovation, la R & D, encouragés et enfin les secteurs restructurés de manière à dégager plus de valeur ajoutée [260]. »

Une stratégie d'insertion dans le commerce mondial sur la base de produits à plus grand contenu technologique est donc réaffirmée [261], ce qui implique inévitablement un État stratège susceptible d'assurer une adaptation active pour mettre à profit les opportunités offertes par la mondialisation. Un texte de la TEPAV le souligne aussi :

« Nous sommes de l'avis que le principal problème de la Turquie n'est pas tant son intégration approfondie ou non à l'économie mondiale. Le problème, c'est que cette intégration se fasse de façon non maîtrisée [...]. La Turquie ne dispose d'aucune stratégie susceptible de porter au maximum l'impact de son intégration à l'économie mondiale sur la perspective de croissance à long terme qui est la sienne [262]. »

Ce constat est repris quasiment à l'identique, plusieurs fois, dans le rapport de la commission spéciale sur les politiques industrielles procédant au IXe plan de développement [263]. Il n'y a rien d'étonnant, puisque le rapport est le fruit d'un travail commun entre la TEPAV et le DPT au nom du partenariat public privé.

Comme il a été brièvement souligné, ce type de collaboration public privé qui se déroule majoritairement entre les organisations patronales ou leurs *think tank*, les ONG libérales et les différents organismes de l'État (en tête le DPT), sans qu'il soit question de participation des organisations, institutions ou acteurs susceptibles d'avoir une approche « différente [264] », imprime non seulement une certaine couleur politique aux textes finaux, mais dissipe aussi les dernières illusions sur la pseudo-neutralité sociale du DPT ou de l'État de manière générale [265]. Le passage suivant, tiré du rapport de la commission sur les politiques industrielles en donne un exemple particulièrement frappant :

« Non seulement pour le plein-emploi, mais aussi au sujet de la lutte contre la pauvreté et de l'amélioration de la répartition du revenu, l'industrie a certainement un rôle majeur à jouer. Mais ce qui est important à souligner ici, c'est que ceci ne devrait aucunement obliger les industriels à prendre en considération les attentes, les demandes sociales. Une industrie restructurée comme indiquée plus haut [une industrie compétitive avec une forte base technologique, proposant des produits à valeur ajoutée élevée, parfaitement intégrée à l'économie mondiale et ouverte sur l'innovation [266]] répondra, *de facto* à l'objectif du plein-emploi et aux attentes sociales [donc pas besoin de formulation des politiques proprement sociales]. La restructuration du système éducatif *via* notamment la mise en place de formations plus techniques, professionnelles agira positivement sur les marchés de l'emploi. De même, le soutien à l'entrepreneuriat, la distribution des subventions ciblées et la diminution des obstacles bureaucratiques encourageront l'embauche [267]. »

— *Kümeler* [*Clusters*] : dans le contexte de mondialisation et d'orientation « haute technologie », place aux entreprises innovantes groupées en *clusters*, seuls acteurs désormais crédibles du développement, après l'échec de l'État et de ses plans globaux de développement. Cette phrase aurait bien pu provenir d'un spécialiste sur le sujet dans un colloque spécial sur le sujet, tant l'affolement que suscite ce nouveau « produit concept » est tout à fait remarquable. Présent depuis très peu (quelques années seulement) sur le marché turc [268], le concept désigne des regroupements d'entreprises de taille et de provenance sectorielle diverses, unies par des intérêts communs, des complémentarités ou des interdépendances [269]. Un pas décisif est franchi dans le sens de « l'officialisation » du concept avec le projet toujours en cours de développement des politiques nationales de *clusters* [*Ulusal Kümelenme Politikasının Geliştirilmesi*] [270].

Toutes les problématiques explorées au sujet des agences de développement (l'exorcisation de l'État, transfert du pouvoir vers le local, montée en puissance des acteurs locaux, passage du macro au micro, triomphe de la « société civile », réévaluation des intérêts et des rapports de force tant au niveau local que national, etc.) restent valables aussi pour les *clusters*. Les deux problématiques sont en fait liées entre elles, du moins en ce qui concerne leur contexte d'irruption en Turquie. La compétitivité reste, pour l'un comme pour l'autre, le mot-clé comme en témoigne ce document sur les politiques industrielles, du DPT-TEPAV déjà cité, qui souhaite paradoxalement planter le dernier clou dans le cercueil de l'industrialisation en Turquie :

« Tandis que l'industrialisation fut l'objectif principal des périodes passées, c'est la compétitivité qui est aujourd'hui au centre des politiques économiques […]. Les *clusters* et les chaînes de valeur sont des thèmes aussi importants – du point de vue de la productivité et de l'innovation, deux éléments essentiels de la compétitivité – que méconnus par les décideurs en Turquie [et c'est à la TEPAV de nous les présenter, en conformité avec l'image qu'elle projette, un *think tank* résolument moderne, en phase avec son temps] […]. Ces derniers temps, les plans de développement local ou national dans plusieurs pays ont été mis sur pied selon l'approche des *clusters*. Celle-ci, comparée aux approches traditionnelles, présente des réflexions résolument nouvelles quant aux sujets tels que le positionnement des entreprises locales dans les chaînes mondiales de valeur, l'apport des universités à la compétitivité ou l'amélioration de performance des entreprises [271]. »

Tout s'articule et se complète mieux (notamment en termes d'intérêts sociaux exprimés) lorsqu'on y lit que le rôle des agences de développement devrait aussi être jugé, évalué dans leur fonction d'encourager, d'accompagner la mise en place des *clusters* :

« Limités dans l'espace, les *clusters* demandent inévitablement une meilleure capacité de prise de décision locale. Par conséquent, une des fonctions principales des agences de développement en cours de création devrait être de soutenir la mise en place des *clusters* et des chaînes de valeur. Celle-ci devrait s'effectuer sous la coordination des agences de développement, mais en faisant la part belle au secteur privé [272]. »

Mais bien plus que d'un simple outil au service exclusif du développement régional, il s'agirait ici, à en croire ses tenants, d'un véritable changement de stratégie globale du développement qui se veut total. Car « le concept de *clusters* qui fait officiellement partie, depuis environ quinze ans, des politiques de développement de nombreux pays, constitue une rupture majeure, comparativement aux approches traditionnelles du développement [273] ».

Nous avons donc affaire ici non seulement à une micro-approche au service de la compétitivité des entreprises, des régions, mais aussi à « un véritable modèle de développement qui a fait ses preuves, au point de constituer la colonne vertébrale des politiques de développement de nombreux États depuis quinze ans » [procédé déjà évoqué, très classique et très fréquent en Turquie, de légitimer un produit importé, quelle que soit sa nature, par les impératifs du monde moderne. Cette idée de la « chose » moderne qu'on a tardé à aller chercher – puisqu'elle est déjà là depuis quinze ans – est particulièrement forte dans la phrase ci-dessus] [274]. En conclusion, « dans le contexte d'une économie mondiale de plus en plus compétitive, les secteurs public et privé turcs ne devraient pas se mettre à l'écart de la perspective des *clusters*. Pour cela, il faudrait que les décideurs abandonnent définitivement leur ancienne stratégie de développement trop étroite et inopérante et optent pour la nouvelle, axée sur les *clusters* [275] ».

En définitive, à travers les problématiques de *clusters* et d'agences de développement, nous avons affaire, en réalité, à une véritable machine antipolitique qui dépolitise et chosifie tout ce qu'elle touche, tout en accomplissant, subrepticement sa propre opération éminemment politique du transfert vers le local d'un certain nombre de prérogatives politiques et économiques. En réduisant le développement à un problème technique (d'approche, d'organisation ou de stratégie), les problématiques de *clusters* et d'agences de développement sont donc le principal moyen par lequel la question du développement est dépolitisée en Turquie, tout en réalisant, sous couvert de la technicité et de manière presque invisible, des opérations politiques très sensibles en faveur des acteurs/bénéficiaires locaux.

— *Lizbon Stratejisi* [Stratégie de Lisbonne] : élément de légitimation particulièrement important de la rhétorique de réformes, engagées, entre autres, au nom de « l'harmonisation avec les politiques économiques européennes telles qu'elles ont été formulées dans la stratégie de Lisbonne ». Ainsi la quasi-totalité du document de travail de la TÜSİAD intitulé *Kayıtdışı Ekonomi ve Sürdürülebilir Büyüme, AB Yolunda Değerlendirme ve Çözüm Önerileri* [Économie informelle et croissance durable, remarques et propositions dans la voie d'adhésion à l'UE] n'est qu'une succession de références aux « normes européennes », aux standards de l'UE, à la stratégie de Lisbonne [276]. Les standards européens appliqués aux politiques d'emploi constituent le fil conducteur du discours suivant :

« Il faudrait une législation du travail valorisant le travail et encourageant le plein-emploi. On s'inspire, sur ce point, de celle de l'Union européenne. Il faudrait réduire le poids des charges et des impôts sur les entreprises, revoir à la baisse les indemnités de licenciement et restructurer le marché du travail selon les principes de la flexicurité. Celle-ci est une formule médiane, équilibrée, protégeant autant les employés que les entreprises, inventée par l'UE pour pouvoir concurrencer avec les États-Unis. Nous ne souhaitons pas la flexibilité informelle, mais légale. En finir avec le marché informel *via* la mise en place de la flexibilité légale, c'est ça notre proposition. L'OCDE et l'UE ne proposent pas autre chose [277]. »

— *Reform* [Réforme] :

« Il serait déterminant, du point de vue de la stabilité macroéconomique et afin d'atteindre les objectifs économiques posés, de continuer les réformes structurelles. Celles-ci viseront un meilleur usage des fonds publics *via* la privatisation des entreprises publiques et le recentrage de l'État sur ses fonctions et compétences principales ; la mise sur pied d'une administration plus efficace et transparente ; la refonte du système bancaire de manière à répondre aux besoins de financement du secteur réel ; la consolidation du rôle du secteur privé dans l'économie et le renforcement des mécanismes de marché *via* la mise sur pied des institutions régulatrices. » [Office de Planification étatique, *Préplan national de développement 2004-2006* [278]]. Et du côté du privé qui ne jure que par la réforme sous toutes ses formes, micro, macro, structurelle, de première génération, de seconde génération et ainsi de suite :

« L'objectif de ce rapport est de discuter, à la veille des élections du 22 juillet 2007, des politiques pour accélérer durablement le taux de croissance de l'économie turque. Grâce aux réformes de première génération entreprises à partir de l'année 2001, les bases macroéconomiques sont renforcées, le niveau de prospérité amélioré et pour la première fois, la Turquie a la possibilité de rattraper les pays développés [...]. Le maintien de la stabilité macroéconomique, l'accès au financement et les marchés du travail [à flexibiliser] sont les priorités stratégiques des réformes de la nouvelle génération [279]. »

Le vocabulaire de réforme (« fin des idéologies », « partenariats », « occasions et défis », voilà quelques-unes des expressions qui émaillent le discours sur les réformes), véritable leitmotiv dans tout document, étude ou rapport sur les thématiques du développement, renvoie nécessairement à la rhétorique, quasi « imbattable », de l'ancien et du nouveau. Imbattable, puisque la nouveauté est nécessairement jugée comme une valeur nécessairement positive. Elle est portée, dirait-on, par le mouvement irrésistible de l'histoire. Dès lors « toute question, toute objection soulevée du point de vue du développement est rejetée, présentée comme « idéologique », comme « archaïque », comme appartenant à une époque préhistorique [280] ».

Cette forme de rhétorique, très marquée idéologiquement, est à l'origine d'appellations fermement établies à partir notamment du qualitatif « structurel » ou du vocable « génération » (les nouvelles réformes structurelles, transformation structurelle, problèmes structuraux, les réformes de la première génération, de la seconde génération, etc.[281]). Elle est particulièrement forte du fait qu'elle est utilisée par un discours normatif (ou prescriptif) avec un vocabulaire analytique (ou descriptif). Un rapport de la TÜSİAD, certes un peu daté (de 1995), intitulé « Vers un nouveau modèle d'État au XXIe siècle, État optimal [282] » nous a paru, de ce point de vue, particulièrement signifiant. Il incarne parfaitement ce que Bourdieu appelle la violence symbolique, « cette relation de communication contrainte pour extorquer la soumission [283] » à une vision du monde véhiculant les intérêts de ceux qui y adhèrent (ou qui ont intérêt à y adhérer), mais présentée comme moderne, universelle, contemporaine et surtout légitimée et accréditée « scientifiquement ».

Le rapport démarre, dans sa préface, avec l'affirmation que « la nouvelle philosophie de l'État en phase avec les nécessités du XXIe siècle est formulée en termes d'un appareil étatique limité et responsable. Il est observé que la notion d'efficacité est mise en avant dans cette nouvelle philosophie de l'État. On constate aussi qu'en vue d'une meilleure efficacité dans la distribution des services mais aussi pour une meilleure rentabilité, la conception interventionniste, centraliste et tutélaire de l'État cède sa place à celle privilégiant un appareil étatique arbitre et décentralisé [284] ».

Bien que la couleur politique soit ainsi clairement affichée dès le départ, le rapport rajoute néanmoins que « l'étude [en question] est commandée et préparée pour contribuer au débat sur le sujet [fonctions et compétences de l'État] et que la TÜSİAD veille au caractère scientifique et objectif de ses publications [285] ». Dans les pages qui suivent, après avoir exprimé les points de vue, en somme assez classiques, très simplistes, mais se voulant scientifiques, tels que « le poids élevé des charges a des conséquences négatives sur la croissance et le développement » ; « un État maximal aggrave non seulement les difficultés économiques, mais aussi les problèmes politiques et accentue la dégénération politique [corruption, clientélisme] » ; ou encore « l'État maximal signifie un pas de plus vers le totalitarisme. L'État social trop interventionniste, l'État corporatif ainsi que l'État socialiste constituent autant de variantes du totalitarisme » ; le rapport arrive, sur un ton prophétique, suspendu entre le constatif et le performatif, à la conclusion que la Turquie devrait enfin passer, à l'approche du XXIe siècle, de la conception traditionnelle – maximale – de l'État à la conception moderne – minimale – de l'État. Le tableau ci-dessous tiré dudit rapport schématise les caractéristiques de chacune des conceptions, en incarnant par là même, parfaitement, un exemple de binarité spécifiée par Derrida comme étant proprement politique. Il n'est certainement pas difficile de voir dans la binarité ci-dessous ce qui est dévalorisé ou pensé comme « accident », « parasite » ou « excrément » pour reprendre le langage derridien [286].

Comparaison entre conception traditionnelle et optimale de l'État

Conception traditionnelle	*Conception optimale*
État centraliste, centralisateur, tutélaire	État décentralisé
État social interventionniste, État providence	État limité et responsable
État qui assure lui-même les services	État qui fait en sorte que les services soient assurés, proposés
État qui commande, qui donne des ordres	État qui régule
État monopoliste	État qui encourage la concurrence
État renfermé sur lui-même/État prohibitif	État libéral, libertaire
État despote, tyran	État de droit, État démocratique
État conservateur, « statuquoïste »	État réformiste
État distribuant des rentes	État encourageant la production
État sacré	État valorisant l'individu
État dépensier	État économe
État paternaliste	État responsable

Source : TÜSİAD, 21. Yüzyıl İçin Yeni Bir Devlet Modeline Doğru, Optimal Devlet, Kamu Ekonomisinin ve Yönetiminin Yeniden Yapılanması ve Küçültülmesine Yönelik Tedbirler, TÜSİAD Yayınları, Şubat 1995, p. 149.

La pseudo-successivité prémoderne/moderne/postmoderne (exprimée dans le tableau ci-dessous), certes pour le moins éclectique et malgré ses incohérences internes, relève du même procédé de classification et de présentation de ce qui est bon, souhaitable, universel et ce vers quoi on veut tendre (et on tend) et de ce qui est mauvais, dépassé, rejeté. À partir de là, le développement n'est qu'une flèche vers la droite (dans le sens du tableau ci-dessous) indiquant un processus évolutif tantôt « naturel » (passage par exemple de la société agricole à la société industrielle) tantôt volontaire (*via* les réformes), mais toujours dans le sens d'une plus grande liberté « par toute une série de jeux lexicaux autour de l'idée de liberté, de libération, de dérégulation, etc., par toute une série d'euphémismes ou de doubles jeux avec les mots [...] [287] ».

Caractéristiques des sociétés prémoderne, moderne et postmoderne

	Société prémoderne	*Société moderne*	*Société postmoderne*
Structure économique	Agricole	Industrielle	Cybernétique
Professions	Agriculteurs, chasseurs, éleveurs	Ingénieurs	Main-d'œuvre qualifiée
Base technologique	Matières premières	Énergie, transport	Connaissance, communication
Méthode de recherche	Expérience aléatoire	Empirisme	Empirisme et subjectivisme
Type d'État (degré d'intervention)	État limité	État providence	État limité
Régime politique (gouvernement)	Autocratie	Luttes démocratiques	Démocratie au premier plan
Structure culturelle	Vie en tribu	Nationalisme	Majorité ethnique

Source : TÜSİAD (1995, p. 94)

Un vocabulaire spécialisé et très évolutif de la réforme se diffuse donc profondément autour de termes consacrés (par exemple *yapısal dönüşüm, yapısal reform* [transformation structurelle, réforme structurelle]) s'inscrivant dans des structures binaires ou de successivité et qui se suffisent à eux-mêmes (parce que se voulant à la fois techniques et normatifs), permettant par là même aux acteurs d'éviter de poser la question du politique. Est particulièrement significative dans la citation suivante la façon dont on tente d'esquiver cette question du politique (pourquoi les réformes, pour faire quoi ou pour quel objectif ?), en présentant les réformes à engager (entre autres pour « atténuer » les « rigidités » du marché du travail) comme une fatalité technique et les coûts sociaux comme devant être supportés ou gérés :

« En vue d'une meilleure productivité, il faudrait atténuer les « rigidités » du marché du travail, rendre l'entrée et la sortie du marché totalement libres et accélérer les réformes relatives à l'amélioration de la concurrence [...]. Les rigidités du marché du travail ainsi que les charges trop élevées sur les salaires réduisent la compétitivité des industries à forte main-d'œuvre et empêchent par là même l'embauche [...]. Les microréformes [pour pallier entre autres aux défaillances qui viennent d'être exposées] nécessitent, comparées aux macroréformes, un programme plus pointu, plus détaillé et appellent une meilleure capacité d'application. Les différentes catégories sociales encaisseront inégalement les conséquences des microréformes. Certains groupes sociaux s'en sortiront même perdants. Les microréformes impliquent donc nécessairement un coût social qui devrait être supporté [...]. Aussi ce processus de réformes devrait être géré de façon transparente et on devrait notamment inventer des mécanismes sociaux conçus spécifiquement afin de compenser le coût social entraîné par l'impact, sur les catégories sociales fragiles, des réformes dans les secteurs de service et de production [288]. »

— *Rekabet* [compétition/concurrence] ; considérée comme facteur clé d'une croissance soutenue et de là d'un développement durable (au sens de la longue durée), elle est l'élément central autour duquel doit se former toute stratégie, nationale, locale ou régionale, de développement :

« La notion de compétitivité forme l'ossature principale du IXe plan quinquennal de développement. Une Turquie disposant d'une compétitivité forte à l'échelle mondiale et ayant assuré sa transition à la société de la connaissance y est posée comme objectif principal. Le plan vise une meilleure compétitivité aux niveaux national, régional ainsi qu'à l'échelle des firmes » [Office de Planification étatique, *La notion de compétitivité et son impact sur les politiques régionales de développement* [289]]. L'enchaînement « causal » donnerait alors ceci : une meilleure compétitivité, elle-même corrélée avec « l'innovation, l'infrastructure, le capital humain, la gouvernance et le capital social [290] », aurait pour résultat de booster la croissance et le plein-emploi et de contribuer par là même au développement [291]. Oktay Vural, docteur en économie, président du groupe parlementaire du MHP (Parti d'action nationaliste, extrême-droite), responsable au sein de son parti des questions socio-économiques ne dit pas autre chose dans son article intitulé « Apprendre le développement [*kalkınmayı öğrenmek*] ». Rappelons que tout au long dudit article, le développement est employé comme synonyme de développement économique :

« La R & D constituerait en quelque sorte le cœur du développement tandis que l'investissement en serait le sang [...]. Il serait impossible de disposer d'un avantage concurrentiel sans investir dans le capital humain. La concurrence et le commerce seraient, quant à eux, les veines du développement. L'apprentissage qui est au cœur du développement ne peut se diffuser qu'au moyen de la concurrence et du commerce. Les innovations et découvertes scientifiques également [...]. Aussi, la politique commerciale aurait un rôle clé. Le volume du commerce favoriserait la prospérité économique [...]. Au final, pour avoir l'avantage concurrentiel, il faudrait disposer de la connaissance [292]. »

À partir de là, l'idée de la concurrence est à même d'être perçue, non pas comme un facteur aggravant les écarts existants, mais conduisant plutôt à leurs réductions, convergences :

« Dans le plan [293], il est précisé que les politiques régionales axées sur l'amélioration de la productivité contribuent non seulement au développement national, à l'amélioration de la compétitivité et au plein-emploi, mais aussi à la réduction des écarts de développement. En d'autres termes, la conception du développement régional que privilégie le plan considère la compétitivité et la convergence non pas comme deux termes antagonistes mais comme des éléments indissociables d'une politique de développement s'influençant positivement [...]. Il est donc observé qu'en vue d'une meilleure compétitivité, le IXe plan met particulièrement en avant les thèmes tels que l'entrepreneuriat, l'innovation, le *clustering*, le capital humain et social, la gouvernance, les pôles d'attraction [294]. »

Citons enfin, dans un but comparatif et pour mieux percevoir les ressemblances, un texte de la TÜSİAD qui aborde le sujet (la compétition) dans une optique, encore une fois, de réformes :

« Afin d'attirer plus d'investissements étrangers, de réduire son déficit de commerce extérieur, de maintenir sa croissance élevée et de créer enfin plus d'emplois, la Turquie est dans l'obligation de procéder aux réformes imposées par le changement de sa structure économique. Afin d'améliorer sa compétitivité et de devancer ainsi les autres pays en développement, elle devrait prendre les mesures relatives à l'amélioration de l'environnement des affaires et de l'investissement et présenter ces changements/réformes au monde entier à travers une campagne d'information intelligente [295]. »

— *Teknoloji-* [Technologie] (ou plutôt son fétichisme) : raison majeure du retard originel accusé par le pays au temps des Ottomans, retard que désignerait la métaphore du ratage de train (*Treni kaçırmak*) déjà évoquée, mais aussi, en même temps, le moyen principal pour rattraper son retard, la technologie valorisant l'idée que tout n'est pas encore joué et que le rattrapage est toujours parfaitement possible. Ce fétichisme technologique dont le lecteur trouverait les soubassements dans pratiquement chaque thème abordé ici participe à la constitution d'un imaginaire social selon lequel la connaissance, la technique, supposées neutres et universelles, constitueraient des éléments flottants, sans pays ni origine fixe, en tout cas parfaitement récupérables, transposables, quels que soient le pays ou la culture, une croyance que renforcerait l'image d'une science ne connaissant pas de frontières. La technologie est ainsi conçue dans sa neutralité, comme un outil universel, facteur de croissance et de développement, déconnecté de ses fondements sociaux profonds. Les techniques étant universelles et neutres, il suffirait de puiser dans le stock existant, pour atteindre, par imitation, le niveau de développement du monde occidental. Aussi, tout serait une question de volonté et surtout de présence ou non de dirigeants visionnaires pour démarrer le processus. Il s'agirait, au final, d'une conception technico-fétichiste du développement qui se mesure en termes d'optimisation des capacités technologiques au seul service de l'économie. En témoignent comme exemple presque caricatural, les lignes ci-dessous tirées d'une interview du président de l'université de Çankaya (Ankara) au sujet de la nanotechnologie :

Question : « On connaît la chronologie des révolutions technologiques intervenues dans le domaine de la production. Vous insistez sans relâche sur la nécessité d'adopter et d'introduire, sans tarder, la nanotechnologie. En quoi la nanotechnologie est-elle si importante ? »

Réponse : « Si on se tourne vers notre histoire, on constate que l'Europe a inventé l'imprimerie et nous, on l'a refusée pendant 300 ans sous prétexte que c'était une invention des infidèles. Mais elle est arrivée, tôt ou tard, au pays. Bon, pensez par exemple à l'époque où l'imprimerie a été introduite. Vous avez, d'un côté, des artisans traditionnels et d'un autre côté une technologie capable d'assurer une production cadencée. Aussitôt arrivée, l'imprimerie a mis les artisans à la porte. Pensez aussi à l'époque de la révolution industrielle. L'économie ottomane s'est effondrée sous les coups de butoir des produits manufacturés européens. On arrive à l'époque républicaine, un État parti de rien. Puisqu'on n'a pas eu de dirigeants, depuis Atatürk, qui pensent à ces choses-là, l'État de la

République a raté l'époque de la microtechnologie. Celle-ci, apparue premièrement il y a 50 ans, a atteint aujourd'hui le stade de la nanotechnologie [...]. On est actuellement à la veille d'un nano-tsunami qui n'est pas sans rappeler le contexte de l'introduction de l'imprimerie dans l'Empire ottoman. La nanotechnologie inondera le monde. Elle sera partout, en voiture, à la maison, au travail. Ceux qui ne proposent pas des produits nano disparaîtront. Ceci arrivera d'ici 30 ans. Si on ne fait pas le nécessaire maintenant, ce sera trop tard dans 30 ans [...]. Nous avions, dans mon enfance, des radios à transistor et des téléviseurs à ampoule ; si on continue comme ça, d'ici 30 ans, ce sera, comme si on continuait la production des radios à transistor et des téléviseurs à ampoule. Or le Japonais vous proposera des portables qui tiendront dans votre paume ou des téléviseurs fins comme des papiers peints [à noter la nature de l'imaginaire social sur le Japon et le Japonais]. Vous vendez des téléviseurs à tube cathodique à 1 000 livres turques alors que le Japonais vous les propose à 50 livres. Dans ces conditions, vous disparaîtrez [296]. »

Il s'agirait, alors, après tout, d'une question de volonté politique, d'intelligence collective, d'une certaine capacité intellectuelle à suivre son temps, à prévoir les changements à venir et à s'y adapter, mais non pas en subissant, en mode passif, mais dans le cadre d'une stratégie globale, en contrôlant le processus afin d'en tirer le meilleur parti. L'imposant rapport de l'Académie des sciences de Turquie [*Türkiye Bilimler Akademsi*] intitulé *une revue critique de la littérature sur le développement et la population en Turquie*, étude cofinancée par le Fonds des Nations unies pour la population, ne dit pas autre chose (malgré le vocable « critique » intégré accessoirement à son titre [297]) :

« Le monde du XXIe siècle est un monde/village global. Une vie nationale étanche, renfermée sur elle-même, fermée aux standards mondiaux et s'accrochant à ses propres normes nationalistes serait quasi impossible ou d'un coût relativement élevé [...]. La Turquie va, soit, refaire les mêmes erreurs du siècle passé et reproduira son modèle de passage obligé d'une société paysanne fermée à une société citadine ouverte ou, soit, va réussir ce qu'elle a raté au siècle dernier, en acceptant de s'intégrer pleinement à l'économie mondiale ; en identifiant ses principaux domaines d'avantages comparatifs pour ne pas être à la traîne dans cette course économique et en faisant tout cela dans le cadre d'un plan rationnel. La Turquie prouve par ses innombrables avantages et compétences qu'elle est capable de réaliser ce passage planifié. La difficulté serait de disposer d'une volonté qui mettra en marche ces capacités [298]. »

Acteurs du développement

On a toutes les chances de retrouver ici le ou les clivages permanents de toute l'histoire de la pensée économique :

« D'un côté ceux qui raisonnent en termes de micro-unités toutes égales entre elles et également dépourvues de pouvoir, articulées par le marché, maximisant leurs satisfactions propres et construisant aussi rigoureusement qu'inconsciemment un équilibre plus ou moins stable ; de l'autre, ceux qui raisonnent en termes de « macrodécisions », qui admettent l'existence des pouvoirs inégaux ou le jeu de contraintes qui ne se laissent pas réduire aux « règles » du marché néoclassique [299]. »

Bien que la collecte des informations ait été effectuée en pleine crise (entre octobre 2008 et février 2009), crise qui a quelque peu ébranlé la confiance vis-à-vis des marchés (ce qui ressort aussi des enquêtes), une certaine représentation du marché, producteur de développement, reste néanmoins intacte. La seule nouveauté (en est-ce d'ailleurs vraiment une ?) réside dans l'appel à plus de régulation, plus de contrôle (notamment des marchés financiers) tant le marché laissé à lui-même sans intervention de la puissance publique peut conduire droit au mur :

« C'est au marché que revient la tâche d'assurer le développement. À notre époque, l'État n'a pas à produire du chiffon [allusion aux entreprises étatiques de textile des années trente]. Mais la dernière crise a montré qu'il ne faut pas laisser le marché à lui-même. Il faut freiner les ambitions du secteur privé. Un État régulateur, qui pose les règles et les fait respecter, s'impose de lui-même [300]. »

À l'instar de Robert Boyer, l'État retrouve donc « un rôle propre que ne saurait remplir le marché. Non seulement il en corrige les lacunes, mais il institue nombre d'entre elles, grâce à la promulgation de règles extrêmement précises qui en assurent la viabilité, sur le modèle des marchés financiers contemporains [301] ». Cette complémentarité marché/État est alors incarnée à plusieurs niveaux, notamment à travers les politiques publiques de longue durée. Il est affirmé que les pays en développement comme la Turquie devraient assurer une gouvernance de qualité (cf. rubrique gouvernance), forger des stratégies de longue durée (cf. rubrique avantages comparatifs) et assurer un climat favorable à l'investissement (renforcement des capacités institutionnelles et réglementaires, réglementation favorable aux activités et groupes sociaux investisseurs, mesures en vue d'accroître l'épargne privée nette, promotion des droits de propriété). Ce qui revient à considérer que « l'action publique a pour vocation de stimuler les initiatives privées, de créer l'environnement économique et institutionnel sans lequel l'investissement privé ne se produirait pas [302] ». L'État devrait enfin, soutient-on, garantir l'équité et la fourniture des biens publics essentiels (rôle actif en matière de santé, de formation, d'infrastructure avec politique d'emplois productifs).

Mesures du développement

On retrouve ici la croyance quasi absolue dans les critères dits de développement qu'on peut certes améliorer, mais jugés pertinents dans leur grande majorité (pas de problème particulier de fiabilité soulevé par les enquêtés). Critères supposés neutres et avancés sous le couvert de l'objectivité scientifique. Obsession de mesurer, de « privilégier le quantifiable par rapport au non quantifiable [303] », ce qui assure au débat, au discours, un gage de scientificité et de pureté, toute la différence, à en croire notre interlocuteur, entre « une discussion de café du commerce [*kahve muhabbeti*] et une discussion scientifique [304] ». En l'absence de mesures, de quantification, les choses, les arguments resteraient donc inévitablement « suspendus en l'air » [*havada kalır* [305]], c'est-à-dire sans aucune assise sérieuse, solide, ce qui rejoint parfaitement l'excellente remarque de Sahlins (cité par Jean-François Baré) qui y voit un schème fondateur de la culture occidentale :

« Il y aurait d'un côté les choses qui sont utiles, mesurables et que nous connaissons bien (les objets et les services), et de l'autre le « qualitatif » avec ses élaborations bizarres et changeantes, dont le discours du développement ne sait trop que faire [306]. »

Bien que ce soit anecdotique, l'incompréhension quasi totale de certains de nos interlocuteurs économistes (toutes tendances confondues), quant à la méthodologie engagée dans le cadre de notre recherche (étude qualitative exploratoire, entretiens non directifs), relève de cette obsession objectiviste primaire. Diverses remarques faites avec un certain étonnement – « Mais comment vous allez analyser ces entretiens ? » [entretiens supposés « inanalysables » car non quantitatifs] – ou – « Je suppose qu'il y a un questionnaire » [lors des prises de rendez-vous] – soulignent qu'il faudrait ici de la rigueur, des chiffres et surtout un protocole de recherche « sérieux », « solide » qui ne laisserait pas le déroulement de l'étude et l'interprétation des résultats à la « fantaisie » du chercheur, mais omettent par là même que « la mesure n'est pas consubstantielle au monde perçu et qu'on ne peut donc mesurer n'importe quoi, sous les formes les plus sophistiquées [307] ».

Économisme/réductionnisme économique

Il serait consécutif à la « constitution des composantes économiques de la vie sociale en un sous-système distinct qui subordonne tout le reste [308] ». C'est en ce sens qu'on peut souscrire à ce que souligne Gilbert Rist, lorsqu'il affirme que « la croyance au développement repose sur la croyance que l'on accorde à l'économie [309] ». Pour Peemans [310], cette prépondérance de la composante économique est aussi liée à l'ampleur de la crise du développement dans les sociétés du « Sud » et découle de la volonté de résoudre les problèmes de la pauvreté de masse à l'échelle mondiale. C'est pourquoi la pensée sur le développement s'est déployée à partir de son absence, définie comme le sous-développement. Le développement est alors pensé sous l'angle de sa seule dimension économique, c'est-à-dire comme « une sorte de vision opérationnelle du progrès en résultats concrets [311] ». Ainsi les expressions ci-dessous sont employées par les acteurs de tous bords, dans le sens d'une vision du monde où « la société est gérée en tant qu'auxiliaire du marché [312] ». Elles valorisent l'idée que « les préoccupations économiques l'emportent sur toutes les autres préoccupations existentielles et sur toutes les autres dimensions de l'homme [313] ».

— *İşimize Bakalım* [Occupons-nous de nos affaires] (économie, comme élément central de la vie sociétale) ; *Gerçek gündeme yoğunlaşalım* [Concentrons-nous sur l'actualité réelle] (économie, comme élément central de la vie sociétale) :

« Si elle souhaite accéder au statut de puissance au XXIe siècle, la Turquie devrait se débarrasser de faux débats qui n'ont pas d'autres fonctions que d'alimenter une fausse actualité et se concentrer sur l'actualité politique réelle porteuse de la plus grande rationalité [...]. La politique ne devrait s'intéresser qu'à la résolution de principaux problèmes et se concentrer, à ce titre, sur les deux dynamiques les plus importantes à savoir la croissance et la formulation des stratégies de compétitivité à l'échelle mondiale [314]. »

En parfaite harmonie avec le texte ci-dessus, la citation suivante érige, quant à elle, la compétitivité et le plein-emploi en objectifs majeurs pour la société tout entière, en apportant par là même une illustration à la thèse polanyienne de l'encastrement des relations sociales dans la logique économique [315] :

« Le succès des réformes pour la Turquie passe désormais non pas par le succès en solitaire des institutions prises individuellement mais par la mobilisation harmonieuse et coordonnée de toutes les institutions pour un objectif sociétal commun. Il est certes impératif d'assurer la coordination entre les différentes institutions dans les domaines touchant aux politiques industrielles, à l'impôt, au cadre juridique, à l'éducation ou à l'administration. Mais lorsqu'on coordonne, il est extrêmement important que chacune des institutions intériorise l'objectif sociétal principal : une meilleure compétitivité et le plein-emploi [316]. »

Cet exemple est particulièrement significatif de l'ambiguïté du raisonnement d'une certaine pensée se voulant libérale. Extrêmement réticente à tout plan global de développement, même de l'ordre de recommandations non contraignantes, elle est particulièrement insistante, en ce qui concerne ses propres objectifs ou stratégies de développement. Lorsqu'on évoque la nécessité d'une stratégie globale pour la Turquie, c'est, donc, en général, une stratégie bien définie, celle du patronat. À l'inverse, on n'hésiterait pas à évoquer les tentatives regrettables de planification d'un autre âge.

— *Siyasal kriz ve istikrarsızlıktan kaçınalım* [Évitons la crise et l'instabilité politiques] (économie, élément central de la vie sociétale, qu'il ne faut surtout pas perturber) : par exemple, sous la plume de Rıfat Hisarcıklıoğlu, président de la TOBB :

« Le processus de réformes s'est quasiment arrêté [allusion à la crise], le double processus des élections et du procès en fermeture [intenté contre l'AKP en mars 2008] ont eu pour conséquence de mettre l'économie et ses impératifs au second plan, comparé à la politique [317]. »

La prédominance de la composante économique est aussi aisément observable, lorsqu'il s'agit d'aborder et d'articuler les divers thèmes relevant d'une thématique de développement [318]. Tout se passerait alors comme si un nombre infini de facteurs s'influençait réciproquement, mais autour du référent économique dominant, dans une espèce de causalité structurale où les facteurs d'ordre social ou culturel n'ont de l'importance ou ne méritent d'être analysés que s'ils agissent sur le facteur économique ou sont déterminés par lui [319]. On parlera alors des « freins et blocages socioculturels » du développement [320] », de ses coûts sociaux ou des changements de « mentalité » induits par le développement [321] (auquel cas tout le changement social est supposé induit peu à peu par le seul facteur économique). On est alors parfaitement dans ce que décrit Silvia Sigal au sujet des usages de la sociologie et de l'anthropologie en Amérique latine au cours des années quarante et cinquante où « il est fait appel aux sociologues pour modifier ou contrôler les *non economic factors* des économistes en vue d'un développement qui, quoique variable et mal défini, est toujours lié à l'accroissement de la productivité ou à un réaménagement des ressources sociales [322] ». Ainsi toute la lecture « sociale » qui nous est proposée par la TESEV dans son rapport déjà cité sur le développement des régions Est et Sud-Est de la Turquie consiste à déterminer comment agissent sur les objectifs économiques posés les politiques sociales proposées (dont la liste n'est par ailleurs pas longue : amélioration du capital humain, lutte contre la pauvreté *via* les programmes de transfert direct de revenu et de transfert conditionnel de fonds – origine Banque mondiale -, mesures relatives à la création d'emploi [323]). S'ensuivent des remarques tout à fait anodines telles que l'impact de la hausse des revenus sur la demande, la croissance et enfin la dynamique économique, *via* les transferts de fonds dans le cadre des programmes de lutte contre la pauvreté [324]. La réflexion exposée à la page 17 est, de ce point de vue, d'une clarté absolue : « Nous croyons que les propositions faites ici, [mesures socioéconomiques] pour éviter que l'état actuel des choses perdure, contribueront à la hausse des offres d'emploi, des revenus, du pouvoir d'achat et par là même à l'élargissement du marché régional et, *in fine*, à la consolidation de l'entrepreneuriat local [325]. »

Les plans de développement régional du DPT sur les mêmes régions Est et Sud-Est du pays (peuplées essentiellement par la population kurde) sont, eux aussi, à méditer, puisqu'ils représentent en quelque sorte le concentré extrêmement riche de la quasi-totalité des thèmes abordés par la littérature du développement : rapport développé (Ankara) sous-développée (les régions kurdes), différence ethnique, culturelle, mentalités supposées faire obstacle au développement, de surcroît problème sécuritaire et d'intégration culturelle, enfin un petit cocktail explosif, d'où la nécessité de développement rapide de la région, car il en va, dirait-on, de l'unité territoriale de la République [326]. Cette façon de poser les questions permet aussi à certains (notamment à l'*establishment* politico-militaire), de ne pas poser la plus importante, c'est-à-dire celle qui relève de la politique, de la nature de la construction État-nation, de l'imaginaire national, puisque ce sont la pauvreté et les « problèmes » socio-économiques, mais surtout économiques comme le chômage, qui poussent les « jeunes, naïfs et instrumentalisés » de la région à prendre le maquis (*dağa çıkmak*). À l'instar de ce que soulignent André Guichaoua et Jean Majeres, les « spécialistes » en sciences sociales, hors économistes, des organismes de planification et de développement de l'État (en tête DPT) sont dès lors chargés « de préparer le terrain aux économistes, planificateurs et techniciens [...]. L'objectif explicite ou implicite est d'analyser les blocages et résistances des populations, d'identifier les agents sociaux « dynamiques » ou réceptifs, de tester les variantes techniques les mieux adaptées [327] ».

Joost Jongerden, sociologue à l'université de Wageningen (Pays-Bas), nous fournit une excellente illustration de ce constat, lorsqu'il évoque sa rencontre en 2002 avec ses collègues turcs effectuant des missions dans le cadre du projet de développement de l'Anatolie du Sud-Est, dit GAP (*Güneydoğu Anandolu Projesi* [328]) :

« Le sociologue qu'on a rencontré nous informait sur les objectifs du projet GAP. Il a évoqué, à un moment donné, la plaine d'Harran qui longe la frontière syrienne. Il a longuement insisté sur les caractéristiques socioculturelles des habitants de cette plaine ainsi que sur les changements qui y seront induits par la réalisation des plans de développement sur une population d'origine essentiellement kurde ou arabe fonctionnant sur un mode tribal ; mais avec l'introduction des techniques modernes d'agriculture, un nouveau mode de vie caractérisé par l'émergence de la famille nucléaire et une plus forte allégeance à l'État y fera plus tard irruption. Il s'agissait, en réalité, non pas d'une observation empirique mais d'une croyance. On croyait ou (voulait croire) que la modernisation des systèmes d'irrigation et le passage à l'agriculture moderne allaient finir par détruire les rapports tribaux perçus comme l'élément socioculturel le plus résistant de l'identité kurde. Le développement était donc pensé, du moins implicitement, comme un processus qui allait transformer les Kurdes, membres des tribus, en Turcs modernes [329]. »

Cette voie classique où l'étude des obstacles au développement exige l'analyse des facteurs non économiques qui peuvent favoriser ou faire obstacle à un tel développement est aisément observable, en ce qui concerne l'ordre dans lequel les thèmes sont énumérés dans le cadre d'un plan de développement : toujours d'abord l'économique, ensuite les aspects plus *soft*, plus « mous », en tout cas secondaires : social, culturel, infrastructure, environnement. Les stratégies nationales de développement [*Ulusal Kalkınma Stratejisi* [330]] et de développement rural [*Ulusal Kırsal Kalkınma Stratejisi* [331]] citées ci-dessous relèvent d'un procédé similaire. Une certaine ressemblance entre les deux textes est pour le moins frappante à la fois en termes d'enchaînements entre les thématiques (référentiel économique-enseignement-santé-infrastructure-environnement) et jusqu'aux termes employés, soulignant par là même une certaine façon, *à la DPT*, de « faire des plans [332] ».

Stratégie nationale de développement rural

Objectif principal : à partir d'une meilleure utilisation du potentiel des ressources locales et d'une meilleure préservation du patrimoine naturel et culturel, amélioration des conditions de vie et de travail de la société rurale, en harmonie avec les villes et de façon durable.

Objectifs stratégiques et priorités :

1. Développement économique et augmentation des offres d'emploi

1.1 Rendre compétitif le secteur agricole et agroalimentaire

1.2 Diversification de l'économie rurale

2. Amélioration des ressources humaines

2.1 Amélioration de l'offre de services en matière de santé et d'éducation

2.2 Lutte contre la pauvreté et amélioration de l'employabilité
2.3 Renforcement des capacités de développement local

3. Amélioration de l'infrastructure et de la qualité de vie en milieu rural
3.1 Amélioration de l'infrastructure en milieu rural
3.2 Préservation et développement de l'habitat rural

4. Préservation et développement du milieu naturel rural [333]
4.1 Développement de l'agriculture bio
4.2 Préservation de l'écosystème forêt
4.3 Gestion des zones protégées

Stratégie nationale de développement (stratégies à moyen terme, objectifs et priorités)

1. Croissance stable et élevée
1.1 Stabilité macroéconomique
1.2 Amélioration du climat d'investissement
1.3 Mise en chantier rapide des réformes structurelles

2. Mise sur pied d'une économie plus compétitive
2.1 Refonte du secteur agricole
2.2 Amélioration de la compétitivité et de la productivité
2.3 Préparer le passage à l'économie de la connaissance

3. Amélioration des ressources humaines et des offres d'emploi
3.1 Amélioration de l'offre de services en matière d'éducation
3.2 Lutte contre l'inégalité face à l'emploi
3.3 Amélioration de l'offre de services en matière de santé

4. Amélioration de l'infrastructure et préservation du milieu naturel
4.1 Augmentation et amélioration des investissements publics
4.2 Veiller au rapport qualité/prix de l'offre en énergie
4.3 Amélioration de l'offre en transport
4.4 Préservation du milieu naturel

5. Lutte contre les inégalités sociales
5.1 Renforcement du potentiel de développement des régions
5.2 Un développement rural équilibré
5.3 Amélioration du système de sécurité sociale

Quant aux objectifs à long terme de la stratégie couvrant la période 2001-2023, tels qu'ils sont présentés dans le VIIIe plan quinquennal de développement, ce sont les suivants :

« Devenir un État puissant à l'échelle mondiale, adhésion pleine et entière à l'UE, devenir le centre de gravité de la région Eurasie, passage à la société de connaissance, disposer d'un appareil productif avec une forte assise technologique, tourné vers l'innovation, capable de concurrencer sur les marchés extérieurs avec des produits à valeur ajoutée élevée, tirer vers le haut le niveau d'enseignement et de santé de la société [334]. »

Pour montrer les ressemblances en termes de concepts employés et de thématiques privilégiées, citons enfin le dernier (le IXe) plan de développement, le plan mère de tous les plans qui se définit lui-même comme « le principal document politique qui pose de manière globale les principales transformations que la Turquie réalisera à l'avenir dans les domaines économique, social et culturel ». Beaucoup moins volumineux que les précédents (101 pages), un détail que le document explique lui-même par « le passage d'une vision de plan voulant réglementer chaque domaine à une approche stratégique mettant en avant le fonctionnement efficace des marchés par l'intermédiaire des réformes structurelles et institutionnelles [335] ». Le plan est conçu, à en croire l'un des responsables du DPT ayant participé à sa confection, « sur l'objectif principal d'améliorer la compétitivité, compte tenu des effets de la mondialisation [336] ». Le titre lui-même serait significatif à cet égard : « 2007-2013, le IXe plan de développement : compétitivité, emploi, capital humain, développement régional, efficacité dans le public ».

Stratégie du IXe plan de développement (2007-2013 [337])

Vision : une Turquie disposant d'une croissance stable, répartissant mieux son revenu, fort compétitive à l'échelle mondiale, dans le chemin de la société de connaissance, ayant terminé son processus d'harmonisation en vue de l'adhésion à l'Union européenne.

Les axes de développement économique et social

A – Amélioration de la compétitivité

1. Rendre durable la stabilité macroéconomique
2. Amélioration de l'environnement des affaires
3. Réduction du poids de l'informel dans l'économie
4. Amélioration de l'infrastructure énergétique et de transports
5. Protection de l'environnement et amélioration de l'infrastructure
6. Plus d'investissement dans la R & D et l'innovation
7. Une meilleure diffusion des technologies de la communication
8. Transformation de la structure agricole
9. Production de biens à valeur ajoutée élevée

B – Politiques d'emploi

1. Un meilleur marché du travail, plus compétent, plus performant

2. Un système éducatif plus en phase avec les besoins au marché
3. Une politique active en matière d'emploi

C – Développement humain et renforcement de la solidarité sociale

1. Un meilleur système éducatif, plus performant
2. Un système de santé plus efficace
3. Amélioration de la répartition du revenu
4. Amélioration de l'efficacité de la sécurité sociale
5. Protection de la culture, renforcement du dialogue social [338]

D – Développement régional [339]

1. Diffusion des politiques de développement régional
2. Diffusion d'un modèle de développement axé sur le local
3. Amélioration de la capacité institutionnelle au niveau local
4. Mise en avant des plans de développement rural

E – Amélioration de l'efficacité des services publics

1. Rationalisation des responsabilités entre les services
2. Amélioration de la capacité décisionnelle
3. Développement des applications Internet de l'État
4. Amélioration du système judiciaire
5. Amélioration de l'efficacité dans le domaine de la sécurité
6. Formulation d'une politique moderne des ressources humaines

Ces façons de concevoir des plans (eu égard à trois plans cités) procèdent, en réalité, d'une représentation du développement à deux compartiments, économique et social, d'importance inégale, le second (composé « traditionnellement », et par ordre d'importance, de l'enseignement, de la santé et de la répartition du revenu) n'ayant sens que rapporté au premier. Certains documents ont le mérite de le dire explicitement. Il en va ainsi du VIe plan de développement :

« Les ressources humaines seront développées eu égard aux objectifs du développement économique [...]. Le système éducatif sera restructuré en fonction prioritairement des besoins en compétences et en professions, de l'économie. La coordination entre le marché du travail et les structures éducatives sera renforcée [340]. »

Pour André Guichaoua et Jean Majeres, il s'agirait là « d'une cohabitation hiérarchisée où les facteurs sociaux « fonctionnent » *à côté* des logiques économiques (les projets « bancables ») ou politiques dominantes et ne sont véritablement considérés comme des « contraintes » majeures, c'est-à-dire justifiant une étude spécifique, que lorsqu'il n'est pas possible de « faire sans eux [341] ». Le témoignage de ce bureaucrate de la Banque centrale procède d'un raisonnement similaire où la logique économique envahit le champ explicatif au détriment du social placé *après* les autres [342]. D'après notre interlocuteur, lorsqu'on dit développement, il s'agirait principalement d'un « processus d'amélioration d'un ensemble d'indicateurs sociaux corrélativement au développement économique. En font partie l'amélioration de la répartition du revenu, l'enseignement et la santé [343] ». Par développement économique, on entendrait principalement l'industrialisation, mais le déficit d'épargne entrave plus ou moins cet effort national de développement, d'où l'importance du système à double ancrage UE-FMI (cf. rubrique ancre) afin d'attirer au pays les fonds étrangers.

« La principale difficulté se situe, à mon sens, au niveau du passage de l'agriculture à l'industrie. Je pense donc à ce changement structurel, qu'il serait impossible de réaliser sans industrialisation. Par conséquent, pas de développement sans industrialisation [344]. » Et plus loin au sujet du déficit d'épargne : « Le système est obligé de gérer ce déficit qui est principalement dû à l'agriculture. Aussi, on a besoin de fonds extérieurs. Toute la logique du système tourne autour de ça. Le système nécessite donc inévitablement le maintien des ancres UE-FMI [345]. »

Il serait particulièrement intéressant ici de noter chez ce second bureaucrate (anciennement du DPT, aujourd'hui de la Banque centrale [346]) le même raisonnement, quasiment identique à celui de son collègue : un mélange mécanique d'un peu d'économique, d'un peu de social, le tout concocté dans un superbe réductionnisme économique pour aboutir à quelque chose qui peut s'apparenter au développement :

« Le développement inclut deux dimensions : développement économique, développement social. Le premier est l'augmentation régulière du PIB par tête et le second, l'amélioration, corrélativement au premier, des indicateurs sociaux : avancées dans le domaine de l'enseignement, réduction de la pauvreté, baisse des taux de mortalité enfantine, etc. Le développement économique = la croissance et la croissance + l'amélioration des indicateurs de développement humain = développement [347]. »

Une équation, après tout assez simple, parfaitement réalisable à condition de ne pas avoir une orientation idéologique trop marquée. Un discours à travers lequel s'exprime en réalité toute la neutralité supposée d'un agent de l'État : « Il ne faudrait pas avoir une lecture idéologique des choses [au sujet des moyens, politiques du développement] ; il faudrait être pragmatique et choisir le bon outil suivant la situation [348]. »

Conception de l'économie

Elle est souvent très technique notamment dans sa variante voulant obtenir droit de cité parmi les sciences « dures ». Est donc parfaitement manifeste « une tendance de la science économique à réduire la complexité et la richesse du social et à affirmer l'autonomie des sciences économiques par rapport aux autres phénomènes sociaux [349] ». Cette tendance se lit aussi, d'après Pierre Achard, dans les appellations : « On préfère aujourd'hui appeler *science économique* ce qui s'est longtemps nommé *économie politique*. Comme (principe de marquage) ce qui se dit ne va pas sans dire, on en déduit que l'économie n'est pas assurée de sa scientificité, et son caractère « politique » serait justement ce qui la gêne [350]. » On tente alors de surmonter ce problème de légitimité, mais au risque de perdre, il est vrai, en vigilance épistémologique ce qu'on espère gagner en « objectivité », par un recours accru au mesurable, au quantifiable, attitude très fréquente chez les économistes (mais pas seulement), de formation initiale « ingénieur », qui sont assez nombreux en Turquie. Bien que nous ne disposions pas de séries, de données plus longues et détaillées sur le sujet, nous avons cru déceler chez eux un penchant plus marqué pour les chiffres, formules, équations, ou dit autrement, pour les choses qui s'expriment en certitude. Les propos de cet enquêté, ex-ingénieur reconverti à l'économie, sont là pour en témoigner :

« J'ai mon équation de base : GDP = C + I + G + (X − M) [prononcés tels quels en anglais], après tout c'est une équation comptable de base. Si une économie tourne en dessous de ses capacités, je peux la booster à partir de cette équation. Deux multipliés par deux font quatre [351] » [équivalent en turc de « un et un font deux »]. De là une conception unitaire de l'économie : « Mis à part le marxisme, nous n'avons pas de différends au niveau des fondamentaux, c'est-à-dire au niveau des cours enseignés en première et seconde années de la fac. Il existe donc l'ABC de la chose, du métier [352]. » L'unité de l'économie ainsi assurée, les divergences entre les courants ne sont que des écarts infimes :

« Par exemple avec Erinç Yeldan [économiste connu, marqué à gauche, de l'université de Bilkent], après avoir fait les mêmes constats et analyses, nous n'aurions des divergences qu'à la dernière ligne. C'est-à-dire qu'il n'y a pas de divergences au niveau de l'analyse. C'est à l'instar de deux médecins qui sont d'accord sur la nature de la maladie, mais pas sur le traitement à préconiser [353]. »

L'expression, fréquemment employée, d'*Ekonominin gerekleri/doğruları* [les impératifs/règles de l'économie] renferme ce postulat d'une économie « une et indivisible » : « Le consensus existe quant aux politiques économiques pour assurer la stabilité macroéconomique. Celle-ci est donc essentiellement une affaire de respect de ces politiques communément admises [354]. » Cette technicité supposée de l'économie est aussi évoquée au sujet des programmes économiques préconisés par les organisations internationales comme le FMI. Après tout, les « problèmes » supposés universels déjà identifiés en différentes parties du globe n'appellent-ils pas des « solutions » adaptées, techniquement fonctionnelles, testées et approuvées sous d'autres cieux ?

« Je ne sais pas comment ça se passe dans d'autres pays, mais en Turquie, on croit à l'exceptionnalité de nos problèmes, les crises, il n'y en a que chez nous, les problèmes sociaux, il n'y en a que chez nous. Or les autres pays ont aussi des problèmes similaires. Un échange d'expérience me paraît capital ici. Qui s'en chargera ? Soit les scientifiques, soit les organisations internationales (FMI, etc.). De plus, ces dernières ont l'avantage de proposer des politiques applicables en pratique [355]. » [Supposées donc réalistes, concrètes, techniques et non pas abstraites, complexes ou idéologiques.]

Des impératifs de l'économie imposés aux pays ou gouvernements peu respectueux en la matière sous la supervision stricte des instances internationales érigées en garants de l'objectivité ou de l'universalité des programmes proposés, voici un procédé qui peut être efficace lorsqu'on connaît les fâcheuses habitudes populistes des politiciens des pays en développement :

« Les impératifs de l'économie ne font qu'un. Mais ceci n'arrange pas les politiques, parce qu'ils ont d'autres objectifs, soucis, d'ordre électoral. Certes, ce phénomène existe aussi dans les pays développés, mais là-bas il y a des mécanismes de surveillance ou de contrôle pour calmer les ambitions populistes [356] » [Ces mécanismes faisant défaut dans les pays en développement, d'où l'impérieux besoin de recourir à l'aide des organisations internationales comme organismes de surveillance et de contrôle].

Cette maître de conférences en économie de la prestigieuse université anglophone de Bilkent (Ankara) ne dit pas autre chose (homogénéité du raisonnement économique, obstacles politiques), lorsqu'elle évoque le possible rattrapage des pays développés par les pays du Sud : « L'écart peut se réduire et nous connaissons les formules. Mais en faire bon usage ne dépend pas uniquement de l'économiste. Il faut aussi tenir compte des circonstances politiques et culturelles [357]. »

Pour Fuat Ercan, enseignant en économie à l'université de Marmara (Istanbul), les manuels de l'économie du développement enseignée dans les universités turques ne font que renforcer, par leur ancrage idéologique, la technicité, l'objectivité et l'unicité supposées de la discipline. Ils constitueraient, d'après l'auteur, les principaux outils de diffusion d'une idéologie où le capitalisme occidental sert de référence absolue pour les pays dits en développement [358]. Cette problématique des moyens de diffusion des croyances économiques, abordée à partir des manuels de l'économie du développement, nous paraît extrêmement prometteuse car, comme le souligne R. Laufer (cité par Jean-François Baré) : « Les lois de l'économie politique diffèrent des lois physiques en ce qu'il est nécessaire de les instituer pour qu'elles fonctionnent [359]. » Or « on ne peut les instituer que par des mots [360] ». Les schèmes économiques tels qu'ils sont enseignés par l'intermédiaire des manuels de l'économie du développement peuvent dès lors relever des « catégories indigènes de l'anthropologie [361] » et donc être étudiées, analysées, décortiquées telles quelles, en tant que catégories socialement construites.

La représentation musulmane modérée

La représentation identifiée dans le chapitre précédent ayant un caractère indiscutablement hégémonique, la conception musulmane modérée du développement ne sera analysée que par rapport à elle, de manière à en souligner les convergences ou divergences [362]. Si l'on devait dépeindre dans ses grandes lignes ladite conception hégémonique abordée précédemment, les caractéristiques ci-dessous peuvent être retenues comme étant les plus significatives [363] :

Le développement considéré comme synonyme d'expansion de la modernité marchande, celle-ci étant caractérisée elle-même par :

L'individualisme (le primat de la demande solvable) ;

L'économisme (le primat des préoccupations principalement économiques et le désencastrement de l'économie) ;

Une croissance indéfinie des quantités produites et consommées ;

Une tendance à la maximisation indéfinie des échanges, du profit, et à la marchandisation généralisée des valeurs échangées ;

Les institutions que se donne le système (marchand) sont dès lors ordonnées à cette logique prométhéenne, productiviste et expansionniste : la propriété privée, l'entreprise privée, le marché généralisé, le salariat, la liberté d'entreprendre, la bourse des valeurs, l'État de droit régulateur, etc.

Disons alors de suite ce qui pourrait être considéré comme le point de chute central de ce chapitre, l'islam politique turc dans sa version dite modérée (principalement représentée aujourd'hui par l'AKP) n'a globalement aucune objection sérieuse au cadre idéologique esquissé ci-dessus (ce qui assure aussi, éventuellement, sa légitimité sur le plan international). En d'autres termes, son alignement sur la conception hégémonique du développement, telle qu'elle a été présentée dans le chapitre précédent, est, à quelques exceptions près (celles relevant notamment des problématiques de morale), quasi complet. Tout l'implicite véhiculé par la notion (dont la directionnalité, la continuité, la cumulativité et l'irréversibilité) jusqu'au vocabulaire habituellement employé pour penser le développement et ses finalités (cf. la section précédente) sont repris à l'identique et versés dans une « casserole » se voulant moralisante [364]. C'est en ce sens qu'il faudrait entendre la signification du mot de développement dans le nom du parti : entrée progressive dans l'ère de la modernité marchande avec quelques corrections d'ordre moral. Le programme officiel du parti, volontairement et prétentieusement intitulé « programme de développement et de démocratisation » [*Kalkınma ve Demokratikleşme Programı*], en constitue une illustration éclatante. Destiné à séduire autant Bruxelles que la droite libérale, mais tout en exprimant les intérêts de sa clientèle traditionnelle (la bourgeoisie provinciale dite musulmane réunie dans le cadre de la MÜSİAD [365], les notables locaux, les groupes sociaux à sensibilité religieuse élevée, les habitants « défavorisés » des grandes villes et les populations d'origine kurde cooptées au nom de la solidarité religieuse), c'est le document majeur supposé encadrer les orientations politiques du parti. Comme l'indique son titre, il se compose de deux volets principaux à savoir la démocratisation et le développement. Mais autant le volet « démocratisation » se présente comme un discours de lutte, certes suffisamment connu, mais relativement bien rodé mobilisant tout le vocable traditionnel de la droite et de l'islam politique en Turquie (les acteurs de la « société civile » se révoltant enfin face à la tutelle historique de la bureaucratie autoritaire – formidable euphémisme pour ne pas dire l'armée – pour insuffler au pays tout entier un nouvel élan de démocratisation, en phase par ailleurs avec l'enjeu européen du pays dans un contexte de mondialisation), autant le volet « développement » s'avère terriblement gélatineux, dépourvu de consistance. Le terme de développement est majoritairement observé dans la section « économie » du document et employé au sens de développement économique, tandis que celui-ci est assimilé tout simplement à la croissance « durable et soutenable [*sürekli ve sürdürülebilir büyüme*] [366] ». L'effet de *trickle down* est censé faire le reste :

« Afin de mobiliser pleinement le potentiel de développement de notre pays, notre parti s'attellera à appliquer une stratégie de croissance économique durable et soutenable. Sa réalisation se traduira par des avancées dans le domaine de la réduction de la pauvreté, de la lutte contre le chômage et de la répartition du revenu. Ainsi, notre pays atteindra le niveau des pays développés ; le confort de vie de ses citoyens s'améliora et son prestige sur le plan international s'accroîtra [367]. »

Cette problématique de rattrapage par l'intermédiaire des taux de croissance élevés est aussi celle de la MÜSİAD, pourtant censée rejeter, du moins dans la rhétorique, la conception linéaire – thèse d'écart – et évolutionniste de l'histoire d'origine occidentale. Lisons ce qu'écrit son président :

« La sortie de crise [2008] de la Turquie dépend de la relance de sa dynamique de croissance qui était à l'origine de sa *success story* de ces dernières années [...]. Cette crise financière de grande envergure qui a surtout frappé les marchés européen et américain présente aussi une occasion en or, de manière générale pour la Turquie et plus spécifiquement pour Istanbul, de devenir le nouveau centre des finances [368] [...]. On devrait en tout cas demeurer confiant en notre pays, dans les facultés de notre peuple et on ne devrait pas avoir de doutes quant à la capacité de notre pays à atteindre rapidement le niveau des pays développés [369]. »

Ce qui reviendrait en clair à adopter le créneau néolibéral dans sa version la plus classique, avec ses gagnants et perdants en termes de rapports de forces entre les groupes sociaux, chose qu'assume par ailleurs parfaitement le programme de l'AKP [370] :

« Notre parti fait siens les principes suivants : il est pour une économie de marché opérant correctement avec ses règles et institutions ; il défend la non-intervention de l'État dans la sphère économique ; il définit le rôle économique de l'État comme étant essentiellement régulateur ; il considère la privatisation comme un moyen de rationalisation de la structure économique [mais aussi de la rente, à noter ici les rapports clientélistes solidement établis entre les mairies affiliées AKP, l'État et les hommes d'affaires « musulmans » proches du parti] ; dans un contexte de mondialisation, il considère hautement prioritaire, du point de vue du futur à la fois politique et économique de notre pays, l'amélioration de la compétitivité de l'économie turque ; il considère bénéfique l'apport, en termes de savoir-faire, de l'investissement étranger au développement de l'économie turque [371]. »

Une conception du développement à deux dimensions

La croyance en l'économie de marché et en ses vertus ainsi réaffirmée, le texte (peu volumineux par ailleurs : 44 pages) pourrait être repris, à la rigueur, par n'importe quel parti politique marqué à droite, tant le texte est, dans sa globalité, anodin, insipide et inondé de lieux communs comme par exemple celui « sur un parti de masses qui refuse toute idéologie exclusive héritée de la logique de la guerre froide et qui n'est là que pour servir le pays, rien que le pays et tout le pays [372] ». Parmi toutes les thématiques explorées dans le texte, la seule portant éventuellement l'empreinte distinctive de l'AKP se limiterait exclusivement à quelques observations générales d'ordre moral sur la spiritualité entendue comme remède aux maux de l'esprit égoïste et de la vie matérialiste. La religiosité s'avère dès lors comme l'antidote d'un matérialisme excessif risquant de mener l'individu à se couper des siens pour se réfugier dans l'aspect matériel des choses et par conséquent à devenir égoïste et vaniteux envers ses semblables. C'est dans cet ensemble que prend un sens précis la conception moralisante du développement : oui à la modernité marchande, mais une modernité marchande moralement corrigée (certes très modestement). D'après Jacques Austruy, cette rencontre de l'éthique et de l'économique n'est pas un hasard, car l'islam « ne connaît pas la séparation du temporel et du spirituel [373] ». Cette « moralisation de l'économie » serait inséparable du concept de *tekâmül*, notion plus globale qui réunit à la fois les concepts de développement et de progrès [*terakki*] et qui indique le processus global par lequel on atteint un certain niveau (élevé) de perfection, de sagesse et de beauté intérieure par l'intériorisation des valeurs préconisées par l'islam. On l'emploiera à la fois pour désigner le croyant ayant accédé à ce niveau de sagesse (*mü'min-i kâmil*), mais aussi pour souligner l'évolution dans le bon sens, c'est-à-dire dans le sens de plus de morale, plus de vertu, plus de justesse, plus de sagesse, des sociétés musulmanes (*sosyal tekâmül* [374]). La conception musulmane (modérée) du développement apparaîtrait-elle, alors, comme le déploiement, à partir d'une base commune, d'une étoile multidimensionnelle dont le pivot spirituel (développement synonyme d'élévation morale) interférerait avec la dimension matérielle (développement assimilé tout simplement à la croissance). Pour İzzet Er, professeur de théologie à l'université d'Uludağ (Bursa), « il ne peut y avoir de développement véritable que de la sorte [dans ses deux dimensions]. Le progrès ne peut être expliqué uniquement en termes de richesse et d'abondance matérielle [375] ».

Un haut responsable de l'AKP, chargé des affaires socioéconomiques, qu'on a interviewé, l'exprime à sa façon :

« Le développement n'est pas un simple accroissement du PIB. On pense aussi à l'aspect humain. Ce n'est pas juste une question de technologie. Bon ! Pense par exemple à ce qui s'est passé dans la bande de Gaza [les bombardements et le blocus israéliens de 2008]. Le monde dit moderne n'a pas réagi, alors qu'on massacrait les enfants, les femmes, les vieillards. Comment appeler alors ces pays « développés » ? Ces pays [occidentaux] ont passé un examen moral à la bande de Gaza. Et ils ont tous échoué. L'Occident a échoué [...]. La civilisation et la modernité devraient aller de pair. Être moderne [dans le sens de disposer d'une technologie avancée] n'est pas synonyme d'être civilisé [dans le sens de *tekamül*, dans le sens d'avoir intériorisé les valeurs morales, comme la bonté, la vertu, la sagesse, la justice]. Tu es très moderne, mais tu tues les enfants. Et tu te dis civilisé. Ça ne va pas. Le développement, c'est quand les deux aspects sont réunis [aspects matériel et spirituel dans le sens d'une évolution continue vers *tekâmül*]. Le fait de disposer de la technologie la plus avancée ne te rend pas nécessairement civilisé [allusion aux États-Unis]. Tu devrais t'adresser à toute l'humanité [rhétorique sur le message universel de l'islam ou de la civilisation musulmane, employée fréquemment par le Premier ministre actuel]. Si tu te dis civilisé, tu devrais en faire preuve pour tout le monde, à la fois pour ton propre enfant mais aussi pour celui de l'autre assassiné [376]. »

La sensibilité palestinienne sert souvent d'illustration pour souligner la différence entre avancée technique, matérielle, et richesse intérieure. Pour ce chroniqueur économique du quotidien *Zaman* (de sensibilité religieuse), la première correspond à l'idée qu'il se fait du développement et la seconde, de la civilisation : « Le développement, c'est quelque chose de quantitatif. Par exemple le développement de l'industrie, du commerce. Après tout, c'est la croissance. » Puisque c'est matériel, c'est en quelque sorte secondaire, comparé au spirituel. Il faut être, par conséquent, pragmatique du point de vue des politiques de développement qui « peuvent être différentes suivant les pays ou régions. Par exemple Singapour est un pays développé sans industrie. C'est donc possible. Il faut inventer des politiques de développement spécifiques au pays. » Mais toujours dans le cadre d'une logique libérale, en ce qui concerne notamment le rôle de l'État :

« À quoi sert l'État ? Il est là pour ouvrir de nouveaux horizons, pour proposer de nouvelles visions stratégiques [un peu comme un *think tank*] mais sans contraindre à quoi que ce soit. Bon, tout ça coule de source en fait. Par exemple, lorsque Marks & Spencer rencontre un problème quelque part dans le monde. C'est l'ambassadeur britannique du pays en question qui intervient. Car Marks & Spencer, c'est l'Angleterre. C'est-à-dire que lorsque quelque chose ne va pas, l'État devrait intervenir, en étroite concertation avec le secteur privé, pour jouer son rôle régulateur. »

Tout cela, c'est donc le développement, le quantitatif, le matériel, ou du moins, quelques sujets épars qui peuvent relever d'une problématique de développement. Or ce qu'on appelle la civilisation est de nature complètement différente :

« Consommer plus d'électricité ne fait pas de vous un pays civilisé. Ça montrerait juste votre niveau de développement. La civilisation est quelque chose de différent. Lorsque les gens sont massacrés en Palestine, je sens leur souffrance. Ça, c'est être civilisé. C'est avoir des sentiments, quitter le règne bestial. Tout cela, c'est être civilisé. Par exemple la Suède, on dit d'elle que c'est un pays civilisé. Mais on sait aussi qu'elle fait partie du groupe des pays à taux de suicide élevé. Je m'interrogerais du coup sur leur conception de la civilisation [377]. »

L'un de nos autres interlocuteurs, maître de conférences en économie à l'université de Başkent [378] (Ankara), ne dit pas autre chose, lorsqu'il évoque sa formule « i² ». Le développement serait égal à : *imar* (amélioration des conditions de vie) x *irfan* (paix et richesse intérieures, sagesse, aspect moral, spirituel, etc.). Or la littérature occidentale en économie :

« Ne s'occupe que du ventre et sous-estime l'esprit […] Remplir son cœur de sagesse, de vertu, de paix, de spiritualité est aussi important voire plus que remplir son estomac. La paix et la tranquillité du cœur dépendent du renoncement aux passions profanes. *L'Homo œconomicus* de l'Occident ne peut comprendre tout ça. Cet homme ne poursuivant que ses propres intérêts économiques n'existe pas en Turquie. C'est là que l'économie occidentale se casse la gueule. Elle ne tient pas compte des spécificités culturelles [379]. »

Toutefois, comme on aura l'occasion d'y revenir à plusieurs reprises, il arrive très fréquemment que cet équilibre matériel-spirituel dans une approche globale de *tekâmül* (perfectionnement moral), si souvent évoqué, soit mis à mal au profit de la première dimension (matérielle) du couple par ceux-là mêmes qui soulignent la multidimensionnalité de la nature humaine, du progrès. D'où les insurmontables contradictions dans lesquelles s'empêtre la conception musulmane (modérée) du développement, bien qu'on continue de clamer que « l'emprise séculière de la loi divine interdit tout développement économique qui ne s'appuie pas sur elle [380] ». L'illustration nous en est fournie par le responsable de la rubrique économique du quotidien *Zaman* (de sensibilité religieuse). L'entretien démarre, comme on s'y attendait, avec un discours « magistral » sur *tekâmül* :

« Quand je pense au développement, je pense à l'homme qui change et se renouvelle continuellement, depuis Adam. Je n'appelle pas ça l'évolution [mot banni !] mais *tekâmül*. Je pense par exemple à l'Andalousie, à son éclatante civilisation, à ce qu'elle a apporté à l'humanité. Le développement revient en fait à chercher continuellement la perfection. C'est le côté philosophique qui m'intéresse davantage. On ne peut réduire le développement à la révolution industrielle, à la machine à vapeur […]. Bien sûr qu'il y aura des classements [en termes de niveau de développement]. Il y aura la Ligue des champions, la coupe d'UEFA, etc. Mais il ne faut pas perdre de vue l'homme et son épanouissement » [dans le sens, bien sûr, de *tekâmül*].

Ainsi exprimée la prédominance des valeurs humaines dans la conception du développement, le ton change progressivement, lorsqu'on aborde les sujets plus « concrets », plus « vrais », comme ceux portant sur les moyens du développement. L'alignement sur les recettes classiques (libérales), longuement évoquées à la section précédente, est alors quasi total au point qu'on a du mal à établir le rapport logique entre les objectifs – humains/moraux – affichés et les moyens évoqués :

« L'État devrait poursuivre un objectif clair relatif au développement. La Turquie devrait renoncer à sa conception du développement fondée essentiellement sur l'industrialisation. Elle devrait se faire une place dans le secteur des services. Le capital humain est extrêmement important. Il faut inventer un modèle de développement axé sur la connaissance, sur le capital humain. Cette stratégie globale de spécialisation dans tel ou tel autre domaine fait défaut en Turquie. Par exemple, nous, en Turquie, on travaille jour et nuit, et on atteint à peine ce chiffre d'exportation de 130 milliards de dollars, alors que Nokia, à elle seule, atteint le chiffre de 50 milliards de dollars et alors ? On a envie de dire, mais les Finnois sont-ils vraiment épanouis intérieurement ? Quid de *tekamül* ? [...]. La croissance est bien sûr indispensable, mais une croissance stable et régulière, entre 3 et 5 % chaque année [...]. L'écart [de développement] peut se réduire. Par exemple, il y a dix ans, la Chine n'était pas là où elle est aujourd'hui, alors que la Turquie était en meilleure position [donc si on reste fidèle à la définition du développement initiale de l'interviewé, on peut dire qu'il y a dix ans, les Turcs étaient, en termes de beauté intérieure, en meilleure position que les Chinois ! Mais entre-temps ils ont été rattrapés par leurs concurrents asiatiques et ceci grâce aux taux de croissance stables et élevés !]. Ça prouve que si vous avez la bonne grille de lecture [laquelle ?] Vous pouvez devancer vos concurrents [idée d'écart, métaphore, en somme classique, de course] [...]. L'État ne devrait intervenir que pour jouer son rôle de coordinateur, régulateur. Il devrait guider, conseiller le secteur privé en termes de vision stratégique, sans qu'il participe directement au jeu (économique) entre les acteurs du marché [381]. » [Voici donc exprimées les formules magiques qui peuvent enfin nous conduire à l'épanouissement spirituel, à la sagesse, à la maturité morale !]

Une timide moralisation de l'économie

En l'absence d'une véritable stratégie musulmane de développement, réellement distincte, les notions favorites du vocable religieux telles que la morale [*ahlak*], la sagesse [*irfan*], la vertu [*fazilet-erdem*], la justesse [*hakkaniyet*] ou la justice [*adalet*] sont alors employées au sens de principes correcteurs mis à la disposition de chaque individu/croyant en manque de repères et de valeurs morales dans « ce monde de brutes » qu'on accepte implicitement, et un peu à contrecœur, comme une donnée fatale et définitive. La dernière crise (2008) sert d'argument pour dénoncer la nature inhumaine (perverse) du système (notamment financier), mais pour aboutir finalement, encore une fois, à quelques considérations d'ordre moral proposant d'injecter dans le système une petite dose de morale, de vertu, de justice :

« Le monde entier éprouve aujourd'hui le besoin d'un système économique plus juste, plus transparent, plus moral [...]. La crise d'aujourd'hui est, en fait, celle des valeurs. Le paradigme dominant fondé sur la recherche avide du profit ignore les valeurs morales humaines et sociétales. L'érosion des valeurs, le matérialisme excessif, le déséquilibre des rapports entre la nature, la société et la religion en sont responsables. Le monde a besoin, sans conteste possible, d'un nouveau modèle économique. La formulation d'une économie de marché plus juste, plus respectueuse de l'homme, de la société, de la nature et des valeurs morales est pressante [382]. » Car faut-il encore rappeler « qu'il ne peut être question de développement sans ses dimensions spirituelle, sociale et culturelle [383] ». D'où l'importance des valeurs qui « devraient être au centre de notre nouvelle approche économique [384] ».

Cette volonté de moraliser le système en y injectant des valeurs spirituelles (autrement dit religieuses) est celle qui anime les travaux de l'UTESAV (*Uluslararası Teknolojik Ekonomik ve Sosyal Araştırmalar Vakfı* [Fondation pour la recherche technologique, économique et sociale]), un *think tank* proche de la MÜSİAD. Dans son introduction à l'ouvrage qui réunit les actes du colloque intitulé « Le développement économique et les valeurs [385] » (colloque organisé par l'UTESAV) Recep Şentürk, professeur à l'université de Fatih (de sensibilité religieuse, Istanbul), qui a dirigé ledit ouvrage, résume parfaitement le projet (ou modèle) islamisant/moralisant de développement, tel qu'il est poursuivi en Turquie par l'islam politique modéré :

« Nous avons abordé ici [dans le colloque] un problème non pas académique, mais réel [problématiques académiques supposées non réelles !]. Le développement économique semble être le seul objectif poursuivi en Turquie. Il y a un consensus là-dessus. Mais comment se développera-t-on ? Comment se passera-t-il, ce processus de développement ? Ce sont des questions importantes. Ce qu'on a fait dans le cadre de ce colloque, ce n'est qu'un rappel. On ne saurait sacrifier les valeurs au profit du développement économique. Celles-ci ne sont aucunement un boulet mais un atout [...]. Lorsqu'on se tourne vers l'histoire de l'humanité, on remarque trois étapes ou modèles de développement. Durant la période traditionnelle, on observe que la morale et l'économique sont entremêlés. La morale guide les comportements économiques. Or un fossé se creuse très rapidement entre la morale, la religion et l'économique à l'époque moderne. C'est ce qu'on appelle la sécularisation. La recherche du profit devient l'objectif principal. On considère que la morale et la religion empêchent la maximisation du profit. Les valeurs sont jugées irrationnelles. Mais, bien que ce modèle assure, à court terme, des profits considérables aux capitalistes, il menace, à long terme, l'avenir de l'humanité, en détruisant le tissu social, la nature, l'espace. La nécessité de penser différemment le développement économique au prisme des valeurs devient ainsi urgente, ce qui correspond à la troisième étape. C'est là qu'on constate la faillite de l'Occident. Car ceux qui profitent du système ne sauraient le réformer. C'est à la civilisation musulmane, aux musulmans qu'incombe cette tâche de redéfinir les comportements économiques à l'aune de nos valeurs [côté « prétentieux » qui revient souvent dans cette représentation, comme on le verra ultérieurement]. Car nous, on ne profite pas du système. [Ne bénéficient donc pas du système les sociétés dites musulmanes marquées par une fulgurante expansion économique ces dernières années au point qu'on évoque aujourd'hui le changement de main du capital en Turquie ?] *Secundo*, nos valeurs tiennent solidement debout, du moins dans le domaine individuel. [la République « athée » est censée les avoir exclues du domaine public] Ce qu'il nous reste à faire, c'est alors d'ouvrir le domaine économique au règne de ces valeurs [386]. »

Ce qu'il serait intéressant de noter ici, c'est que les valeurs « morales » ou « spirituelles » ainsi injectées au système sont aussi supposées bénéfiques, à leur tour, à la performance économique ; un patron juste, rémunérant le travail de son employé à sa juste valeur, contribue à l'établissement de l'ordre juste, et par là, à la bonne marche des affaires : « le respect des valeurs morales dans chaque domaine de la vie sociale constituerait la condition *sine qua non* d'une croissance durable et soutenable [387]. » Ou sous la plume d'Ali Seyyar, professeur en économie du travail à l'université de Sakarya :

« Je suis d'avis que la principale faiblesse des modèles socio-économiques fondés sur le capitalisme proviendrait principalement de leur incapacité à intégrer la morale et le spirituel au système. Or les travaux de Max Weber ainsi que les recherches ultérieures confirment l'impact positif de la morale sociale sur le développement économique. La morale sociale, au sens large, renforçant le sentiment de responsabilité, de solidarité, ainsi que l'éthique du travail, au sens restreint, sont des facteurs qui réduisent les coûts sociaux de manière générale et les coûts de production, de manière spécifique. Les pays où les coûts sociaux sont peu élevés sont précisément ceux marqués par des valeurs sociales telles que l'abnégation, l'honnêteté, la fraternité ou la solidarité [388]. L'érosion des valeurs affecte donc non seulement la société, mais empêche aussi le développement économique [389]. »

L'écart de développement entre la Turquie et les pays développés peut dès lors être expliqué par le non-respect des valeurs traditionnelles, ce qui reviendrait à incriminer, de nouveau, indirectement le régime républicain, « coupé » du peuple et peu « respectueux » de ses coutumes et traditions. C'est ce qu'affirme notre maître de conférences en économie, précédemment cité :

« Les valeurs, visions du monde sont extrêmement importantes du point de vue du développement économique. Par exemple, pendant longtemps, le paysan anatolien a très rarement recouru aux prêts ou crédits bancaires pour la simple raison que l'intérêt est banni par l'islam. Mais vous, vous devriez faire participer tout le monde au jeu [économique]. Vous devriez donc connaître la mentalité des gens auxquels vous vous adressez. Vous devriez tenir compte de leurs valeurs. On a longtemps ignoré ça en Turquie. Les considérations religieuses n'ont pas été prises en compte. Ça a contribué grandement, à mon sens, à l'augmentation de l'écart avec l'Occident [390]. »

La sensibilité morale, religieuse peut aussi rapporter, à l'instar des projets dits de responsabilité sociale, qui ne sont certes pas spécifiques aux entreprises musulmanes, mais :

« Une différence majeure philosophique les distingue de leurs homologues occidentales. Les entreprises turques, notamment celles administrées par des dirigeants pieux, s'impliquent dans des projets de responsabilité sociale en raison principalement de leurs propres valeurs et croyances. En partant du principe que servir le peuple revient à servir Dieu, elles sont motivées par l'idée de rendre à la nation ce qui lui revient afin de s'attirer la bienveillance de Dieu. Bien que les actions engagées dans ce sens n'aient pas de caractère marchand, il arrive que les entreprises en profitent commercialement parlant [391]. »

Un modèle social fondé sur la charité

Cette problématique, en somme classique, de l'homme d'affaires musulman, « juste, généreux et responsable », qui est abondamment traitée par les publications de l'UTESAV [392] précédemment citées, de la MÜSİAD [393], et de l'İGİAD (*İktisadî Girişim ve İş Ahlâkı Derneği* [394]) [Fondation pour l'entrepreneuriat économique et l'éthique du travail], est aussi celle qui rend inutile toute activité syndicale et négociation salariale [395], car les choses sont évaluées, certes, spontanément, « au pif », mais toujours à leur juste valeur. Tout le discours de la bourgeoisie dite musulmane (réunie dans le cadre de la MÜSİAD) sur « la non-centralité » des syndicats (conformément à ses propres intérêts, occultés certes derrière un paravent religieux compact) y trouve son fondement : puisqu'il n'y a plus de luttes sociales, car le principe de justesse guide tous les rapports sociaux dans une économie musulmane « en permettant à l'ouvrier de s'attacher à son milieu de travail autant qu'à son foyer [396] », il n'y a plus besoin de syndicats, ni de négociations [397].

Le même degré de « toxicité » est aussi observé au sujet du système de sécurité sociale [398]. La solidarité religieuse qui est censée s'exprimer à travers la *zakat* [399] rend complètement inutile tout effort d'instauration d'un système universel de sécurité sociale, soit parce que la question « sociale » ne se pose tout simplement pas dans une économie musulmane fondée sur les principes de justesse, soit parce que la solidarité religieuse est suffisamment forte pour repêcher les (rares) éventuels naufragés. Dans ce dernier cas, les politiques publiques de redistribution, sécurité sociale ou « lutte contre la pauvreté », s'effacent au profit des œuvres caritatives des croyants où sont censées justement s'exprimer la générosité et la solidarité musulmanes [400]. Le responsable d'une ONG à sensibilité religieuse élevée (*Dost Eli :* la main de l'ami) y voit même ce qui peut guider à l'avenir les politiques sociales de l'État : « À travers sa propre expérience, l'ONG *Dost Eli* a montré le chemin à suivre en vue de l'établissement d'un véritable État social [401]. » Un responsable de la Confédération des syndicats ouvriers de Hak-İş (de sensibilité religieuse) ne disait pas autre chose, lorsqu'il évoquait « la nécessité d'un modèle social spécifique à la Turquie fondé sur les valeurs du peuple [402] » [ce qui veut dire la charité].

Un autre responsable syndicaliste, marqué à gauche cette fois, (de la Confédération Türk-iş) nous propose une analyse d'une grande clarté quant aux rapports entre le grand capital stambouliote (TÜSİAD), l'AKP (pourtant censé être opposé au premier) et le pseudo-modèle social se voulant respectueux des valeurs populaires :

« Il existe un très fort point d'accord entre l'AKP et le grand capital quant au désengagement de l'État des politiques sociales et à leur transfert au local, au domaine des œuvres et associations caritatives. Le grand capital conçoit en fait l'AKP comme une soupape de sécurité qui empêche que ça explose complètement sous l'effet d'un exode rural déstabilisateur. Du coup, une politique sociale à l'américaine fondée sur l'action bienveillante des associations, menée au nom de la solidarité religieuse, donne bonne conscience vis-à-vis des perdants, pauvres, exclus, tout en permettant l'accumulation du capital sans qu'elle soit gênée par le poids des dépenses publiques sociales [403]. »

Ce très fort point d'accord entre les visions « musulmane » et libérale des politiques sociales est parfaitement illustré par un article, intitulé « Notre conception de l'État social à la lumière de nos valeurs », de Recep Şentürk [404] : « L'État social a de profondes racines dans notre tradition. On en rencontre déjà la version primaire au VIIe siècle [...]. À l'époque ottomane, les prestations en éducation et en santé étaient proposées et prises en charge par des fondations [*vakıf* en turc] qui étaient des acteurs éminents de la société civile [manipulation politique bénéficiant du flou des concepts : – que signifiait la « société civile » à l'époque ottomane, au XIIIe siècle, au XVIe siècle ou encore au XIXe siècle ? – et cherchant à établir une filiation historique entre les acteurs de la « société civile » de l'époque ottomane et d'aujourd'hui à savoir les représentants de l'islam politique]. C'étaient les fondations elles-mêmes qui déterminaient leur propre budget et leurs domaines d'activités sans ingérence quelconque de la part de l'État. Celui-ci n'intervenait que pour exercer sa fonction de contrôle afin d'éviter les éventuels abus [l'idée de l'État régulateur se dessine peu à peu] [...]. C'est grâce à ces mécanismes évoqués [la *zakat,* le système de *vakıf* [405]] que le transfert de la richesse du haut vers le bas se réalisait. Ceci empêchait la concentration de la richesse dans les mains de quelques-uns et permettait la réalisation des œuvres sociales au profit de la société tout entière [...]. Le fait que ces prestations sociales étaient entièrement prises en charge par la société civile allégeait grandement le fardeau budgétaire de l'État. Or on connaît aujourd'hui le poids budgétaire de l'éducation et de la santé pour un État moderne. C'est ainsi que l'État ottoman fondé sur les principes islamiques faisait supporter à la société le coût des prestations en santé et en éducation sans qu'il y consacre des sommes importantes [...]. Les États-Unis mènent aujourd'hui une politique dans ce sens et privilégient que les prestations sociales soient prises en charge, dans la mesure du possible, par l'intermédiaire des acteurs de la société civile [406]. » [le mot est enfin lâché.]

S'ensuit alors toute une rhétorique sur le caractère autoritaire de l'État républicain à ses débuts (euphémisme pour ne pas s'en prendre directement au personnage d'Atatürk) qui, à l'instar des régimes socialistes, a muselé la société civile et empêché ses solidarités religieuses de s'exprimer [407]. Mais le temps étant révolu et la volonté de la nation, de la société tout entière, étant aujourd'hui enfin souveraine, notre traditionnel système de sécurité fondé sur nos valeurs authentiques peut retrouver un nouveau souffle et même constituer, à en croire un autre tenant de l'approche, une alternative sérieuse au système de sécurité sociale défaillant de l'Occident :

« La *zakat* constitue une puissante soupape dans une économie musulmane contre la concentration de la richesse dans les mains de quelques-uns. Elle permet l'extension de la richesse et de la propriété en répartissant le revenu. En tant qu'impôt sur la richesse, la *zakat* assure le transfert des revenus des plus riches aux plus nécessiteux. De nouvelles approches sur la comptabilité publique comme celle de l'impôt négatif sur le revenu prouvent que l'Occident découvre enfin par tâtonnement l'efficacité du système de la *zakat* [408]. »

Le mythe ottoman

Une certaine surestimation de soi est perceptible à travers ce témoignage, attitude ne manquant pas de souligner, à chaque occasion, de manière arrogante et dédaigneuse par ailleurs, la supériorité de « notre civilisation », de la « civilisation musulmane » : « Les politiques sociales se fonderaient, en dernière instance, sur l'esprit de solidarité. Celui-ci profondément ancré dans notre tradition turco-musulmane, et qui trouve déjà sa pleine réalisation dans le rapport immédiat avec le voisin le plus proche [409] ne s'institutionnalise en Europe qu'à la suite de la révolution industrielle [410]. » Nihat Alayoğlu, secrétaire général de la MÜSİAD, l'exprime de son côté, de manière encore plus ethnocentriste :

« Il faut admettre que puisqu'on n'est plus conscient de la bonté de nos propres traditions, vieilles de plusieurs siècles, les concepts ou modèles qui sont, originellement, issus de notre culture nous sont reproposés sous d'autres enveloppes alléchantes [...]. Il est vrai aussi qu'on n'est pas très bon pour l'aspect marketing des choses. On n'est pas doué pour conceptualiser et commercialiser nos façons de faire, de penser, chose que l'Occident sait parfaitement faire. Sinon des valeurs telles que l'entraide, la solidarité, le partage ou l'aide aux nécessiteux existent chez nous depuis la nuit des temps [411]. »

L'expérience ottomane qui a longtemps « illustré » cette supériorité culturelle nous fournit, dès lors, tous les renseignements nécessaires pour la construction d'un « monde meilleur » : un procédé extrêmement banal chez les acteurs de l'islam politique qui érigent systématiquement le passé ottoman en un exemple sans faute pour n'importe quel sujet, ici encore une fois pour les politiques sociales et encore une fois à travers l'exemple des *vakıf* [fondations] :

« Les valeurs sur lesquelles est bâtie notre civilisation nous fournissent toutes les clés nécessaires pour penser notre future conception des politiques sociales. La culture de solidarité profondément ancrée dans notre civilisation est suffisamment riche pour influer notre conception moderne de l'État social. À l'époque ottomane, mise à part l'activité militaire, la quasi-totalité des services publics était prise en charge par les fondations. Ce qui a eu pour conséquence de développer l'idée de responsabilité et de solidarité dans notre société. C'est pourquoi nous avons aujourd'hui la mission historique de proposer de nouvelles approches alimentées par cette richesse civilisationnelle [412]. »

Mais il ne faudrait perdre de vue ici les intérêts engagés dans ces propos d'apparence anodine ; un désengagement progressif de l'État dans les domaines de l'éducation ou de la santé, par exemple, comme souhaité ci-dessus par le président de la MÜSİAD, au profit des acteurs dits de la « société civile », processus justifié par ailleurs par le processus d'adhésion à l'UE au nom de la démocratisation, se traduit, dans la majorité des cas, par le renforcement des réseaux clientélistes de l'islam politique. D'où le recours permanent des acteurs de l'islam politique à des notions telles que la société civile, la décentralisation ou la gouvernance.

Un effet d'annonce permanent

Cet alignement quasi complet sur le modèle dominant de développement, en lui apportant toutefois quelques corrections d'ordre moral, est particulièrement visible à la lecture de la littérature qui s'y rattache [413], en risquant même de susciter de la frustration, voire de la déception, au lecteur, s'attendant, à tort ou à raison, à y trouver une réflexion plus poussée, comme celle soulignée par Michel Jobert :

« Selon l'islam, le progrès ne peut être le résultat d'une « fatalité historique » ; ni l'évolution des sociétés, ressortir entièrement au prévu ou au prévisible. Quant aux avantages que l'homme paraît retirer de l'évolution, ils ne sont acceptés que sous bénéfice d'inventaire, le progrès humain n'ayant rien d'inéluctable, sans intervention divine. L'islam répugne donc aux conceptions linéaires de l'Histoire. Les notions de sociétés « avancées », « moins avancées », « primitives » et « modernes » n'appartiennent pas à son univers conceptuel. Par là, s'éclaire l'attitude ambivalente des Musulmans à l'égard des écoles de pensée évolutionnistes ou historicistes, instruments d'analyse des faits sociaux mais non doctrines dont on puisse tirer une éthique [414]. »

C'est pourtant bien d'une doctrine que semble tirer ses raisonnements le texte ci-dessous de la MÜSİAD où tout le vocabulaire habituellement mobilisé pour penser le développement et ses finalités (celui qu'on a longuement analysé dans la section précédente) se trouve repris à l'identique au point que le texte aurait pu être très bien rédigé par un expert de la TÜSİAD, alors qu'on dit pourtant que tout les oppose et que le secrétaire général de la MÜSİAD, Nihat Alayoğlu, affirme qu'une vision réduisant l'homme à un simple consommateur (le capitalisme) ne saurait être compatible avec celle considérant que « servir le peuple revient à servir Dieu [415] » ; les intérêts de classe l'emportant, sans-doute, sur des considérations proprement politiques :

« La mondialisation, l'entrée du capital étranger et le développement sont des notions inséparables pour la Turquie [le développement exclusivement pensé au sens économique] [...]. C'est l'homme et l'ordre écologique et cosmique qui sont visés par le développement [416] [ces phrases molles, ces lieux communs qui ne veulent pas dire grand-chose ; cosmique est entendu au sens spirituel, religieux, euphémisme pour ne pas dire l'ordre créé par Dieu] [...]. Afin de réduire l'écart de développement avec les pays industriels (*catch up*) et de se conformer aux standards de l'UE (*convergence*), l'apport du capital étranger s'avère décisif [économisme manifeste, comme les idées exprimées laissent à le penser, il s'agit d'une bourgeoisie s'engageant pleinement dans des affaires avec le capital étranger] [...] Il est évident que seuls les pays à risque peu élevé des points de vue politique et économique, jouissant de gouvernements stables, pouvant garantir les droits de propriété, non affectés par le fléau de corruption, disposant d'une bureaucratie efficace et productive ainsi que d'un système judiciaire impartial, peuvent se permettre d'attirer le capital étranger et de le mobiliser au service d'une stratégie globale de développement [économisme manifeste, facteurs – d'ordre politique ou institutionnel – qui ne sont pris en considération qu'au regard de leur impact sur l'attractivité du pays pour les investisseurs étrangers] [...]. *Secundo*, il est impératif que la Turquie continue ses négociations d'adhésion avec l'UE et entame sa deuxième génération des réformes afin de consolider ses politiques d'institutionnalisation [*chorba* conceptuelle, à noter aussi le langage des réformes et la rhétorique de l'ancre, évoqués dans la section précédente] [...]. Puisqu'il est impossible que la Turquie soit bonne dans tous les secteurs d'activité, elle devrait en sélectionner quelques-uns et s'atteler à être la meilleure dans ces domaines ciblés [théorie des avantages comparatifs dans sa version la plus classique]. Enfin, au fur et à mesure que l'État se désengage de l'économie, il devrait réorienter ses investissements dans le domaine social, l'infrastructure, l'éducation ou le capital humain »[417]. [en phase complète avec les tendances actuelles, cf. la section précédente]

Mais tout cela étant rendu conditionné, bien sûr (on aurait dû s'y attendre), à la formulation d'une stratégie globale pour l'innovation, pour le passage à l'économie de la connaissance :

« La réussite de la Turquie à la fois dans le domaine du commerce et de la transformation industrielle dépend grandement de sa capacité à mettre en place un système fondé sur la connaissance et l'innovation [...] Après tant d'années perdues, la Turquie devrait enfin passer le cap dans les domaines de l'éducation et de la technologie [économisme, la phrase « tant d'années perdues » renvoie, en réalité, à la décennie dite perdue des années quatre-vingt-dix, une décennie marquée par une plus grande instabilité politique. Ce qui revient à souligner la prédominance des préoccupations économiques par rapport à la politique] [...]. Le système éducatif devrait être compatible avec les exigences du marché du travail et devrait, *in fine*, répondre aux besoins sectoriels [418]. »

La rhétorique désormais classique sur la « troisième » voie qui ne serait ni capitaliste, ni socialiste, mais musulmane [*islâm iktisadı* [419]] serait aussi significative du point de vue de l'alignement de l'islam politique sur la conception dominante du développement. Il s'agirait en réalité d'une vraie fausse voie où le néolibéralisme serait tout simplement et très légèrement vêtu d'une sensibilité/identité islamique :

« Tandis que le capitalisme prend comme point de départ « la liberté » et le socialisme « la légalité », l'islam met au premier plan le principe de « justice » [un vrai faux débat sous forme d'une dissertation scolastique] [...]. La puissance de l'État est corrélée avec la prospérité et la richesse du peuple. Bien qu'il investisse l'État de larges fonctions, Ibn Khaldoun s'oppose à ce que la puissance publique s'occupe activement et directement des activités du commerce et de l'agriculture. D'après le penseur, l'État devrait uniquement remplir ses fonctions de contrôle, de régulation, et de réglementation. La plupart des penseurs de l'Islam sont du même avis [ainsi est justifié, légitimé, historiquement et incontestablement, le rôle régulateur de l'État néolibéral] [...] ; la composante humaine, notamment l'entrepreneuriat, joue un rôle extrêmement important dans le développement économique. Le développement [entendu au sens économique] dépend de la mobilisation des ressources par l'initiative du secteur privé et du concours de l'État en termes de règlements incitatifs. Mais le fait de considérer sans limite les libertés économiques entraîne des conséquences néfastes. Les monopoles et oligopoles prennent forme et dénaturent le marché en raison de la marge de manœuvre réduite de l'État […]. D'un autre côté, en rejetant l'initiative privée et en faisant dépendre tout de l'État, le système socialiste, contraire à la nature humaine, a aussi échoué [c'est à l'auteur de nous dire maintenant la formule gagnante]. Malgré la diversité des sociétés musulmanes, l'islam protège et encourage la liberté d'entreprendre. Mais l'esprit d'entrepreneuriat, indispensable pour le développement économique, n'est pas transportable, ni importable. Dès lors, il est indispensable que les fonctions économiques de l'État soient redéfinies, notamment celles relevant du système éducatif, de manière à former des entrepreneurs musulmans [420]. » [Finalement une impression d'effet d'annonce domine, car ce qui nous est proposé comme troisième voie, est un système qui ne se distinguerait que par la présence des entrepreneurs musulmans, encore une fois justes et généreux.]

Ce sentiment d'effet d'annonce (et puis plus rien), on l'éprouvera, plus d'une fois, comme à l'occasion de la lecture de l'article d'un certain İbrahim Öztürk, maître de conférences en économie à l'université de Marmara (Istanbul) qui nous propose ici, de façon très présomptueuse par ailleurs, une « nouvelle philosophie » pour le système mondial en agonie. Voici comment procéder face à la crise de 2008 qui a montré les limites du capitalisme « triomphant » :

« 1. Il faudrait redéfinir immédiatement l'économie comme étant l'art de subvenir aux besoins limités de l'homme en mobilisant, avec efficacité et justesse, des ressources données par Dieu. 2. Il faudrait mettre au centre de nos préoccupations non pas les pulsions bestiales mais les besoins humains […]. 3. Nous n'avons pas hérité la nature de nos parents. Elle nous a été confiée par Dieu pour qu'on la transmette aux générations futures […]. 4. L'intérêt, en dissociant la monnaie du système productif, a entraîné l'hégémonie écrasante du capital financier […]. La monnaie devrait être, de nouveau, au service de la production […]. Seule la finance islamique, c'est-à-dire un système bancaire sans intérêts, peut le permettre […]. Seules les solutions déjà éprouvées, vieilles de plusieurs siècles, et qui s'appuient sur des expériences solidement fondées, peuvent permettre de surmonter la crise. Cette terre [l'Anatolie] avec sa philosophie de la paix, du vivre ensemble, est capable de proposer une telle vision alternative [421]. »

Une rentrée quasi complète dans le rang libéral

Intégralement et résolument tourné vers le système capitaliste et sa version la plus débridée (ultralibérale) qu'il souhaite certes « moraliser », mais qu'il ne rejette absolument plus, comme ce fut le cas des courants religieux plus « traditionalistes » ou « radicaux », « l'islam modéré » se contente en quelque sorte du service minimum : après avoir pris à son compte la quasi-totalité des politiques néolibérales supposées « apporter du développement » et avoir remis le pays sur « les rails de l'adhésion européenne », génératrice, elle aussi, de développement, il ne tente de se distinguer [422] qu'au niveau individuel, familial. Pour ce chroniqueur chevronné du quotidien économique *Dünya* que nous avons interviewé, il s'agit là d'une des principales lignes de clivage internes de l'islam politique, l'islam dit modéré et islam radical en Turquie :

« Toute la différence est là : entre une conception du développement exclusivement axée sur la croissance que l'AKP fait sienne et un projet industrialisant, certes réinterprété à l'aune des valeurs religieuses, que défendait la ligne traditionnelle de *milli görüş* [vision nationale, appellation du mouvement politique fondé, dans les années soixante-dix, par Necmettin Erbakan, représentant l'islam politique traditionnel]. Ce qui explique l'enthousiasme avec lequel l'AKP s'est intégré au système [capitaliste]. Ce sont des gens qui ne jurent que par la croissance [423]. »

Finis donc les ambitieux projets politiques de développement exprimés par l'islam politique d'antan, place à une religiosité réduite à l'élévation morale (synonyme de développement moral) insufflée à la société tout entière à partir de l'individu, du croyant, de la famille et surtout de l'homme d'affaires musulman. İsrafil Kurulay, président de la Fondation UTESAV, *think tank* déjà évoqué proche de la MÜSİAD, exprime ainsi ce projet de « moralisation de l'économicité [424] » :

« Il existe une tension, une contradiction entre le monde dans lequel on vit et celui dont on rêve. Puisqu'on n'a pas pu inventer des institutions qui soient à la hauteur d'une grande civilisation comme la nôtre [aspect arrogant déjà évoqué de la représentation considérée], les institutions et valeurs de la civilisation occidentale ont comblé le vide. Le mode de vie occidental est aussi devenu le nôtre depuis 200 ans. On a relégué au second plan nos propres valeurs nationales et spirituelles. Nous, les hommes d'affaires, sommes régulièrement confrontés à de nombreux problèmes auxquels on devrait apporter une solution. Les décisions prises, bien que bonnes du point de vue de la logique du système, sont-elles aussi justes eu égard à nos valeurs ? [...]. Nous considérons que si on arrive à corriger l'homme, on peut corriger la société tout entière. Si on arrive à corriger les échanges, on peut corriger la vie économique tout entière [...]

C'est pourquoi les responsabilités de l'homme d'affaires ne s'arrêtent pas aux limites de la production et de la vente. Il faudrait, bien entendu, produire et consommer ce qui est permis, autorisé [*halal* dans le texte] par des voies autorisées, permises [*halal* dans le texte]. Mais dans tous ces processus de production et de consommation, l'homme d'affaires devrait servir d'exemple pour la société tout entière [425]. »

Insuffler un peu de vertu, de morale, à ce système fondamentalement immoral à travers l'action bienfaisante de l'homme d'affaires : c'est bien peu de chose, certes, mais particulièrement significatif du point de vue du stade atteint par l'islam politique [426] dans son évolution au cours de laquelle les divergences majeures l'opposant au « système » ou ses principaux points d'accrochage avec « l'orthodoxie politique » s'effritent progressivement, sans disparaître complètement, sur la base (ou sous l'effet) d'un accord tacite conclu avec l'*establishment* politique et économique sur la prédominance du marché et de ses vertus (le projet européen relève aussi, en partie, de cette dynamique). Dès lors tous les moyens sont bons pour illustrer cette « prédisposition » de l'islam au libre marché, aux affaires, au commerce ou à l'entrepreneuriat :

« L'histoire de l'économie de marché peut être lue comme celle de l'entrepreneur. Celui-ci constitue l'élément central du marché [...]. Certes, des modèles de substitution contraires à l'esprit du marché, comme ceux de la planification [entendue au sens de collectivisation] et du fascisme, ont été, par moments, expérimentés. Mais ils ont tous disparu après avoir entraîné un important gaspillage des ressources [...]. Le prophète de l'islam et son épouse étaient eux-mêmes des entrepreneurs. En disant, d'une part, que « c'est le négoce libre sur le marché qui détermine les prix », le prophète indiquait le modèle de marché libre, mais, en veillant, d'autre part, aux mécanismes régulateurs, il soulignait que le marché est un espace de régulation beaucoup trop important pour être laissé aux seules forces du marché [427]. »

Donc, en clair : toute la logique de post-consensus de Washington, la voici exprimée au VIIe siècle. Mais ce n'est pas fini, le monde musulman est aussi à l'origine de la première expérience de mondialisation : « De l'Andalousie à la Perse en passant par l'Anatolie et l'Asie, l'islam a été diffusé par l'intermédiaire des commerçants. Il est même permis de penser que ce sont les commerçants musulmans qui sont à l'origine de la première expérience de mondialisation dans l'histoire du monde [428]. »

Ce qui infirme, d'après le texte, les thèses de Weber sur le rapport entre le protestantisme puritain et l'esprit du capitalisme [429]. Mais il s'agit encore une fois d'un capitalisme juste, généreux, respectueux des valeurs, de la personne humaine, de la société, de la nature [430] et non d'un capitalisme excessivement matérialiste, avide du profit, théorisé par la théorie néoclassique que la conception musulmane (modérée) du développement se veut refuser, mais dont elle ne manque pas de reprendre, paradoxalement, un peu plus loin, une bonne partie du corpus idéologique. Ainsi, en vue du renforcement de l'esprit d'entrepreneuriat, le rapport pose comme condition : la stabilité macroéconomique ; la concurrence et la bonne gouvernance ; la liberté d'entrée et de sortie sur le marché ; l'équilibre entre le risque et la récompense ; la facilité d'accès au financement ; la flexibilité du marché de travail ; l'ordre institutionnel régulateur ; un régime de fiscalité simple et une charge fiscale peu élevée ne pénalisant pas la production et l'embauche ; la facilité d'accès à la main-d'œuvre qualifiée [431].

Une autre illustration, encore plus éclatante, dans le sens d'une recherche d'éléments susceptibles de légitimer historiquement la prédisposition de l'islam aux affaires est le fait d'un certain Nazif Gürdoğan, professeur en gestion de l'université de Fatih (Istanbul). Dans son rapport intitulé « L'entrepreneuriat et la culture entrepreneuriale », rédigé pour l'İGİAD [432], l'auteur, après avoir réitéré sa foi dans le marché – « le marché constitue le point central d'une vie économique, mais aussi politique et culturelle » ou « une société sans marché se disloquerait comme un État sans autorité » –, souligne l'importance du principe de la libre concurrence :

« Il faut bien saisir le caractère complexe et fragile des mécanismes du marché. Une intervention étatique sur le marché aurait pour conséquence non seulement de déstabiliser sa structure fragile, mais aussi d'occasionner des profits non justifiés. C'est pourquoi Ibn Khaldoun, bien avant Adam Smith, préconisait le renforcement de la concurrence sans aucune entrave. L'économie de marché n'est pas une invention des Occidentaux [433]. » C'est ce marché « sacralisé » qui est censé « casser les trappes à pauvreté [434] ». Dès lors, « maintenir l'économie vivante relève de la responsabilité morale [435] ». L'économie constituerait, *in fine*, « le visage dynamique de la vie [436] ».

Cet économisme manifeste est aussi dénoncé, à son tour, par le même auteur, dans le même ouvrage, confirmant par là même la sensation de « marche turque » (deux pas en avant, un en arrière) que nous avons très fréquemment ressentie dans notre étude de la représentation. Ainsi, après avoir affirmé « pas de développement sans concurrence [437] », l'auteur souligne, dans la même page, que l'approche dissociant l'économie de la morale n'arrive plus à rendre compte convenablement des faits économiques. « *Aujourd'hui plus personne ne soutient la prédominance de l'économie* [souligné par nous]. Les régimes socialistes qui ont exclu les valeurs du domaine économique ont tous échoué [*chorba* conceptuelle dans toute sa splendeur] [438]. »

Cet alignement de l'islam politique modéré sur la modernité marchande, en tentant d'y réintégrer quelques impératifs moraux, mais au prix de nombreuses contradictions quasi insurmontables, peut aussi être lu comme 'aveu d'impuissance d'un islam politique qui n'est plus guère capable d'aborder les grands sujets nationaux sans une lecture résolument « hérétique [439] », mais chargé essentiellement, sur ce dossier du développement, d'assurer le relèvement moral du pays *via* la prise en charge pieuse de l'individu et de la famille [440]. S'il en était ainsi, cet « allégement » de l'islam politique permettrait, à notre sens, de relativiser la portée explicative des théories ou modèles, certes d'un apport non négligeable, mais trop centrés, de notre point de vue, sur les inconciliables dualités supposées de la société turque (Occident/Orient, islam/laïcité, bureaucratie/« société civile », etc.) et qui n'épuisent pas, de toute évidence, l'espace possible des « points de vue » et des problématiques.

Représentation gauchisante

Un sentiment de « déjà-vu » prédomine à l'étude de la conception gauchisante du développement [441]. L'expérience « industrialisante » de la période 1960-1980 (cf. chapitre II-2), malgré ses faiblesses, dysfonctionnements et surtout son caractère de classe [442] semble avoir laissé un très fort goût nostalgique dans les milieux de gauche comme l'illustre par exemple un article de Korkut Boratav [443], volontairement et significativement intitulé *Geçmişe Dönüşü Savunarak İleriye Gitmek* [444] [avancer en luttant pour le retour en arrière]. Il s'agit notamment, pour l'auteur, de lutter pour préserver ou « récupérer » les acquis sociaux des périodes passées (1960-1980) :

« Ce que j'entends par le retour en arrière, c'est la lutte pour la conservation ou la restauration de certaines politiques de la période « populiste » comme celles qui privilégiaient le travail, l'emploi et « l'État social » ou celles qui préservaient l'économie des chocs extérieurs et qui encourageaient l'industrialisation, l'accumulation du capital et le plein-emploi par le biais de la mise en place de plans [445]. » Parfaitement conscient toutefois que le mot « retour » peut choquer dans un monde tourné plus que jamais vers l'avenir, l'auteur suggère que « l'aspect artistique », c'est-à-dire la forme, peut être retravaillé, amélioré en fonction des sensibilités politiques des catégories visées. Il propose lui-même les titres suivants pour « l'aspect artistique des choses » : « passage au socialisme », « aller au-delà du capitalisme », « révolution démocratique », « vers le gouvernement du peuple », « casser l'hégémonie du capital [446] ».

Cet épisode « populiste industrialisant » tant vénéré, qui revient finalement à dire, qu'on nous excuse l'aspect simpliste de l'expression, « qu'est-ce qu'on était bien au bon vieux temps de la substitution aux importations », renseigne sur le premier élément central des conceptions gauchisantes du développement, à savoir l'industrialisation ou plutôt l'accélération de la croissance par le biais de l'industrialisation. Les politiques volontaristes (de la période du développementalisme national : *ulusal kalkınmacılık* [447]) qui vont se mettre en place entre les années soixante et quatre-vingt seront le reflet, comme on l'a vu (chapitre II-2), de cette volonté de croissance des forces productives dont la seule voie possible est celle d'une industrialisation [448]. Le second élément central, en partie lié au premier, est la répartition de la richesse, du revenu ou plutôt son amélioration qui devrait aller de pair avec la croissance des forces productives, ce qui nous ramène à la problématique traditionnelle de la gauche fondée sur la production [*üretim*] et la répartition [*bölüşüm*]. Dès lors, en découle, ici aussi, une conception du développement à deux dimensions : développement assimilé à la croissance accélérée reposant essentiellement sur l'industrialisation et développement synonyme d'une meilleure répartition de la richesse produite, ce qui correspondrait, pour certains, comme on le verra ultérieurement, au développement social (en phase avec les intérêts des classes populaires).

Une conception du développement pas si décapante...

À partir de là, de cette grille de lecture, il apparaît bien évident que la conception « gauchisante » du développement, dans sa version « médiane », ne s'opposerait globalement en rien aux caractéristiques générales de la modernité marchande telles que décrites et reprises aux chapitres précédents :

Le primat de la demande solvable, qui peut devenir le sacro-saint pouvoir d'achat des travailleurs, tant souligné par les syndicats [449] ;

L'économisme, bien réel aussi, à travers notamment une conception mécanique des changements supposés induits par l'usine (on y reviendra ultérieurement) ;

Une croissance indéfinie des quantités produites et consommées, soit exactement l'objectif visé par l'industrialisation et une meilleure répartition du revenu ;

Une tendance à la maximisation indéfinie des échanges, du profit, et à la marchandisation généralisée des valeurs échangées ; pas d'objection *a priori* à condition que les profits générés soient taxés et réinvestis au profit de la société tout entière ;

Les institutions que se donne le système (marchand) sont dès lors ordonnées à cette logique prométhéenne, productiviste et expansionniste : la propriété privée, l'entreprise privée, le marché généralisé, le salariat, la liberté d'entreprendre, la bourse des valeurs, l'État de droit régulateur, etc., autant de changements censés briser, pour la gauche, les structures archaïques de la société traditionnelle, aspect salutaire et révolutionnaire du développement capitaliste, dirait-on.

La définition du développement proposée par Erinç Yeldan, professeur en économie de l'université de Bilkent (Ankara), l'un des personnages influents de la gauche turque, est, de ce point de vue, édifiante, car elle approche grandement du cadre théorique esquissé ci-dessus : « on peut définir le développement comme étant à la fois l'élévation de la qualité de vie et une amélioration de la position [du pays] dans la division internationale du travail, suite à des taux de croissance élevés [450]. » Quelques facteurs s'avèrent déterminants, d'après l'auteur, pour que soit engagée cette dynamique de développement, mais, ici aussi, la « bouillie » causale va de pair avec l'indécision quant aux fins et moyens. Ainsi l'auteur souligne comme indispensables pour la réalisation du développement :

Croissance soutenable (fin ou moyen ?) ;

Changement structurel des modes de production et de consommation (fin ou moyen ?) ;

Progrès technologique (fin ou moyen ?) ;

Modernisations politique et sociale (fin ou moyen ?) ;

Amélioration du bien être (fin ou moyen [451] ?).

L'étude des propositions des syndicats pour la sortie de crise (de 2008-2009) peut aussi être intéressante du point de vue de la reprise, consciente ou inconsciente, du discours dominant de développement par les forces de gauche. Il en va ainsi d'un document de travail de Türk-iş Ò [452], la plus grande confédération syndicale du pays, intitulé « La préservation et le développement de l'emploi [453] ». En vue d'une « élévation des standards de vie » de la Turquie, trois axes d'action sont jugés prioritaires :

— Améliorer l'offre et la qualité de la main-d'œuvre ;

— Augmenter le stock de capital ;

— Améliorer la capacité d'innovation technologique de l'économie [454] [*quid* des thèmes plus traditionnels de la gauche et des syndicats tels la répartition du revenu ou la lutte contre les inégalités ?].

Ces trois propositions, censées être en phase avec les intérêts de la classe ouvrière, mais qui peuvent, paradoxalement, être reprises dans leur totalité sans aucune modification par la Tüsiad (la plus importante organisation patronale du pays), renvoient, d'après les auteurs du texte, au choix de la politique industrielle de la Turquie. « Transformer la crise en opportunité » en dépend grandement. D'où la nécessité des « microréformes de manière à augmenter le potentiel de l'industrie nationale pour créer plus de valeur ajoutée [455] ». On nous répliquera certainement que ce langage, aisément identifiable comme étant celui de la droite (microréformes, innovation, transformer la crise en opportunité), est le fait de la Türk-iş, la confédération la plus importante, mais aussi la plus « molle » en termes d'engagement politique et qu'ailleurs, chez la Disk [456] par exemple, le ton peut être différent, éventuellement plus « agressif ». Pas si sûr ! Lisons ci-après le témoignage de l'une de ses responsables que nous avons interviewée. La définition qu'elle donne du développement est pour le moins « conventionnelle », avec toutefois une petite touche « gauchisante », mais vraiment très légère, au point que son discours peut, lui aussi, être repris par un responsable de la Tüsiad, d'autant qu'il est en parfaite phase avec les sensibilités sociales exprimées par le post-consensus de Washington :

« Le développement est la transformation sociale et culturelle en même temps que le développement économique. Le développement, c'est aller toujours vers mieux. C'est l'amélioration globale des indicateurs socioéconomiques. Ça ne peut pas être réduit à la croissance. C'est un processus complexe et global. Sa dimension sociale, relative à la justice sociale, à la répartition du revenu, aux droits sociaux, est extrêmement importante. Je pense donc à tout cela, à ce processus global qui vise, *in fine*, l'homme et son épanouissement [457]. » L'originalité du discours n'est donc pas là où on l'attendait, mais plutôt dans ces éléments discursifs pour le moins « inhabituels » de la part d'une syndicaliste : « La phase « industrialisation » peut être sautée [à notre question sur les moyens du développement]. Si vous vivez, par exemple, à l'heure de la nanotechnologie, il serait absurde de chercher à s'industrialiser à tout prix. L'étape de l'industrialisation peut donc être brûlée [458]. »

Un réalisme primaire des facteurs

Mais rendons à César ce qui lui appartient, il est vrai qu'ailleurs dans la littérature, on refusera de considérer le « sous-développement » comme un état naturel et là où les théoriciens de la modernisation ne voyaient qu'un retard, on proposera une analyse en termes de blocages [459]. Mais outre cette opposition quant aux origines et aux mécanismes du « sous-développement », il n'y a pas de véritable remise en cause du « développement » en lui-même. Ou mieux, tout se passe comme si on était unanime sur ce qu'est un « bon développement » à la manière d'une définition encyclopédique supposée universelle, mais que l'on divergerait sur les moyens d'arriver au but posé (ce qui rend dès lors inutile tout effort sémantique de compréhension).

L'illustration en est fournie par un article de Fikret Şenses, professeur en économie de l'université ODTÜ (Ankara), intitulé « La mondialisation néolibérale est-elle une opportunité ou un obstacle pour le développement ? [460] » :

« Il est communément admis que la notion de développement, bien que changeante à travers le temps, est *unanimement* définie *aujourd'hui* [c'est nous qui soulignons, un concept qui n'évolue donc plus, parce qu'il n'y a plus rien à dire [461]] comme un processus réunissant en son sein des composantes telles que la croissance auto-entretenue [un nouveau qualitatif de plus ?], le changement structurel du mode de production [industrialisation], l'avancée technologique, les modernisations politique et sociale, l'amélioration des conditions de vie [462]. » [tout ceci correspondant en réalité à la dualité traditionnelle présumée entre la société dite traditionnelle et la société moderne, évolution linaire supposée irréversible à partir de la première vers la seconde, encore une fois dans une « *chorba* causale » où on ne sait plus trop qui détermine quoi]. Mais il n'en va pas de même, d'après l'auteur, pour le concept de mondialisation qui n'a pas atteint la « maturité conceptuelle » de la notion de développement : « Contrairement au concept de développement, la notion de mondialisation n'a pas le même niveau de maturité conceptuelle et sa définition ne fait pas l'unanimité [463]. » Puisque les choses ne font plus de doute et que les sens de ce qu'est le développement sont de notoriété publique, on ne peut construire « l'objet développement » qu'en termes de facteurs favorisant ou entravant sa pleine réalisation. C'est cette problématique, commune à la majorité des travaux s'inscrivant dans une lecture gauchisante des thématiques de développement, qui constituera le fil conducteur de l'article de Fikret Şenses dont le titre donne déjà la couleur (« La mondialisation néolibérale est-elle une opportunité ou un obstacle pour le développement ? ») :

« L'objectif de cette étude est de discuter des opportunités et des obstacles se présentant pour le développement dans le contexte de la mondialisation. Il sera soutenu que les politiques économiques néolibérales accompagnant le processus de mondialisation constituent des obstacles plutôt que des opportunités pour le développement [464]. »

Mais ce qui sera surtout dénoncé, ou plutôt déploré, sous le couvert de l'obstacle au développement, ce sera, encore une fois comme la majorité des travaux portant la même sensibilité gauchisante, la mise au second plan, voire la disparition pure et simple, de l'objectif industrialisant sous l'effet de la mondialisation [465] : « L'impact le plus important de la mondialisation néolibérale sur les pays sous-développés est la mise au second plan de l'objectif de l'industrialisation [466]. » Dès lors il serait évident que « la mondialisation néolibérale entre en contradiction, presque sur tous les plans, avec les objectifs assignés au développement [lesquels ? Sans doute celui de l'industrialisation ? Celle-ci est un objectif en soi ? On ne sait pas !]. Un autre objectif assigné au développement, celui de la croissance [objectif ou moyen ?], est rendu dépendant d'instables mouvements de capitaux étrangers d'un pays à l'autre tandis que l'éventualité de transformer la structure productive au profit de l'industrie devient de plus en plus improbable [467]. » Ce qui rend, au final, impossible le renouvellement des expériences d'industrialisation tardive (et donc de développement réussi) du Japon et de la Corée du Sud (celle-ci, référence absolue de réussite – de développement – en Turquie, à gauche comme à droite [468]).

Une construction de l'objet défaillante

Cette façon de construire l'objet, sans réfléchir aux mots qui permettent de le construire, tout en centrant l'analyse sur les éléments centrifuges (facteurs de... Ou obstacles à...), dans un cadre qui demeure remarquablement performatif (le développement c'est... ça, ce n'est pas... le développement devrait [469]...), est, à notre sens, une des caractéristiques majeures de la représentation étudiée ici, sans qu'elle en ait, bien sûr, l'exclusivité. Cet aspect (construction conceptuelle de l'objet) est par ailleurs secondaire, jugé éventuellement trop « mouvant », trop « subjectif », comparé au « réalisme » des variables « indépendantes ». Là on est dans du vrai, du concret. Korkut Boratav, lui-même, ne qualifiait-il pas « d'artistique », donc secondaire, cet aspect conceptuel des choses (voir plus haut) ? C'est peut-être pourquoi Fikret Şenses, dans son livre intitulé *Économie du développement : son apogée, son déclin*, précisait, en note de bas de page (donc de manière secondaire), que « les appellations telles que pays développés, pays industriels et pays de l'OCDE allaient être employées de façon interchangeable [470] ».

En raison d'une construction conceptuelle, pour la plupart du temps, « défaillante », les présupposés consubstantiels au concept sont tout simplement repris, reproduits, souvent inconsciemment par ailleurs. Ainsi, même lorsqu'on refuse l'analyse du retard, on en vient à un classement entre les sociétés, la société industrielle étant considérée comme la plus avancée. Il en va de même pour les mesures de développement telles le niveau du PIB, l'accumulation de capital, le progrès technique, la compétitivité... autant de critères, repris globalement par les conceptions gauchisantes sans trop d'objections, mais qui ne mesurent en réalité que la pénétration d'un mode de vie axé sur la modernité marchande. En retard ou à la périphérie, les pays du « Sud » restent donc définis par rapport à l'Occident « développé ». La linéarité du processus n'est pas supprimée. La métaphore de la course ainsi que l'idée d'écart sont maintenues. Ainsi, à notre question de savoir si l'écart peut ou non se réduire entre la Turquie et les pays développés, la quasi-totalité des enquêtés (de gauche [471]) ont répondu, à l'exception d'un seul, par l'affirmative, pratiquement aucun n'ayant affirmé par exemple que le « système mondial » ou la « dépendance » interdirait toute possibilité de développement. Le témoignage ci-après relève alors de l'exception :

« Les mesures [du développement] valent ce que vaut votre définition [du développement]. La propriété de ces termes [de développement, de mondialisation, de gouvernance, etc.] ne nous appartient pas. On ne fait que les puiser dans la littérature existante et pour les ajuster à notre propre réalité, on ne cesse de mettre des « mais » lors de leur usage. Car ce sont des notions imposées, qui nous sont étrangères. Le développement en fait partie. De plus, comme il n'y a pas de riche sans pauvre, le développement de l'un dépend du sous-développement de l'autre [472]. »

Le développement synonyme de socialisation des fruits de la croissance

Globalement, une forme de cohérence avec les représentations néolibérales du développement, étudiées dans le chapitre III-1, est donc observable, ce qui ne fait que renforcer la logique énoncée : le développement perçu comme étant synonyme d'expansion de la modernité marchande, avec toutefois, sensibilité gauchisante oblige, un partage différent, plus équitable, des richesses créées. Ce bureaucrate/expert du DPT le résume assez bien :

« Le développement, c'est d'aller mieux aujourd'hui qu'hier. Quelle est votre part dans l'économie mondiale et comment vous répartissez cette richesse créée entre les régions et les classes sociales ? Toute la question est là. Il faudrait, dans un premier temps, agrandir le gâteau pour mieux partager ensuite [cette métaphore de gâteau tellement évoquée]. C'est-à-dire, plus de savons, plus de papier pour tout le monde [...] Autrement dit, pour moi un pays développé est celui qui produit plus et qui répartit mieux entre les régions et les classes sociales [473]. »

Ce qui réhabilite, au final, l'État dans son rôle d'incarnation de l'intelligence collective et le DPT dans son rôle d'instance régulatrice, réglementatrice. De ce point de vue, le témoignage suivant peut aussi être lu comme un discours de lutte où sont réaffirmés, en filigrane, les intérêts d'un corps bureaucratique (fonctionnaires/experts/planificateurs) en chute libre :

« Dans les années quatre-vingt, en Turquie, on a vendu notre âme au paradigme néolibéral. On a cru que les choses laissées à elles-mêmes allaient marcher mieux. On a perçu le libéralisme comme un enrichissement à outrance. Du fait d'une barbarie qui nous est bien spécifique [en turc, *bize özgü bir barbarlıkla*], on a mal compris le libéralisme, sa culture, ses valeurs [honte de soi, observable à la fois à gauche et à droite, à recouper avec les témoignages du chapitre III-1] [...]. On n'a jamais discuté de ce qu'est le développement, ses institutions, ses mécanismes. Or le marché est trop important pour être laissé aux ayatollahs du marché. Ce qui m'importe, ce n'est pas tant la propriété, mais plutôt les règles et leur respect. Le fétichisme du marché a atteint un tel niveau que lorsqu'on évoque le mot « public », on se fait presque tabasser. Par exemple, moi, je suis gêné de dire, notamment au FMI, à l'OCDE ou à la Banque mondiale, que je travaille au DPT. Ça sonne trop soviétique [474]. » [Planification étatique]

Ce projet de modernité marchande à visage humain, conformément aux intérêts des travailleurs, notre syndicaliste interviewé (Türk-iş) le qualifie de « socialisation des fruits de la croissance » :

« On confond souvent la croissance et le développement. Je conçois le développement comme la socialisation des fruits de la croissance, c'est-à-dire les retombées sociales de la croissance en termes de bien-être social, de diminution des inégalités, de mobilité sociale, etc. D'où l'importance décisive de l'intervention publique qui devrait redistribuer les fruits de la croissance sous forme de prestations sociales en vue d'une meilleure répartition du revenu entre les différentes couches sociales [475]. »

Un réductionnisme économique sans nuances

Mais en dehors de cette « petite » touche sociale relative à la répartition en faveur des plus « défavorisés » au même titre que la « modeste » empreinte moralisante des conceptions musulmanes du développement, l'objectif reste le même : assainir le système pour que les forces productives puissent se développer, ce qui revient à souligner, encore une fois, l'importance de la croissance, mais pas n'importe laquelle, celle engendrée par l'industrialisation ; une croissance, en quelque sorte « saine », créatrice d'emplois, de richesses, mais aussi de changements (toute une série d'effets modernisateurs que l'usine est censée induire sur les structures sociales « traditionnelles »). Ce professeur en économie de l'université ODTÜ ne dit pas autre chose. À notre question de départ (Si je vous dis développement, quels sont les premiers mots qui vous viennent à l'esprit ?), il répond : « Produire plus et mieux répartir. Mais ceci ne veut pas dire que la croissance n'a pas d'importance. Ce qui est important, c'est la nature de la croissance. Il faut une croissance qui crée de l'emploi. » Puisqu'il s'agit d'une espèce de course perpétuelle pour rattraper un retard qui est déjà trop grand, l'intervention de l'État en faveur d'une véritable politique industrielle (le seul moyen de réduire l'écart) est nécessaire, la Corée du Sud servant, encore une fois, d'exemple d'illustration :

« Prenez l'exemple des pays qui ont pu passer dans le camp des pays développés, ces pays qui reviennent de loin [métaphore de course, idée d'écart], comme la Corée du Sud, il ne serait pas difficile de constater le rôle actif de l'État dans ces exemples de réussite [...]. De ce point de vue [du point de vue du rôle actif de l'État], la période 1965-1975 a été décisive chez nous [en Turquie]. L'État construisait directement des usines, des sucreries par exemple qui transformaient les paysans locaux en ouvriers. Là, vous avez l'effet modernisateur de l'industrialisation qui transformait la région tout entière en un pôle de croissance. C'est pourquoi le moteur de la croissance, du développement est l'industrialisation. Elle déclenche une dynamique modernisatrice. Ça, c'est très important. L'industrialisation devrait être au centre de toute politique de développement [476]. »

Cette dynamique modernisatrice est d'autant plus importante qu'elle est censée détruire les structures précapitalistes et donc préparer le terrain pour la transition du capitalisme au socialisme. Le développement est alors le nom générique de cette évolution historique, quasi irréversible, où on ne devient capitaliste que pour mieux passer au socialisme :

« Le développement c'est changer de position dans la division internationale du travail, produire des biens à forte valeur ajoutée, ce qui correspond à une transformation structurelle [du mode de production, dans un premier temps, qui affectera, plus tard, la « superstructure » ; s'ensuivra la modernisation de la société tout entière, dernière étape avant le passage au socialisme]. » Cette modernisation capitaliste (qu'on peut aussi appeler le développement) est jugée indispensable car « l'histoire nous a appris qu'il est impossible de concevoir des modèles de société socialiste dans une économie précapitaliste qui n'a même pas entamé sa transition vers le système capitaliste [allusion à l'expérience soviétique]. Par conséquent, il faudrait, d'abord, instaurer le capitalisme, avec son marché, ses entrepreneurs, ses institutions et sa classe ouvrière [477]. »

Ce changement total dans le sens du passage à la modernité marchande est clairement évoqué par ce professeur en économie de l'université d'Hacettepe (Ankara) :

« Le développement est le changement de fond en comble de tout un pays. Ce n'est pas exclusivement au sens économique. Le développement est une notion complexe. C'est le changement social ; c'est le changement psychologique [en termes de mentalités], c'est le changement des perceptions. Par exemple, c'est le changement de la perception que tu as de la pomme, le fait que tu commences à la considérer comme une marchandise est un pas extrêmement important dans le sens du développement. » Mais, d'après l'interviewé, seule l'industrialisation peut déclencher une telle dynamique de changement, donnant par là même l'un des plus beaux exemples d'un réductionnisme économique sans nuances : « On ne peut concevoir un développement sans industrialisation. Ce n'est pas uniquement au sens de disposer ou non des biens industriels. Ça, à la limite, c'est secondaire. L'industrie est une activité profondément transformatrice qui entraîne du changement dans d'autres domaines. C'est l'industrialisation qui se trouve derrière le développement social [en termes de changement des mentalités, des schèmes de perceptions]. C'est elle qui dissout les structures traditionnelles [...]. L'usine est donc à l'origine de nombreuses transformations sociales. C'est ça qui compte, cette évolution de l'homme, ce changement sociologique [478]. »

À l'instar de l'instabilité sémantique évoquée au sujet de la conception néolibérale du développement où la frontière entre la croissance et le développement n'est pas toujours facile à établir, une « contagion sémantique [479] » semblable, tirant cette fois-ci le sens de développement vers l'industrialisation peut donc aisément s'observer à travers notamment le témoignage de ce professeur en économie de l'université Atılım (Ankara). À notre question de départ (Si je vous dis développement, quels sont les premiers mots qui vous viennent à l'esprit ?), l'interviewé répond, d'abord, de manière assez indécise, mais clairement identifiable comme étant de gauche :

« Le développement est l'amélioration du bien-être social. C'est la satisfaction des besoins de l'individu et de sa famille en santé, éducation, logement ou sécurité sociale. C'est l'amélioration des services en quantité et qualité. Ces améliorations ne sont pas induites mécaniquement par la croissance. D'où l'importance de l'État-providence. La croissance est certes nécessaire, à moyen terme, pour un développement durable [au sens de durée]. Mais sa nature est aussi extrêmement importante. Une croissance virtuelle [allusion à celle engendrée par les mouvements de capitaux] ne sert à rien. Il faut une croissance « vraie » qui crée de l'emploi et qui améliore la productivité. » Et celle-ci ne peut provenir, bien entendu, que de l'industrialisation : « il faut des biens produits, des *outputs*, sans lesquels il n'y a pas de croissance saine. La structure sociale en serait affectée aussi. Car qui dit usine dit ouvriers, qui dit ouvriers, dit une urbanisation saine, qui dit culture urbaine, ouvrière, dit droits sociaux. L'industrialisation est donc aussi indispensable du point de vue des rapports sociaux, de l'urbanisation. Un développement total, l'affermissement de la culture urbaine, tout ça n'est possible qu'à travers la discipline industrielle. » Ainsi lâché le morceau « déterministe », après un discours bien rôdé sur l'État-providence, la touche finale ne peut être que grandiose. À la question sur le rapport entre le développement et la démocratie, l'interviewé répond, dans un premier temps, par des lieux communs : « On ne peut concevoir le bien-être social sans démocratie. La démocratie et les droits sociaux vont de pair. Pas de développement sans démocratie. » Mais lorsqu'on demande à l'interviewé de développer sa pensée, un certain réductionnisme économique « gauchisant » fait surface dans toute sa splendeur : « La démocratie s'implanterait mieux, plus facilement, là où il y a une infrastructure culturelle adéquate, là où il y a déjà un certain niveau de développement culturel. Et celui-ci dépendrait, en dernière instance, de l'urbanisation, de l'industrialisation [480]. »

Les « problèmes » qui posent problème

Au regard de ce qui précède, il apparaît donc que le développement est, globalement, conçu comme un processus mécanique, extrêmement simple, autogénéré à partir d'un déploiement des forces productives (industrialisation), le reste ne faisant que suivre, s'y ajuster. Un tel simplisme (ou réductionnisme économique) n'en reviendrait pas moins à évacuer du champ d'analyse tout aspect sémantique, puisque jugé secondaire, « artistique », d'autant plus qu'on se retranche conceptuellement sur ce qui est considéré comme valeur sûre. Erinç Yeldan, précédemment cité, déplore ainsi qu'on n'emploie plus le qualitatif de « sous-développé », qui est justement une de ces valeurs sûres en termes d'instrument conceptuel d'analyse, mais de « marché émergent », lorsqu'on évoque les pays du « Sud », ce qui évacue, d'après l'auteur, le « problème de sous-développement » de la littérature économique. C'est ce « problème de développement » que Fikret Şenses souhaite voir revenir au-devant de la scène, en partie pour le futur de sa discipline : « Pour rendre de nouveau attrayante l'économie du développement, il faudrait remettre les problèmes de développement au cœur de l'actualité. L'économie du développement et l'intérêt pour les problèmes de développement devraient se nourrir réciproquement [481]. »

Qu'il y ait de la misère humaine ici et là, c'est une chose, mais vouloir la traiter, la saisir à travers le prisme de l'approche par problème en est une autre. Définir, par un acte volontariste, un modèle universel de normalité (lié en l'occurrence à la modernité marchande) et considérer tout écart par rapport à ce modèle retenu comme un « problème », une « pathologie » ou une « anomalie » qu'il faudrait corriger, sont des actes résolument « normatifs » et « autoritaires [482] ». Fuat Ercan a raison dès lors de considérer que « la littérature du développement est une chandelle tenue en direction des sociétés capitalistes retardataires [483] » pour ajouter plus loin que « chaque nouvelle taxinomie inventée permet et définit une nouvelle forme d'intervention dans les pays du « Sud [484] ». Ce qui est désigné comme « problème » n'en est donc pas moins construit socialement au même titre que la « réalité » indiquée ou construite, socialement, par la notion de « marché émergent [485] », mais tout cela, nos éminents professeurs l'omettent, comme ils oublient au fond que « les mots font les choses, parce qu'ils font le consensus sur l'existence et le sens des choses, le sens commun, la *doxa*, acceptée par tous comme allant de soi [486] ».

CHAPITRE IV

Le développement comme rupture libératrice

Bienvenue au royaume du non mesurable ! C'est sur un autre ton, radicalement différent de celui employé jusqu'à présent, que les deux représentations étudiées ici (kémaliste et musulmane radicale) abordent les questions du développement. Le changement d'optique est saisissant. L'économique perd toute sa suprématie au profit de ces « choses » insaisissables, changeantes, incomparables que sont les univers symboliques. L'implicite prend le pas sur l'explicite et se substitue à la parole. L'indicible se dissimule dans les mots et actes. Il faut le faire renaître. Un travail ethnologique de défrichement s'impose. Le dispositif économiciste de tableaux ou de graphiques des taux de croissance n'a donc plus trop de sens. Le simple fait de servir, à la fête de l'Aïd el-Kebir marquant la fin du ramadan [*ramazan bayramı* en turc], de la liqueur, au lieu du thé, accompagnée de chocolat noir, au lieu du traditionnel *baklava*, peut s'interpréter comme le véritable signe d'une vie civilisée (donc développée) et peut remplacer toute la batterie d'indicateurs de développement. À l'inverse, le foulard, habituellement considéré comme un symbole d'asservissement de la femme, peut aussi être lu comme une manière d'être à la fois musulmane et moderne. Ce qui prime donc ici, c'est le poids des « significations imaginaires [487] » qui, bien que difficilement déchiffrables, ne sont pas euphémisées derrière une vulgate économico-techniciste (à l'inverse des trois représentations de l'axe 1). La dimension politique au sens de l'institution d'un *nomos* (principe de vision et de division qui rend intelligible le monde environnant [488]) est déterminante et est ouvertement assumée (encore une fois à l'inverse des trois représentations de l'axe 1 qui chosifient les opérations éminemment politiques sous couvert de la rationalité économique, de la globalisation, de la gouvernance ou de la technicité des décisions économiques).

Aussi bien pour les kémalistes que pour les islamistes radicaux, tout se joue donc sur le plan du politico-culturel. Bien qu'à première vue tout les oppose, le développement se conçoit, pour l'un comme pour l'autre, comme une rupture libératrice [489]. Celle-ci n'intervient toutefois pas dans la même séquence de temps. Tandis que pour les kémalistes, il s'agit d'une rupture, quasi épistémologique, avec *l'a priori historique* [490] du *passé* au profit d'une fétichisation du *temps présent* et de ses schèmes de pensée (occidentaux), c'est ce *temps présent* qui est jugé corrompu, dont l'écoulement dégraderait, altérerait et signifierait un éloignement, un peu plus chaque jour, du siècle de la félicité (*asr-ı saadet* [491]). Le développement au sens islamiste est, dès lors, appréhendé, comme le saut de cet âge d'or vers un *avenir glorieux* (à inventer) par la *suppression du temps présent*, vécu ou considéré comme corrompu. De ce point de vue, l'antagonisme islamiste/kémaliste est avant tout un antagonisme relatif au temps. Mais le plus porté vers l'avenir n'est pas celui qu'on croit (kémaliste) mais bien celui qu'on soupçonne le moins (islamiste). Et pour cause : l'obsession de rattraper le *temps présent*, non pas au sens chronologique, mais plutôt au sens d'une adhésion monophasée, parfaitement synchrone, au *nomos* occidental interdit ontologiquement au kémaliste tout effort de relecture que l'islamiste devrait constamment déployer pour s'inventer *un autre avenir*.

La représentation kémaliste

Édouard Herriot, grande figure du Parti radical, maire de Lyon, fasciné par le laïcisme et la ferveur positiviste de la jeune République turque, écrit :

« Ce que ces réformes du *ghazi* [conquérant en turc] ont fait disparaître de la vieille Turquie, c'est surtout son aspect mamamouchi. Plus de fez ; les femmes ne portent plus le voile de mousseline, le *yachmak*. Plus de monastères musulmans, de *tekkés* ; on a relégué au musée d'Ankara les instruments dont se torturaient les derviches : fanatisme et comédie. On les a relégués à côté de cette tiare persane qui ressemble étrangement à la tiare papale. Il est facile, au reste, de définir les différentes réformes qui ont transformé le vieil Empire ottoman en une jeune et active République. D'abord, suppression de toute religion officielle, des écoles coraniques attachées aux mosquées (*médressés*). La République turque sera laïque. Plus de tribunaux religieux fondant leurs décisions sur la loi islamique et, par leurs procédures exceptionnelles, justifiant en quelque sorte les capitulations. Le statut matrimonial dépendra désormais du seul code civil. Sur tous les biens religieux, gérés naguère par l'Evkaf, l'État met la main. Fini le régime qui confondait cet État avec l'Église musulmane... [492]. »

L'enthousiasme de l'ancien président du Conseil français n'est pas un cas isolé. Pratiquement tous les observateurs occidentaux [493] sont unanimes pour souligner et se féliciter du caractère radical et révolutionnaire de l'œuvre entreprise (assurer la victoire de la Raison et des Lumières sur la superstition et l'obscurantisme musulmans). Ce qui interpelle le plus les Occidentaux, ce n'est pas exclusivement la nature des réformes, mais plutôt l'étendue du changement qui ne se limite aucunement à l'ordre de l'administratif, mais concerne la société tout entière, dans ses manières de penser, de se penser, d'être au monde. C'est à cet alignement quasi total sur le « moi occidental », dont le style de vie, le goût et les habitudes vestimentaires constituent quelques-unes des composantes les plus importantes, que fait allusion Édouard Herriot, lorsqu'il se réjouit que la Turquie ait enfin perdu « son aspect mamamouchi ». C'est alors à la nouvelle femme républicaine, débarrassée enfin du voile, symbole de l'obscurantisme et du fondamentalisme musulmans, que revient la mission noble de représenter, en chair et en os, ce changement de cap civilisationnel. Il en va ainsi par exemple pour Sabiha Gökçen, fille adoptive de Mustafa Kemal, première femme pilote d'avion de chasse en Turquie (en 1938), vénérée comme symbole de l'émancipation féminine.

S'occidentaliser « de la tête aux pieds »

Les kémalistes ne séparent donc pas « l'utopie de participation à la civilisation, du style de vie et des styles vestimentaires [494] ». Mustafa Kemal le souligne, lui-même, sans aucune équivoque : « il était nécessaire de rejeter le fez qui était sur nos têtes comme l'emblème de l'ignorance, du fanatisme, de la haine du progrès et de la civilisation, pour adopter à sa place le chapeau utilisé comme coiffure par tout le monde civilisé, et de montrer de cette manière qu'il n'y avait aucune différence entre la nation turque et la grande famille de la civilisation au point de vue de la mentalité [495]. »

Mais cet idéal de devenir occidental « de la tête aux pieds », pour citer une nouvelle fois le fondateur de la « Turquie moderne [496] », induit une catégorie de dépendance sur le plan épistémologique, puisque la société importatrice du « modèle occidental » s'enferme dans un mimétisme consommateur autodestructeur qui lui interdit de formuler, de manière autonome, ses propres « problèmes » et « solutions ». C'est-à-dire que la société consommatrice des « visions importées » ne fait que s'aligner sur la vision que l'autre, le producteur (l'Occident) a d'elle et de ses problèmes (obscurantisme musulman) sans qu'elle puisse se définir à partir d'un mouvement et d'une vision propres. L'occidentalisation comme processus aliénant a donc partie liée avec cette lecture « dépendante » du « réel » dont le philosophe camerounais Marcien Towa (cité par Serge Latouche) rend compte avec justesse : « Le secret de l'Europe réside dans ce qui la différencie de nous », donc il faut « se nier, mettre en question l'être même du soi, et s'européaniser fondamentalement… nier notre intime pour devenir l'autre… viser expressément à devenir comme l'autre, semblable à l'autre, et par là incolonisable par l'autre [497]. »

Le kémalisme, comme projet de « saut civilisationnel [498] », est un cas extrême de ce désir d'occidentalisation dont le cadre général a été clairement posé par un chantre du nationalisme turc, le sociologue durkheimien Ziya Gökalp [499] : « turquiser, islamiser, occidentaliser [*türkleşmek, islamlaşmak, muasırlaşmak*] ». Un projet de modernisation consistant à intégrer les valeurs occidentales supposées universelles [500] dans la culture nationale (à inventer) et islamique (à réformer et à nationaliser). Commencer pour cela par « redéfinir la culture turque en l'épurant des éléments néfastes de l'islam et des mauvaises influences des cultures arabe et persane [501] ». Puisque les interprétations jugées erronées et « non authentiques » de l'islam sont supposées ouvrir la voie à l'obscurantisme religieux, la réforme du fait religieux, à l'instar des réformes calvinistes, en même temps que sa turquisation [502] et son inféodation à la construction de l'État-nation [503] sont considérées comme étant absolument nécessaires pour rattraper le retard pris dans le chemin du progrès.

Atatürk va même plus loin en supprimant la distinction que Ziya Gökalp établissait entre la culture locale (*hars*) et la civilisation (*medeniyet*) supposée universelle pour s'imaginer une culture nationale se fondant intégralement dans la civilisation occidentale :

« Nous devons devenir civilisés à tous les égards. Nous avons connu beaucoup d'épreuves […]. Regardez le monde turc et islamique ; il connaît de grandes catastrophes et souffrances, parce qu'il n'a pas su s'adapter aux changements induits par la civilisation. C'est pour la même raison que nous sommes restés arriérés jusqu'à présent et que nous nous sommes enlisés dans la boue du désastre […]. Désormais nous ne pouvons plus nous arrêter. Nous devons impérativement progresser. Nous y sommes obligés. La nation devrait savoir que la civilisation est un feu si ardent qu'elle détruit ceux qui y demeurent indifférents. Nous retrouverons la place qui nous revient dans la famille du monde civilisé […]. Les peuples non civilisés sont condamnés à rester sous les pieds des nations civilisées […]. Les pays sont différents mais la civilisation est unique. Quiconque veut progresser n'a pas d'autre choix que de s'y joindre [504]. »

Atatürk, homme du XIXe siècle : une certaine représentation du progrès consubstantielle à l'idée qu'il se fait de la civilisation occidentale traverse toute sa vision du monde. Militaire de haut rang, c'est sur le champ de bataille qu'il découvre la force du progrès, de la technique, de la science et enfin la suprématie de la civilisation occidentale. Comme la plupart de ses camarades militaires, futurs dirigeants sous la République, sa conception extrêmement positiviste et scientiste du progrès reste grandement marquée par le rapport du métier des armes à la technique, à la science, au calcul, un métier qui sacralise la certitude (« scientifique ») et répugne au hasard. Nous avons là toute la rhétorique militaire sur la science et ses « vérités universellement établies », éléments discursifs légitimateurs de toute « volonté modernisatrice/usurpatrice » dont la suite de l'histoire républicaine témoignera grandement :

« Le secret des victoires militaires réside dans le fait de prendre pour guide la science pour le commandement des armées. La bataille n'est pas un simple affrontement de deux armées, mais de deux nations. C'est une épreuve de force où les nations se battent avec toutes leurs convictions, facultés et forces matérielles, scientifiques, culturelles et spirituelles. Aussi, la défaite de l'armée serait-elle celle de toute la nation [505]. »

Pour sortir victorieux de cette épreuve de force et gagner, de manière générale, la bataille de la civilisation et du progrès contre l'ignorance et l'obscurantisme, on ne peut s'appuyer que sur la science, rien que la science :

« Nous ne pouvons fermer les yeux et penser que nous vivons seuls. Nous ne pouvons mettre notre pays dans un cerceau et vivre isolés du monde extérieur […]. Au contraire, nous allons vivre en tant que nation civilisée. Ceci n'est possible qu'avec la science, par la science. Nous serons là où la science sera et nous l'introduirons dans la tête de chaque citoyen […]. Le progrès des nations qui insistent sur le maintien de leurs traditions et croyances qui ne sont basées sur aucune preuve valable sera très difficile, voire même impossible [506]. »

Le goût comme enjeu civilisationnel

Au total, la révolution turque [*türk inkılâbı*] signifierait, d'après les propres dires d'Atatürk, une transformation totale [*tahavvül*] bien plus qu'un simple changement de régime [*ihtilâl*]. Elle se poserait l'objectif d'accéder à la civilisation. Ce renouveau [*teceddüd*] ne peut se faire qu'avec la science, par la science. Aussi la seule vertu authentique dans la vie serait-elle la science, seule permettant d'avancer réellement dans la voie du progrès [*terakki*], de la civilisation [*medeniyet* [507]]. Considérant en quelque sorte qu'une civilisation n'est pas un menu de restaurant dans lequel on choisit ses plats, cette marche vers la civilisation ne peut être que totale pour les kémalistes. Tout l'espace corporel et extracorporel de l'individu (des habitudes alimentaires à la façon de s'exprimer en passant par les styles de vie et le goût ; tout l'ordre qualitatif implicite qui fonctionne en subconscience) en est concerné au premier degré.

À cet égard ce n'est pas un hasard si les kémalistes accordent une attention particulière à *âdâb-ı muaşeret kuralları* [manières de table, bonnes manières, bon goût] comme signes de distinction « civilisationnelle ». Dès lors, on comprendrait mieux la réaction de certains ressortissants turcs – d'origine sociale aisée, citadins de longue date, pour qui le kémalisme s'exprimerait aussi dans les styles vestimentaires à l'occidentale —, vis-à-vis de leurs compatriotes d'origine sociale modeste ayant migré et vivant en Europe dont la tenue vestimentaire, notamment la tenue féminine (de type paysan : jupe longue sur un caleçon long, voile négligemment posé sur la nuque – ou « islamiste » – manteau long, jupe longue, voile couvrant soigneusement les cheveux et la nuque) n'est pas censée correspondre à l'*hexis* occidental (civilisé) : « eh bien voilà, ce sont ces gens-là qui nous représentent en Europe ! Je comprends maintenant pourquoi les Européennes ne veulent pas de Turcs en Europe, c'est compréhensible, tout de même », diraient-ils, comme si les immigrés d'origine turque vivant en Europe avaient la noble mission de faire connaître le visage moderne, occidental (civilisé) de la Turquie. On voit ici clairement que l'idée qu'on se fait d'une personne « civilisée » reste toujours associée, du moins pour une partie de la population, à un certain mode de vie, à un certain code vestimentaire, à un certain *hexis*. Tous les concepts annexes tels progrès, développement, modernisation, contemporanéité, peuvent s'y associer, tout ce corps sémantique formant un ensemble assez cohérent, du moins, pour ses usagers. Ainsi on saisit aisément le signifié visé, lorsqu'on désigne tel ou tel pays comme « développé », « civilisé » ou « moderne ».

Fétichisation du temps présent

Mais c'est sans doute la notion de contemporanéité [*çağdaşlık*] qui exprime le mieux cet effort infini de rattraper le temps, non pas au sens chronologique, mais plutôt au sens d'une adhésion monophasée, parfaitement synchrone, au *nomos* occidental supposé universel. Ainsi, être contemporain de son époque, c'est être en phase complète avec *l'a priori* occidental de son temps. Le Grand dictionnaire de turc [*Büyük Türkçe Sözlük*] de l'Institut de langue turque [*Türk Dil Kurumu*] est par ailleurs très explicite sur le sujet, puisqu'il traduit littéralement et *officiellement* le mot de contemporanéité comme étant le fait d'être en phase avec son temps, son siècle, synonyme d'être moderne, occidental. Comme tous les mots qui ont une histoire, celui de contemporain [*çağdaş*] n'a donc de sens en Turquie qu'à l'intérieur de l'univers symbolique kémaliste. Ainsi, dans le programme du Parti républicain du peuple (CHP [508]), significativement et volontairement intitulé « Changement pour une Turquie contemporaine », le mot contemporain apparaît 167 fois [509], alors qu'il ne revient que 19 fois dans celui de l'AKP, 11 fois dans le programme du MHP (Parti d'action nationaliste, extrême-droite) et tout simplement nulle part dans celui du SP (Parti de la félicité, islam radical).

Pour les kémalistes, la véritable contemporanéité d'un être, d'un évènement ou d'une chose ne peut donc être saisie en dehors de cette référence explicite à l'Occident [510]. Mais ce souci permanent de ne pas apparaître en déphasage avec l'historiographie occidentale (sous peine d'être considéré comme non contemporain), en rejetant continuellement les particularismes culturels locaux (d'origine religieuse ou non) au profit d'une civilisation (occidentale) supposée universelle, pose un problème et non des moindres. Nilüfer Göle nous l'explique ainsi : « Définir l'idéal de civilisation comme une occidentalisation, alors que l'idéologie populiste [nationaliste] se cherche des racines anatoliennes, c'est créer un conflit potentiel. Comment concilier l'idéologie nationaliste, qui se tourne vers le peuple anatolien, et le projet de civilisation dont le but est de se débarrasser des coutumes et traditions *a la turca* [511]. » Cette contradiction, bien réelle, est probablement surmontable, du moins gérable, lorsqu'on considère, avec Hassan Zaoual, que le kémalisme est, au fond, une « espèce de lutte contre l'Occident par l'occidentalisation [512] », le rôle du dirigeant kémaliste (civil ou militaire) étant de révéler à la nation la raison de son retard (réveiller le peuple), de canaliser sa ferveur (guider le peuple) et de le faire accéder à la civilisation (accompagner le peuple). Un intellectuel réformiste de la fin de l'Empire et du début de la République, Celal Nuri İleri (1881-1938) ne dit pas autre chose : « L'Occident est notre ennemi. Nous connaissons ses visées secrètes. Mais l'occidentalisation est l'impératif de la science et le seul moyen d'accéder à la civilisation [513]. » La bureaucratie civilo-militaire, classe historiquement dominante en Turquie, particulièrement durant cette période, trouvera dans ce projet modernisateur occidentaliste nationaliste, toute la légitimité de sa raison d'être, de son existence, de ses intérêts, de sa position dominante de guide éclairé du peuple qui « se présente aux masses comme l'instance qui à la fois va « leur créer » ou « leur donner » une nation, et qui l'incarne et en garantit l'existence [514] ».

S'il en était ainsi, tout se passerait alors en quelque sorte suivant l'effet d'oracle développé par Bourdieu [515] dans sa critique du mandataire et du délégué (mais qui s'applique aussi parfaitement ici), par lequel le sujet (ici la bureaucratie civilo-militaire), en sa qualité de mandataire de cette réalité sacrée qu'est la nation, s'absolutise, s'autoconsacre. Le mandataire opère ainsi, d'après le sociologue, qui cite Nietzsche, « une transformation de soi en sacré ». Le paradigme de la stratégie sacerdoce de l'Église, que mobilise Bourdieu en suivant Nietzsche dans ses raisonnements, s'avère ici particulièrement faste. Il suffirait alors simplement de remplacer, dans la citation ci-dessous, Dieu ou le peuple par la nation que les bureaucrates (le sacerdoce dans le texte) font exister tout en se consacrant et donc se substituant à elle (par une stratégie de dévouement impersonnel) : « c'est en s'annulant complètement au profit de Dieu ou du Peuple que le sacerdoce se fait Dieu ou Peuple. C'est lorsque je deviens Rien – et parce que je suis capable de devenir Rien, de m'annuler, de m'oublier, de me sacrifier, de me dévouer —, que je deviens Tout. Je ne suis rien que le mandataire de Dieu ou du Peuple, mais ce au nom de quoi je parle est Tout, et à ce titre je suis Tout [516]. »

Le développement comme une succession de ruptures et de mises à jour

Au final, le développement au sens kémaliste est une succession de ruptures : rupture proprement politique, au détriment d'une légitimité métasociale (musulmane) et au profit d'une idéologie, laïque, républicaine, concrétisée dans les attaches nationales et patriotiques ; ensuite rupture culturelle au sens du remodelage d'un nouveau citoyen, libéré du carcan religieux, instruit, probe, laborieux et civilisé (occidentalisé de la « tête aux pieds ») ; et enfin rupture épistémologique avec *l'a priori historique* antérieur (musulman) au profit d'un alignement complet sur les schèmes de pensée occidentaux. Littéralement obsédé par le présent, le kémalisme peut, de ce point de vue, s'interpréter comme une fuite en avant continue doublée d'une crainte schizophrénique à l'idée de « prendre du retard ». Tout l'imaginaire modernisateur républicain en porte l'empreinte. L'image d'une classe d'oulémas refusant pendant trois siècles l'introduction de l'imprimerie, contribuant par là même au retard originel accusé par le pays au temps des Ottomans, constitue un terrible repoussoir.

D'une série de ruptures dont l'objectif principal reste, en définitive, de « formater la mémoire collective », pour employer le langage informatique, on passe alors ici à une succession de déploiements et de mises à jour locales du dispositif occidental (de l'adaptation juridique la plus ordinaire au remodelage d'un *habitus* national occidentalisé en passant par la restructuration des institutions). Le kémalisme n'est dès lors plus définissable en lui-même, sauf par sa capacité de « suivre ». La notion de contemporanéité, concept favori des kémalistes, ne fait qu'exprimer ce souci obsessionnel d'« être à jour ». Le peu d'intérêt que suscitent les questions épistémologiques chez les intellectuels turcs n'y est sans doute pas étranger, puisque le « système » légué par les fondateurs de la République est intrinsèquement davantage porté vers l'orthodoxie (importation + traduction + adaptation) que vers l'hérésie (relecture + remise en cause + rejet).

Pour finir, on voit bien qu'on est très loin ici du vocabulaire économiciste, corrélé au souci quasi entrepreneurial du chiffre et de la quantité, lorsqu'on aborde habituellement les questions du développement [517]. On est, au contraire, dans le royaume du qualitatif, du non mesurable. L'économie n'est qu'un auxiliaire au service du politique (contribuer à consolider les fondements de l'indépendance politique par l'intermédiaire de la mise en place d'une économie nationale puissante, fortement industrialisée et réellement indépendante). Le véritable enjeu est ailleurs. L'intériorisation des « bonnes manières » par chaque citoyen revêt, à la rigueur, plus d'importance que la hausse du taux de croissance ou de la bourse des valeurs. C'est le triomphe du culturel sur l'économique, du qualitatif sur le quantitatif, du non mesurable sur le mesurable. C'est sur ce terrain du symbolique que le kémalisme sera ultérieurement mis à mal, combattu, concurrencé par un certain islam politique, producteur de sens alternatif. Ce sera le retour du refoulé.

La représentation musulmane radicale

À l'opposé de son successeur (islam dit modéré) au pouvoir depuis 2002, qui s'accommode plutôt bien de la normalité (modernité) marchande à laquelle il ne peut apporter que quelques retouches correctrices morales, c'est une relecture constante de la même normalité à partir d'un « corpus de sens musulman » qui distinguerait le mieux l'islam radical, représenté aujourd'hui par le Parti de la félicité [*Saadet Partisi* [518]]. Ce « stock de connaissances » musulman, pour reprendre le langage de Schütz [519], s'intitulerait *Asr-ı Saadet*, ce siècle d'or, vécu ou recherché, quelque peu utopique, mais agissant, supposé incarner la pureté des premiers Khalifes et le dynamisme de l'islam « primitif » où les fidèles de la religion du Prophète se faisaient, soutient-on, les champions du progrès mondial [520]. Le développement est, dès lors, appréhendé, comme le saut de cet âge d'or vers un avenir glorieux (à inventer) par la suppression du temps présent, vécu ou considéré comme corrompu, insupportable.

Une modernité réinventée

C'est principalement au moyen d'une relecture constante et sans relâche des temps modernes que se réalise ce mouvement vers l'avenir glorieux qui n'est lui-même que la réactivation de l'utopie de l'âge d'or perdu. À l'inverse de son successeur modéré, la religiosité n'est donc pas réduite ici à une question de morale. Elle est, au contraire, réactivée pour réévaluer, réinterpréter, voire pour se réapproprier, bien au-delà d'une simple critique (ou d'un simple rejet comme chez les tenants inconditionnels de la tradition religieuse), la modernité (en l'occurrence occidentale) et ses thèmes fondamentaux (du politique à l'économique en passant par la question du genre ou du sexe, tout passe au crible). Ainsi, si le mouvement est radical, c'est parce qu'il ne se contente pas, comme chez les traditionalistes, du maintien pur et simple de la tradition existante (ou à l'inverse du rejet de ce qu'il est convenu d'appeler la vie moderne). Il se propose, au contraire, de délivrer la religion du poids de la tradition pour mieux la réactiver face à la modernité (occidentale) et ses différentes manifestations. Le mouvement est par conséquent antitraditionnaliste (bien qu'il véhicule une conception hautement essentialiste de la tradition, comme principe organisateur de la vie sociale) et foncièrement politique et idéologique. Le mouvement est politique non seulement au sens instrumental ou technique (en termes de moyens politiques privilégiés, parlementaires ou démocratiques, pour arriver au pouvoir [521]) mais dans sa démarche d'introduire un nouveau principe de vision et de division, un *nomos* musulman pour se mesurer au *nomos* occidental (qu'il ne rejette plus, mais se réapproprie à sa manière, en faisant un tri extrêmement sélectif de divers aspects du « programme culturel » de la modernité et de ses implications institutionnelles). Comparé aux représentations de l'axe I, ce qui prime ici, c'est donc le poids du qualitatif, de l'immensurable. Au même titre que le kémalisme, l'islamisme est avant tout un projet radical de transformation culturelle. Mais, à l'inverse des kémalistes, il s'agit ici de dissocier la modernité de l'occidentalisation, de mettre fin au monopole de l'Occident sur la modernité, tout en proposant par là même une contre-modernité musulmane. Arif Ersoy, professeur en économie du développement, un intellectuel proche du Parti de la félicité, le souligne ainsi :

« Ceux qui posent l'occidentalisation comme l'objectif majeur de la nation devraient clairement expliquer ce qu'ils entendent par cette notion. Ils nous ont fait avaler pendant longtemps que le développement scientifique et économique allait de pair avec l'occidentalisation. Or la science appartient à l'humanité tout entière et l'occidentalisation et le développement ne sont pas du tout la même chose [522]. »

À l'instar d'une certaine philosophie sociale qui marque la fin de l'histoire avec l'instauration d'une société sans classes, le développement, au sens de l'islam radical, est d'aller à la rencontre de cet heureux mariage des temps modernes et de l'ère de félicité (*Asr-ı Saadet*) qui marque, lui aussi, la fin de l'histoire. L'analogie avec la pensée marxiste ne s'arrête pas là (schéma linéaire progressif orienté vers une fin heureuse), puisque l'industrialisation est, ici aussi, considérée comme prioritaire, notamment dans son rôle d'instrument de puissance pour protéger et répandre (par voie militaire, *Djihad*) le royaume de Dieu sur terre. Se trouvent alors réunis deux éléments centraux de la représentation musulmane radicale du développement : quête de puissance *via* un appareil industriel et militaire fort et l'invention d'une modernité musulmane « totale » renvoyant dos à dos le projet d'une religion individualisée réduite à la morale (comme dans le cas de l'islam modéré) et l'approche d'un certain islam figé et renfermé sur lui-même (à l'instar des courants traditionalistes soufistes). Sur ce dernier point, Beşir Hamitoğulları, éminent intellectuel islamiste, est on ne peut plus clair :

« Nombreux sont ceux qui veulent réduire l'islam à une histoire de *seccade* [petit tapis de prière] ou l'enfermer à la mosquée. Nombreux sont aussi ceux qui considèrent ou veulent considérer le Coran comme un livre qu'on récite pour la prière des morts. Or l'islam n'est pas seulement une religion ou une civilisation. Il est beaucoup plus que cela. L'islam est un ordre qui englobe les deux univers [matériel et spirituel] [...]. Il dispose, bien naturellement, d'un régime juridique, politique et économique qui lui est spécifique [523]. »

Pour illustrer la représentation du développement de cet islam qui se veut « total », nous aurons recours à une série de conférences (au total 4) organisées, en 2007 (à la veille des élections législatives du 22 juillet), par l'ESAM [*Ekonomik ve Sosyal Araştırmalar Merkezi* – Centre de recherches économiques et sociales], un *think tank* proche du Parti de la félicité. Chaque conférence offre à Necmettin Erbakan, le leader historique de l'islam politique en Turquie, aujourd'hui âgé de 84 ans, l'occasion de s'exprimer sur une thématique particulière. L'exercice n'est pas inintéressant, car tout en abordant les thèmes traditionnels de l'islam politique, la figure historique de l'islamisme turc revient très fréquemment sur ce qui distingue, d'après lui, la mouvance de *Milli Görüş* [vision nationale], qu'il a fondée dans les années soixante-dix, de l'AKP, de ce qu'il représente. L'intitulé de la série de conférences n'est par ailleurs pas anodin : *Milli Kurtuluş Konferansları* [les conférences de libération nationale]. Le terme de *milli* qui signifie littéralement « national » est employé, comme dans l'appellation de *Milli Görüş,* dans le sens ambigu de « local » et de « rassembleur » rappelant davantage *l'oumma* (communauté des croyants musulmans) que l'État-nation qu'il abhorre.

Un antisémitisme manifeste

Le titre de la première conférence donne le ton : *İşbirlikçiler ve AKP'nin Ekonomik Yıkımı* [les collabos et le désastre économique de l'AKP]. Extrêmement agressif et ouvertement antisémite, le procédé est d'un simplisme absolu : le temps vécu (en opposition au temps rêvé, ère de félicité) est considéré comme corrompu et profondément injuste, puisqu'il est tout simplement le fait de la juiverie internationale qui, depuis la nuit des temps, veut l'asservissement du monde entier. Tous les malheurs de la Turquie, de la planète ainsi mis sur le compte du juif, le développement ne peut être qu'une libération (*Kurtuluş*). La vulgate classique, économiciste, du développement (croissance, capital humain, compétitivité...) n'a plus aucun sens ici, du moins à ce niveau du discours. Celui-ci est, au contraire, extrêmement politique et procède de la distinction schmittienne ami/ennemi. Tous les acteurs politiques (y compris l'AKP) à l'exception de ceux encartés *mili görüş* sont réduits au statut de collabos [*işbirlikçi*] de la juiverie internationale :

« La croyance juive peut se résumer en quatre points. 1) nous sommes une race supérieure ; 2) cette supériorité devrait être effective ; 3) il faut donc créer le Grand Israël ; 4) pour assurer sa sécurité, on devrait tenir en main les dirigeants de 28 pays du Maroc à l'Indonésie et surtout il ne faudrait pas avoir affaire en Turquie à un État puissant, comme celui des Ottomans ou Seldjoukides qui a repoussé les croisés [...]. Voilà ce qu'ils veulent, régner en maîtres dans le monde, voilà leur croyance depuis 5 765 ans, voilà leur religion [...]. Cette réalité est absolument indiscutable. Ils tirent depuis longtemps les ficelles du pouvoir de l'argent et de la haute finance. Le dollar est la monnaie des *bene* Israël [enfants d'Israël]. La banque centrale américaine n'a que le simple droit à l'usage. Le dollar n'est pas la monnaie des États-Unis, mais de l'impérialisme raciste [sionisme]. C'est pourquoi le dollar porte la marque des bene Israël. La pyramide à 13 étages qui figure sur le dollar symbolise cette volonté de dominer le monde par l'intermédiaire de l'ordre capitaliste usurier. « Nous sommes peu nombreux, mais nous détenons les finances et le pouvoir. Nous régnerons en maîtres veulent-ils dire [524]. »

Cette fantasmagorie du complot de la juiverie, à la rigueur caricaturale, mais fondée dans la croyance, n'a plus que l'imagination pour seule limite. Alors, tout y passe. Des églises évangélique et protestante créées par les juifs pour légitimer l'usure (prêt à intérêt) aux combats livrés aux Dardanelles (lors de la première guerre mondiale) pour mettre en échec le projet sioniste de créer le Grand Israël en passant par le traité de Sèvres (qui consacre le démembrement de l'Empire ottoman) imposé par la juiverie internationale [525]. La création d'une République « athée » (en 1923) qui abolit le califat (en 1924) relèverait de la même stratégie qu'emploieraient les sionistes pour affaiblir un pays qui a longtemps symbolisé la puissance musulmane. Tout le système des partis qualifié de non authentique [*taklitçi*] et de collabo [*işbirlikçi*] serait, en réalité, l'incarnation même de cette capitulation totale du pays. La scission interne de l'année 2001 qui a donné naissance à l'AKP [526] est aussi vécue comme une misérable tentative d'affaiblissement venant de l'extérieur (Israël) et visant les vraies valeurs du pays (*milli görüş*). Aussi, ce qu'il est convenu d'appeler l'islam modéré n'est qu'une « marionnette » aux mains du grand capital usurier, de l'impérialisme raciste, de la juiverie internationale (sans qu'on fasse une distinction entre ces trois niveaux) :

« Je vais vous dire ce soir toute la vérité. Les dirigeants de l'AKP sont, tous, mes enfants [au sens d'apprentis]. C'est aussi pour leur bien que je vais dire les choses telles quelles sont. Mais j'ai une crainte. Même si je leur expose clairement comment ils sont instrumentalisés, je crains qu'ils ne comprennent pas [...]. C'est plutôt du côté de l'impérialisme raciste qu'il faut chercher les raisons d'accès au pouvoir de l'AKP. Avec l'appui massif du grand média. Ce n'est pas l'AKP qui gouverne. L'AKP ne se rend compte de rien. C'est l'impérialisme raciste qui tire, derrière, les ficelles du pouvoir. L'AKP n'applique que leur doctrine *via* le FMI. Voici les résultats auxquels on arrive : a) le désastre économique ; b) le dégât moral ; c) la faillite de la politique extérieure [...]. On ne fait pas de la politique ici. Tout ce qu'on dit, c'est mathématique [c'est du vrai] [...]. Comprenez enfin qu'il existe deux partis en Turquie : le Parti de la félicité, c'est-à-dire *milli görüş* [vision nationale], et les autres, tous collabos, américanophiles, « fmistes [527]. »

Quoique caricatural, mais efficace, d'autant plus que c'est d'un simplisme extrême, ce tableau des temps modernes où tout n'est que manipulations, machinations, leurres, trames secrètes est au cœur du projet de développement que promeut l'islam radical. Car c'est bien par rapport à ce temps corrompu, dont l'écoulement dégraderait, altérerait et signifierait un éloignement, un peu plus chaque jour, du siècle de la félicité (*asr-ı saadet*) que se projetterait un avenir radieux, un « *asr-ı saadet* bis des temps modernes [528] ». Aussi, le développement ne serait-il qu'un déploiement progressif de ce contenu. Il se composerait, comme dans le cas de l'islam modéré, de 2 volets :

Développement économique, au sens de passage à une société d'abondance par l'intermédiaire de l'industrialisation. À l'inverse de l'islam modéré qui s'aligne quasi systématiquement sur le créneau néolibéral, c'est l'obsessionnel impératif de l'industrialisation qui, comme à gauche, prime ici. L'industrialisation est perçue non seulement comme une source de prospérité, mais aussi et surtout comme un facteur de puissance sans lequel l'indépendance politique serait illusoire.

Développement moral, non pas (ou pas exclusivement) au sens de plus de religiosité timidement insufflée à la société tout entière, comme dans le cas de l'islam modéré, mais au sens d'un projet foncièrement politique de relecture, redéfinition et de restructuration de toutes les colonnes porteuses de la société au prisme de l'utopie de l'âge d'or.

Développement économique, synonyme d'industrialisation

Pour illustrer ces deux volets, retournons de nouveau à la série de conférences de l'ESAM, puisque les seconde et troisième conférences correspondent très précisément aux thématiques évoquées. La seconde conférence intitulée « Comment *milli görüş* [Vision nationale] assurera-t-elle le développement économique et la prospérité pour tous ? » peut être considérée comme une réaffirmation de l'impératif industrialisant où la cheminée d'usine est synonyme de développement économique, de puissance, d'indépendance. Mais

« Depuis l'arrivée de l'AKP au pouvoir, il ne nous reste plus aucune usine en Anatolie. Les collabos et l'AKP ont vendu toutes nos usines [...]. Or nous, nous avions lancé dans les années soixante-dix notre projet de développement de l'industrie lourde pour faire de la Turquie un leader dans ce domaine. Et ceci partis de rien, en s'appuyant exclusivement sur les ressources nationales [...] ; ils nous expliquent que ces industries ne sont plus rentables aujourd'hui. Comment ça, ce n'est plus rentable ? L'industrie lourde n'est pas là pour être rentable. Elle est là pour assurer la production de tes biens d'équipement, pour faire disparaître ta servitude vis-à-vis de la technologie étrangère, pour te rendre réellement indépendant [...]. Ce grand effort national de développement [lancement d'une industrie lourde], nous, on l'a déployé dans les années soixante-dix, mais il est resté inachevé pour des raisons qui ne nous sont pas imputables [529]. »

L'industrie lourde, gage de puissance et d'indépendance, est pensée avec une référence explicite à la technologie dont on attend, ici aussi, qu'elle permette de réduire l'écart de développement : « La technologie est un don de Dieu. C'est un moyen offert aux pays sous-développés pour rattraper et devancer ceux qui *se croient* développés [c'est nous qui soulignons] […]. Lorsque tu disposeras de la technologie avancée, tu verras l'impérialisme raciste [le sionisme] rentrer dans le rang en tremblant de peur [530] » [quête de puissance].

Contrairement à la vulgate néolibérale qui, au nom d'une problématique plus globale de la gouvernance, veut mettre fin à l'État dit « populiste », en restreignant les champs d'intervention du politique au profit des organismes étatiques indépendants, supposés neutres et incorruptibles, c'est plutôt le primat du politique qui l'emporte ici :

« Qu'est-ce qu'il a fait, le FMI, par l'intermédiaire de l'AKP ? Il a instauré des commissions au sein de l'État qui ne dépendent pas du gouvernement. De qui dépendent-elles ces commissions ? Du FMI. Quelles sont ces commissions ? Je vous les cite : agence de supervision et de régulation des banques, comité de surveillance des marchés de capitaux, comité de régulation des marchés énergétiques, direction générale de la concurrence, autorité de régulation des marchés publics et bien sûr la banque centrale. Plus personne ne peut les toucher, y compris le gouvernement. Pourquoi le FMI les a instaurées ? Pour disjoindre la volonté nationale de l'administration publique [531]. »

Enfin, autour d'une rhétorique sur la nécessité du passage d'une économie de rentes à une économie réelle (sans prêt à intérêt), sont évoqués la plupart des thèmes classiques de l'islam politique tels la finance islamique, le marché commun avec les pays musulmans ou l'instauration d'un nouvel ordre économique juste :

« Cet ordre usurier va changer. On instaurera aussi un nouvel ordre international : une nouvelle ONU, une nouvelle volonté politique, un marché commun avec les pays frères [musulmans], une nouvelle organisation de coopération technologique, une nouvelle monnaie, une nouvelle banque mondiale, mais pas comme celle d'aujourd'hui, un nouveau FMI, non pas pour dépouiller mais pour nourrir les pauvres. Puisqu'on sera en avance en technologie, ce sera à notre tour d'organiser la deuxième conférence de Yalta et de procéder au partage du monde […]. On va donc créer la grande Turquie [quête de puissance]. On passera à l'économie réelle. Notre développement s'appuiera exclusivement sur nos propres ressources nationales […]. On instaurera l'ordre juste. Il n'y aura plus d'exploitation. Chacun obtiendra ce qui lui revient. Ce sera un développement total. Tous les groupes sociaux en bénéficieront. On encouragera l'épargne et supprimera le gaspillage [532]. »

Développement moral, synonyme de mise en quadrillage de la société

La troisième conférence intitulée « Le dégât moral durant le pouvoir de l'AKP et comment *milli görüş* [vision nationale] assurera-t-elle le développement moral ? » reprend et prolonge ce projet d'instauration d'un ordre juste. Les trois quarts du discours sont consacrés à réitérer les accusations de collabo [*işbirlikçi*] formulées envers l'AKP. Le dégât moral que l'AKP aurait infligé au pays tout entier est entendu au sens d'affaiblissement de la foi, ce qui fait le jeu, bien entendu, des sionistes qui savent parfaitement qu'ils ne peuvent pas prendre le dessus sur les Turcs, tant que la foi de ces derniers reste saine et intacte. D'où l'importance de ces conférences dont le but est de « réveiller, de provoquer un sursaut national » :

« N'oubliez pas cette réalité : le sionisme ressemblerait à un crocodile. Sa mâchoire supérieure serait les États-Unis, la mâchoire inférieure l'UE et la queue Israël [...]. Le sionisme sait qu'il peut mettre fin à l'islam par trois moyens. En l'interdisant, en le dénaturant et, le troisième, en inventant une aberration comme celle de l'islam modéré. Qu'est ce que c'est l'islam modéré ? Tu fais paisiblement ta prière et tu te désintéresses complètement de l'ordre créé par le juif. Ceci reviendrait à devenir l'esclave du juif [533]. »

« L'agenda caché de l'AKP » ainsi mis en évidence, le dégât moral infligé au pays par les « marionnettes » du sionisme est illustré avec les chiffres à l'appui :

« On compte, avant l'arrivée de l'AKP au pouvoir, 34 000 divorces par an. Aujourd'hui 90 000 divorces par an. Pourquoi ? Parce que le sionisme a les mains libres, avec la complicité de l'UE qui dicte des textes néfastes pour notre société, pour notre religion [...]. Les familles se disloquent. La délinquance juvénile explose. La prostitution gagne du terrain. Les missionnaires sillonnent tout le pays. Les femmes voilées ne sont pas admises dans les hôpitaux. Voilà le résultat de leur projet européen [534]. »

C'est sur ce terrain que l'islam radical marque le mieux sa différence avec ses projets de développement moral (*manevi kalkınma projeleri*). Alors que pour son successeur modéré, le développement moral s'en tiendrait à la simple acquisition individuelle d'un certain nombre de valeurs religieuses censées poser des points de repère dans ce monde matérialiste et guider ainsi l'action du croyant dans le « bon » sens, on a affaire, avec l'islam radical, à un véritable projet politique de mise en quadrillage moral de la société tout entière :

« Dès notre arrivée au pouvoir, nous lancerons notre projet de développement moral. Nous ferons adopter une loi dans ce sens. Les personnes impliquées dans des actes contraires à la loi seront déférées devant la justice. Des ministères tels que celui de la Culture et de l'Éducation, de l'Intérieur ainsi que la Direction des affaires religieuses,

TRT [Radio et Télévision de Turquie], le ministère chargé de la Famille et les municipalités seront tous concernés par ce changement de loi. On va revoir, dans un second temps, de fond en comble le système éducatif. On va faire réécrire les manuels scolaires [...]. À l'image du Conseil de sécurité nationale, on va instaurer un Conseil supérieur de protection de la femme, de la famille et de l'enfance [...]. L'adultère sera, de nouveau, pénalement puni [535]. »

Développement, synonyme d'une rupture politique heureuse

En résumé, sur le fond d'une rhétorique d'*asr-ı saadet* [ère de félicité], le développement, au sens musulman radical, est un projet foncièrement politique qui se conçoit comme une rupture libératrice d'avec un temps présent considéré comme injuste, corrompu. Les cinq conseils supérieurs dont Necmettin Erbakan souhaite voir la mise en place dans chaque pays musulman formant D-8 [536] illustrent parfaitement cette idée de rupture heureuse. Ce sont les suivants [537] :

Conseil de volonté politique et d'ordre juste
Conseil d'indépendance économique et de développement
Conseil d'indépendance technologique et de développement
Conseil d'indépendance culturelle et de développement
Conseil de protection de la femme et de la famille

Le vocabulaire habituellement employé pour penser le développement, comme celui qui caractérise les trois représentations de l'axe I, n'a donc plus de sens ici, parce que trop économiciste et centré sur le marché. Celui-ci, bien que reconnu, mais sous réserve de quelques restrictions relatives à la production et à la consommation de certains produits interdits (comme l'alcool ou la viande de porc), n'est absolument pas déterminant. On peut même évoquer un certain encastrement de l'agir économique, en suivant les travaux de Polanyi [538] : acte d'échange sur le marché s'effectuant sous un certain nombre de contraintes objectives d'ordre religio-sociétal (interdiction par exemple de gaspillage, de surproduction ou de prêt à intérêt). Une certaine idée des relations internationales, où des forces occultes de la juiverie comploteraient en permanence, prédomine tout l'édifice intellectuel. En découle une certaine agressivité discursive pour le moins contenue. Le développement, conçu comme un acte politique libérateur (toujours dans le sens d'un mouvement vers *asr-ı saadet*) se déploierait, au final, dans deux directions suivantes :

Développement moral, synonyme d'un exhaustif et minutieux quadrillage moral (au sens de Foucault), afin de délivrer et protéger la société des dommages causés par le sionisme ;

Développement économique, synonyme d'une industrialisation extensive, gage de puissance et d'indépendance ; « Nous, on ne veut pas un développement dépendant comme celui des pays colonisés, mais un développement indépendant comme celui des pays leaders [...]. C'est pourquoi, on dit non à l'Europe qui ne veut pas que la Turquie s'industrialise. Elle veut que la Turquie reste un pays dépendant [539]. » Ainsi industrialisée, donc développée, une société d'abondance sans exploitation ni domination (*ümmet-ül vusta*) peut enfin naître : un ordre juste [*adil düzen*] au parfum socialiste sans cesse souligné, alors que l'islam modéré se donne, de son côté, toutes les peines du monde, pour démontrer la prédisposition de la religion musulmane aux affaires.

CONCLUSION

Il semble que toute problématique de développement, quel que soit le thème abordé, ne peut faire aujourd'hui l'économie d'une réflexion sur le marché. Il n'y a pas de modernité, ni de développement sans marché. En tant que principe organisateur de toute l'activité humaine, le marché est au centre. Le reste n'a qu'à s'y ajuster. D'où la thèse de la nécessaire adaptation des hommes, des sociétés, des pays, à cette nouvelle centralité (globalisation), ce qui confère aux thèses de Polanyi une brûlante actualité :

« Le modèle du marché, comme il est apparenté avec un mobile particulier qui lui est propre – celui du paiement en nature ou du troc —, est capable de créer une institution spécifique, à savoir, le marché. C'est, en fin de compte, la raison pour laquelle la maîtrise du système économique par le marché a des effets irrésistibles sur l'organisation tout entière de la société : elle signifie tout bonnement que la société est gérée en tant qu'auxiliaire du marché. Au lieu que l'économie soit encastrée dans les relations sociales, ce sont les relations sociales qui sont encastrées dans le système économique [540]. »

Notre objet d'étude n'échappe pas, lui non plus, à ce règne sans partage de la norme marchande. Les catégories internes des discours recueillis se structurent, comme on l'a vu, autour de deux entrées opposées l'une à l'autre. Leur ligne de rupture se situe précisément à l'intersection de l'économique et du non-économique. Leur rapport au marché est déterminant. Des représentations (axe I) qui ont en commun de reconnaître la centralité du marché s'opposent à celles (axe II) qui refusent à la société le rôle de l'appendice du marché. Ce refus a toutefois un prix. Contester la centralité du marché dans l'ordonnancement civilisationnel, c'est se condamner à l'impuissance, et par là, à l'hérésie. Les frères ennemis (représentations kémaliste [541] et musulmane radicale) ont le malheur commun de l'expérimenter à leurs dépens. Leur indicibilité actuelle y est en grande partie liée. Le cas de l'islam modéré est à méditer de ce point de vue. Longtemps resté à la périphérie du champ politique, l'islam politique gagne en dicibilité et légitimité, ce qu'il perd en radicalité, une fois effectuée la conversion de ses dirigeants aux dogmes du marché homogénéisateur, créateur de consensus.

La question ne se pose donc plus dans les termes d'une simple division kémalistes/laïcs/islamistes, bien que la formule (pays qui peut basculer à tout moment dans l'islamisme) connaisse toujours un certain succès, mais en termes d'introduction progressive d'une nouvelle normativité marchande [542]. Ce qui la distingue du libéralisme classique, c'est son aspect extensif qui se traduit par un déploiement continu de la logique marchande dans des secteurs où celle-ci est, *a priori*, absente. Peu de lieux échappent à cette marchandisation généralisée, y compris celui qui semble le plus éloigné d'elle, telle la famille « travaillée » sous de multiples logiques marchandes allant du licenciement au travailler plus. La boucle est bouclée, lorsqu'une idéologie accompagnant cette pénétration de la norme marchande proclame que tout ce qui n'est pas conforme à cette nouvelle donne est archaïque, inefficace. Ce présupposé anthropologique est la condition pour penser toute relation bilatérale comme une transaction marchande. Il invite à considérer que la pluralité des valeurs est secondaire au regard de la recherche de l'intérêt marchand. Ce discours particulièrement bien rodé produit un effet homogénéisateur hégémonique. Ainsi, on a vu que les divergences entre les trois représentations (de l'axe I) reconnaissant cette normativité marchande, tenaient à peu de choses. Plus aucune formation politique visant le pouvoir ne peut ignorer cette nouvelle donne structurante du champ politique. Aussi, sur fond de reconnaissance tacite de la norme marchande, le politique se place-t-il sur le plan des éléments centrifuges et se réduit au pour ou contre : pour ou contre le voile, pour ou contre l'autorisation de la langue kurde... la seule façon de marquer sa différence dans un champ où le périmètre du politiquement pensable est considérablement réduit.

Cette extension de la logique marchande aux différents niveaux du monde social ne peut se comprendre pleinement qu'à l'échelle du champ international, puisqu'elle est portée par ce qu'on nomme la globalisation qui se présente comme un processus d'homogénéisation, d'uniformisation et de standardisation de diverses réalités nationales sous l'effet de l'extension planétaire de l'économie de marché. On le voit bien, même une enquête de terrain, *a priori* sans dimension internationale, comme la nôtre, ne peut faire l'économie d'une réflexion, fût-elle sommaire, sur le sens unique qu'emprunte la circulation internationale des mots, dont la globalisation. Ce travail critique de défrichement [543] (qui n'aurait pu être entrepris pleinement ici, puisqu'il aurait nécessité une construction de l'objet sensiblement différente) peut, à notre sens, emprunter deux voies qui sont complémentaires : il peut dans un premier temps s'en prendre au lexique (globalisation, gouvernance, flexibilité, etc.), mais aussi à l'argumentation et en particulier à l'usage des métaphores, pour aboutir finalement à une anthropologie de la vulgate dominante. Il peut (et devrait) aussi s'embarquer dans une sociologie des conditions sociales de production et de diffusion du discours dominant en mettant au jour les profils des producteurs et usagers, mais aussi des gagnants et perdants de ces processus globaux.

Ce travail résolument critique qui ne peut être pleinement réalisé que lorsqu'il est entrepris à la fois au (x) Nord(s) et au (x) Sud(s) a pour condition préalable qu'il existe une réflexivité épistémologique, le seul vaccin dont on dispose pour se prémunir contre l'épidémie conceptuelle d'une certaine vulgate se voulant universelle et qui s'impose avec d'autant plus de force qu'elle est technifiée, réifiée. Mais cette vigilance épistémologique à l'origine de tout travail de déconstruction fait terriblement défaut en Turquie. L'absence quasi complète de ce pays dans le mouvement d'idées et d'expériences liées à la notion de développement en témoigne. Pour Fuat Ercan, professeur en économie de l'université de Marmara (Istanbul), l'un des rares universitaires qui mène des travaux singulièrement axés sur le concept de développement, la Turquie constituerait, de ce point de vue, un cas extrêmement intéressant : « Lorsqu'on revisite les 50 dernières années de la littérature du développement, on constate de remarquables travaux critiques dans toute l'Amérique latine, en Inde, en Corée du Sud. Mais cette richesse, on ne la trouve malheureusement pas en Turquie. Il faudrait en chercher les raisons dans des études ultérieures [544]. » Sans aller jusqu'à le présenter comme « coupable du désordre », le caractère de « suiveur » du kémalisme n'y est sans doute pas pour rien. Il semble avoir laissé des traces dans la manière de percevoir la science, la technologie et l'autre occidental [545].

Face aux immenses enjeux posés par la globalisation, la dimension épistémologique, habituellement abordée en hors-texte (en préface ou en annexe du texte), apparaît donc ici capitale. C'est elle seule qui peut permettre une prise de distance critique à l'égard de l'hégémonie de la vulgate marchande. On entend ici épistémologie au sens piagétien du terme [546] et non au sens d'une mise en perspective historique, sociologique ou philosophique de la science. Il ne s'agit donc pas d'ajouter une « bulle « épistémologie » aux programmes de diverses formations universitaires. Il s'agirait plutôt de développer une véritable curiosité épistémologique pour passer du statut de « consommateur » à celui de « producteur » dans les échanges internationaux de mots ; un marché où la Turquie brillerait plus, comme on l'a vu, par sa surconsommation que par la qualité de ses productions.

Roubaix, le 26 octobre 2010

BIBLIOGRAPHIE

(en français)

Abbas M., 2005 : « Le consensus de São Paulo : Éléments d'analyse d'une nouvelle stratégie de développement », *Cahier de recherche du LEPII*, Série EPIID, n° 6.

Abraham-Frois G., **Desaigues B.**, 2003 : « Du consensus de Washington au consensus Stiglitzien », *Revue d'économie politique*, volume 113.

Achard P., 1982 : « Sociologie du développement » ou sociologie du développement », *Revue Tiers Monde*, vol. 23, n° 90.

Achard P., 1984 : « Le développement ou l'école des nations », *Revue Tiers Monde*, vol. 25, n° 100.

Adam M., 1984 : « Signes et développement », *Revue Tiers Monde*, vol, n° 100.

Akagül D., 1989 : « L'économie turque : de l'étatisme à une forme de libéralisme », *CEMOTI*, n° 8.

Albagli C., 2006 : « Le développement : interaction des faits et des idées » in J.-P. Gern (ed.), *Les sciences sociales confrontées au développement*, Paris, l'Harmattan.

Austruy J., 1965 : *Le scandale du développement*, Paris, Rivière.

Austruy J., 2006 : *Islam face au développement*, Paris, l'Harmattan.

Baré J.-F., 1992 : « L'Économie décrite en tahitien : quelques remarques *», L'Homme*, vol. 32, n° 121.

Baré J.-F. (ed.) 1997 : *Regards interdisciplinaires sur les politiques de développement*, Paris, l'Harmattan.

Baré J.-F., (ed.) 2001 : *L'évaluation des politiques de développement*, Paris, l'Harmattan.

Baré J.-F.., 2007 : « De l'anthropologie au développement et retour », *Revue Tiers Monde*, n° 191, juillet-septembre.

Baré J.-F.., 2007 : « La notion de développement, comme catégorie d'un système sémantique » in C. Coquery-Vidrovitch, D. Hémery, J. Piel (ed.), *Pour une histoire du développement, États, sociétés, développement*, Paris, l'Harmattan.

Bend P., 2007 : « Repenser le concept de développement, des impasses d'un processus de standardisation des sociétés à la nécessaire émergence d'un sens historique », *Afrique et Développement*, Vol. XXXII, n° 3.

Benot Y., 1973 : *Qu'est-ce que le développement ?* Paris, Maspero.

Peter L. B., **Luckmann T.**, 2006 : *La construction sociale de la réalité*, Paris, Armand Colin.

Bourdieu P., 1998 : *Contre feux*, Paris, Raisons d'agir.

Bourdieu P., 1993 : « À propos de la famille comme catégorie réalisée », *Actes de la recherche en sciences sociales*, 1993, n° 100.

Bourdieu P., 2000 : *Propos sur le champ politique*, Lyon, Presses Universitaires de Lyon.

Bourdieu P., 2000 : *Les structures sociales de l'économie*, Paris, Seuil.

Bourdieu P., **Wacquant L.**, 2000 : « La nouvelle vulgate planétaire », *Le Monde diplomatique*.

Bozarslan H., 1997 : « Le chaos après le déluge ? Notes sur la crise turque des années 70 », *Cultures et Conflits*, n° 24-25.

Boyer R., 2001 : « L'après-consensus de Washington : institutionnaliste et systémique ? », *L'Année de la régulation*, n° 5.

Broquet H., **Lanneau C.**, **Petermann S.** (ed.) 2008 : *Les 100 discours qui ont marqué le XXe siècle*, Paris, André Versailles éditeur.

Caire G., 2007 : « L'IEDES a 50 ans, des travaux et des jours d'un vert quinquagénaire », *Revue Tiers Monde*, n° 191.

Chartier A. M., 1996 : *Essai critique sur le concept de développement,* Grenoble, Presses Universitaires de Grenoble.

Choquet C., **Dollus O.**, **Le Roy E.**, **Vernières M.**, (ed.) 1994 : *État des savoirs sur le développement, trois décennies de sciences sociales en langue française*, Paris, Karthala.

Comeliau C., 1991 : *Les relations Nord-Sud*, Paris, La Découverte.

Comeliau C., 1993 : « Pour un renouveau de l'étude du développement », *Revue Tiers Monde*, vol. 34, n° 135.

Comeliau C., 1994 : « Développement du développement durable, ou blocages conceptuels ? », *Revue Tiers Monde*, n° 137.

Comeliau C., 2000 : « Le postulat de la croissance indéfinie », *Revue internationale des sciences sociales*, n° 166.

Comeliau C., 2000 : *Les impasses de la modernité : critique de la marchandisation du monde*, Paris, Seuil.

Comeliau C., 2006 : *La croissance ou le progrès ? Croissance, décroissance, développement durable*, Paris, Seuil.

Comeliau C., 2007 : « Les dimensions politiques et sociales dans l'analyse économique du développement », *Revue Tiers Monde*, n° 191.

Comeliau C., 2009 : *L'économie contre le développement ? : Pour une éthique du développement mondialisé*, Paris, l'Harmattan.

Copans J., 2006 : *Développement mondial et mutations des sociétés contemporaine*s, Paris, Armand Colin.

Castoriadis C., 1977 : « Table ronde, existe-il un modèle socialiste de développement » in C. Mendes (ed.), *Le mythe du développement*, Paris, Seuil.

Castoriadis C., 1977 : « Réflexions sur le « développement » et la « rationalité » in C. Mendes (ed.), *Le mythe du développement*, Paris, Seuil.

Castoriadis C., 1975 : *L'institution imaginaire de la société*, Paris, Seuil.

Coquery-Vidrocovitch C., **Hémery D.**, 1986 : Pour une histoire du développement. États, sociétés, développement, Paris, l'Harmattan.

Deny J., **Marchand R.**, 1933 : *Petit manuel de la Turquie nouvelle*, Paris, Haumont et Cie.

Deleuze G., 1969 : *Logique du sens*, Paris, Les Éditions de Minuit.

Derrida J., 1997 : *De la grammatologie*, Paris, Les Éditions de Minuit.

Dezalay Y., **Garth B.**, 1998 : « Le Washington consensus. Contribution à une sociologie de l'hégémonie du néolibéralisme », *Actes de la recherche en Sciences Sociales*, vol. 121, n° 1.

Destanne de Bernis G., 1974 : « Le sous-développement, analyses ou représentations », *Revue Tiers Monde*, vol. 15, n° 57.

Domenach J.-M., 1977 : « Crise du développement, crise de la rationalité » in C. Mendes (ed.), *Le mythe du développement*, Paris, Seuil.

Doise W., 1986 : « Les représentations sociales, définition d'un concept » in W. Doise et A. Palmonari (ed.), *L'étude des représentations sociales*, Paris, Delachaux et Niestlé.

Dumont P., 2003 : « La Turquie d'Atatürk : un modèle de développement pour le monde musulman », *Journées bruxelloises de la Méditerranée*, Bruxelles, 23 octobre.

Dumont P., 1983 : *Mustafa Kemal invente la Turquie moderne*, Bruxelles, Complexe.

Dubois J.-L., **Mahieu F.-R.**, 2008 : « Les « deux niveaux » du langage du développement. Un obstacle anthropologique réciproque », Colloque *Les mots du développement. Genèse, usages et trajectoires*, Centre d'Économie de la Sorbonne, 13 novembre, Paris.

Du Sautoy P., 1966 : « La sémantique du « développement », *Revue Tiers Monde*, vol. 7, n° 25.

Elias N., 1973 : *La civilisation des mœurs* [1939], Paris, Calmann-Lévy.

Foucault M., 1992 : *L'Archéologie du savoir* [1969], Paris, Gallimard.

Freyssinet J., 1966 : *Le concept de sous-développement*, Paris, Mouton.

Gentizon P., 1929 : *Mustapha Kemal ou l'Orient en marche*, Paris, Bossard.

Godelier M., 1996 : « Anthropologie sociale et histoire locale », *Revue d'histoire et d'archives de l'anthropologie*, n° 20.

Gosovic B., 2000 : « L'hégémonie intellectuelle et développement », *Revue internationale des sciences sociales*, n° 166.

Göle N., 2003 *: Musulmanes et modernes, voie et civilisation en Turquie*, Paris, La Découverte.

Gökalp A., (ed.) 1986 : *La Turquie en transition. Disparités, identités, pouvoir*, Maisonneuve et Larose.

Gökalp I., **İnsel A.**, 1984 : « Entre l'autorité de l'État et l'autonomie du marché : Le dilemme du libéralisme économique turc », *Les Temps modernes*, juillet-août 1984.

Guichaoua A., **Goussault Y.**, 1993 : *Sciences sociales et développement*, Paris, Armand Colin.

Guichaoua A., **Goussault Y.**, 1997 : « Sociologie du développement » in J.-P. Durand et R. + (ed.), *Sociologie contemporaine*, Paris, Vigot, 1997.

Guichaoua A., (ed.) 1996 : *Questions de développement. Nouvelles approches et enjeux*, Paris, l'Harmattan.

Guichaoua A., 1997 : « Coopération internationale, le temps des incertitudes », *Revue Tiers Monde*, n° 151.

Guichaoua A., **Majeres J.**, 1982 : « Usages de la sociologie dans les organismes de coopération et du développement », *Revue Tiers Monde*, vol. 23, n° 90, 1982.

Goussault Y., 1982 : « Sociologie du développement », *Revue Tiers Monde*, n° 90.

Goussault Y., 1982 : « Où en est la sociologie du développement », *Revue Tiers Monde*, n° 90.

Goussault Y., 1987 : « Tiers-Monde, développement : de la socioéconomie à la sociologie », *Revue Tiers Monde*, n° 112.

Haubert M., 1994 : « Sociologie du développement : quelle sociologie et de quel développement ? » in C. Choquet, O. Dollus, E. Le Roy, M. Vernières, (ed.), *État des savoirs sur le développement, trois décennies de sciences sociales en langue française*, Paris, Karthala.

Hémery D., **Margolin J.-L.**, 2007 : « Les visions du développement des sociétés non-industrialisées : problématiques et modèles depuis l'époque du 'Capital'jusqu'à la seconde guerre mondiale » in C. Choquet, O. Dollus, E. Le Roy, M. Vernières, (ed.), *État des savoirs sur le développement, trois décennies de sciences sociales en langue française*, Paris, Karthala.

Hermey G., 2000 : *Culture et développement*, Paris, Presses des sciences Po.

Hugon P., 1989 : *Économie du développement*, Paris, Dalloz.

Hugon P., 2008 : *L'économie du développement et la pensée francophone*, Paris, Éditions des archives contemporaines.

Hugon P., 2008 : « Sens et contre-sens du développement. Les mots du et de développement », Colloque *Les mots du développement. Genèse, usages et trajectoires*, Centre d'Économie de la Sorbonne, 13 novembre, Paris.

Hugon P., 2004 : « Le post-ajustement et l'après « Consensus de Washington » ou le quatrième temps de la pensée francophone », *GEMDEV*, novembre.

Hours B., **Selim M.**, 2010 : *Anthropologie politique de la globalisation*, Paris, l'Harmattan.

İnsel A., 1984 : *La Turquie entre l'ordre et le développement*, Paris, l'Harmattan.

İnsel A., (ed.) 2003 : *La Turquie et le développement*, Paris, l'Harmattan.

Jevakhoff A., 1989 : *Kémal Atatürk. Les chemins de l'Occident*, Paris, Tallandier.

Jobert M., 1982 : « Islam et sa modernité », *Revue Tiers-Monde*, vol. 23, n° 92.

Kazancigil A., **Özbudun E.**, (ed.) 1984 : *Atatürk fondateur de la Turquie moderne*, Paris, Masson.

Khaldoun I., 2000 : *Discours sur l'histoire universelle – Al-Muqaddima* [1377], Actes Sud.

Latouche S., 1984 : « L'échec de l'occidentalisation », *Revue Tiers Monde*, vol. 25, n° 100.

Latouche S., 1984 : « Déculturation ou sous-développement », *Revue* Tiers-Monde, vol. 25, n° 97, janvier-mars.

Latouche S., 2003 : « L'imposture du développement durable ou les habits neufs du développement », *Mondes en Développement*, vol. 31, n° 121.

Lewis B., 1988 : *Islam et laïcité. Naissance la Turquie moderne* [1961], Paris, Flammarion.

Lombard J., 1982 : « La sociologie et le développement, pluridisciplinarité ou spécificité », *Revue Tiers Monde*, vol. 23, n° 90.

Morin E., 1977 : « Le développement de la crise du développement », dans, Candio Mendes (ed.), *Le mythe du développement*, Paris, Seuil.

Moatassime A., 1982 : « Islam et développement », *Revue Tiers Monde*, vol. 23, n° 92.

Özal T., 1989 : « La vocation européenne de la Turquie », entretien accordé à la *Revue Géopolitique*, Paris, n° 24.

Özal T., 1988 : *La Turquie en Europe*, Paris, Plon.

Mantran R., (ed.) 1989 : *Histoire de l'Empire ottoman*, Paris, Fayard.

Partant F., 1983 : *La fin du développement : naissance d'une alternative ?* Paris, Découverte.

Peemans J. Ph., 2002 : *Le développement des peuples face à la modernisation du monde. Les théories du développement face aux histoires du développement « réel » dans la seconde moitié du XXe siècle*, Louvain-la-Neuve/Paris, Academia-Bruylant/L'Harmattan.

Pérouse J.-F., 2004 : La *Turquie en marche* : les grandes mutations depuis 1980, Paris, Éditions de la Martinière.

Perroux F., 1981 : *Pour une philosophie du développement*, Paris, Éditions Aubier-Montaigne.

Piaget J., 2005 : *L'épistémologie génétique* [1950], Paris, PUF.

Polanyi K., 1983 : *La grande transformation. Aux origines politiques et économiques de notre temps* [1944], Paris, Gallimard.

Poncelet M., 1994 : *Une utopie post-tiers-mondiste, la dimension culturelle du développement*, Paris, L'Harmattan.

Porter M., 1998 : *L'Avantage concurrentiel des nations*, Paris, Dunod.

Redslob A., 2006 : « À nouveau monde, nouvelles pensées et stratégies neuves » in J.-P. Gern (ed.), *Les sciences sociales confrontées au développement*, Paris, l'Harmattan.

Rist G., 1996 : *Le développement. Histoire d'une croyance occidentale,* Paris, Presses de la Fondation nationale des Sciences politiques.

Rist G., Sabelli F., (ed.) 1986 : *Il était une fois le développement*, Éd. D'en bas, Lausanne.

Roux J.-P., 2000 : *Histoire des Turcs*, Paris, Fayard.

Sachs W., Esteva G., 1996 : *Des ruines du développement*, Montréal, Écosociété.

Said E.-W., 1980 : *L'orientalisme. L'Orient créé par l'Occident* [1978], Paris, Le Seuil.

Shayegan D., 1989 : *Le regard mutilé*, Paris, Albin Michel.

Sigal S., 1982 : « Sociologie du développement et sociologie des sociétés périphériques », *Revue Tiers Monde*, vol. 23, n° 90.

Stiglitz J., 2002 : *La grande désillusion*, Paris, Fayard.

Touraine A., 1992 : « Qu'est-ce que le développement ? », *L'année sociologique*, vol 42.

Veinstein G., (ed.) 1982 : *Mehmed Efendi, Le paradis des infidèles. Un ambassadeur ottoman en France sous la Régence*, Paris, Maspero-La Découverte.

Vaner S., (ed.) 1991 : *Modernisation autoritaire en Turquie et en Iran*, Paris, Harmattan.

Vaner S., (ed.) 2006, *La Turquie*, Paris, Fayard.

Vérez J.-C., 2008 : « La Turquie au carrefour des pays en développement, émergents et industrialisés », *Revue Tiers Monde*, avril-juin.

Wallerstein I., 1982 : « Le développement du concept de développement », *Sociologie et sociétés*, vol. 14, n° 2.

Yerasimos S., 1999 : « Explorateurs de la modernité. Les ambassadeurs ottomans en Europe », *Genèses*, Volume 35, n° 1.

Yerasimos S., (ed.) 1998 : *Deux Ottomans à Paris sous le Directoire et l'Empire*, Sindbad-Actes Sud.

Zarcone T., 2005 : *La Turquie. De l'empire ottoman à la République d'Atatürk*, Paris, Gallimard.

Zaoual H., 1984 : « La crise du paradigme du développement : critique des discours critiques par un économiste du Tiers Monde », *Revue Tiers Monde*, vol, n° 100.

(en turc)

Akçay U., 2009 : *Para Banka Devlet – Merkez Bankası Bağımsızlaşmasının Ekonomi Politiği*, Istanbul, SAV (Sosyal Araştırmalar Vakfı).

Akçay U., 2007 : *Kapitalizmi Planlamak Türkiye'de Planlama ve DPT'nin Dönüşümü*, Istanbul, SAV (Sosyal Araştırmalar Vakfı).

Akın C., 1986 : *Faizsiz Bankacılık ve Kalkınma*, Istanbul, Kayıhan Yayınları.

Algan N., **Mengi A.**, 2003 : Küreselleşme ve Yerelleşme Çağında Bölgesel Sürdürülebilir Gelişme, Ankara, Siyasal Kitabevi.

Apan A., 2004 : « Bölge Kavramı ve Bölgesel Kalkınma Ajansları », *Çağdaş Yerel Yönetimler Dergisi* (13).

Armağan S., 1996 : *Anahtarlarıyla İslam Ekonomisi*, Istanbul, Timaş Yayınları.

Aslan O., 1998 : « Devlet Planlama Teşkilatı: 1980 Sonrası Dönüşüm », *Amme İdaresi Dergisi*, Ankara, 31/1 Mart.

Avcıoğlu D., 1996 : *Türkiye'nin Düzeni*, Istanbul, Tekin Yayınevi.

Başkaya F., 1997 : Paradigmanın İflâsı: Resmi İdeolojinin Eleştirisine Giriş, Istanbul, Doz.

Başkaya F., 2005 : *Kalkınma iktisadının yükselişi ve düşüşü.* Ankara, Türkiye ve Ortadoğu Forumu Vakfı.

Berkes N., 2008 : *Türkiye'de Çağdaşlaşma*, Istanbul, Yapı Kredi Yayınları.

Beşer F., 1987 : *İslam'da Sosyal Güvenlik*, Ankara, Diyanet İşleri Başkanlığı.

Boratav K., 2005 : « Geçmişe Dönüşü Savunarak İleriye Gitmek », *Türkiye İktisat Kongresi 2005 Bildirileri*, Nazım Kitaplığı 31, Istanbul.

Boratav K., 1982 : *Türkiye'de Devletçilik*, Ankara : Savaş Yayınları.

Bulaç A., 2001 : *Çağdaş Kavramlar ve Düzenler*, Istanbul, İz Yayıncılık.

Cirhinlioğlu Z., 1999 : *Azgelişmişliğin Toplumsal Boyutu*, Ankara, İmge Kitabevi.

Cem I., 1970 : *Türkiye'de Geri Kalmışlığın Tarihi*, Istanbul, Cem Yayınevi.

Çapra O., 1977 : *İslamda İktisadi Nizam*, Istanbul, Sebil Yayınları.

Çapra O., **Hurşid A.**, 1991 : *İslam Ekonomisi ve Sosyal Güvenlik Sistemi*, Istanbul, Marifet Yayınları.

Çetin M., 2006 : « Yerel Kalkınma Ajansları », *Ege Akademik Bakış*, cilt 6, sayı 2, temmuz.

Dedeoğlu S., **Subaşat T.**, (ed.) 2004 : *Kalkınma ve Küreselleşme*, Istanbul, Bağlam Yayınları,.

Demir O., (ed.) 1999 : *İslâm, Sivil Toplum, Piyasa Ekonomisi*, Ankara, Liberte Yayınları.

Demir O., 2003 : *İktisat ve Ahlâk*, Ankara, Liberte Yayınları.

DPT (Devlet Planlama Teşkilatı), 1963 : *1963-1967 Kalkınma Planı Birinci Beş Yıl*, Ankara, DPT Yayınları.

DPT, 1967 : 1968-1972 Kalkınma Planı İkinci Beş Yıl, Ankara, DPT Yayınları.

DPT, 1972 : 1973-1977 Yeni Strateji ve Kalkınma Planı Üçüncü Beş Yıl, Ankara, DPT Yayınları.

DPT, 1979 : 1979-1983 Dördüncü Beş Yıllık Kalkınma Planı, Ankara, DPT Yayınları.

DPT, 1984 : 1985-1989 Beşinci Beş Yıllık Kalkınma Planı, Ankara, DPT Yayınları.

DPT, 1989 : 1990-1994 Altıncı Beş Yıllık Kalkınma Planı, Ankara, DPT Yayınları.

DPT, 1991 : Türkiye'de Planlama ve Serbest Piyasa Ekonomisi. Ankara, DPT Yayınları.

DPT, 1995 : 1996-2000 Yedinci Beş Yıllık Kalkınma Planı, Ankara, DPT Yayınları.

DPT, 1996 : İllerin Sosyo-Ekonomik Gelişmişlik Sıralaması Araştırması, Ankara, DPT Yayınları.

DPT, 2000 : 2001-2005, Uzun Vadeli Strateji ve Sekizinci Beş Yıllık Kalkınma Planı, Ankara, DPT Yayınları.

DPT, 2000 : Doğu Karadeniz Bölgesel Gelişme Planı (DOKAP) Nihai Rapor, Cilt 1, Yönetici Özeti, Ankara, DPT Yayınları, Ağustos.

DPT, 2000 : Sekizinci Beş Yıllık Kalkınma Planı Bölgesel Gelişme Özel İhtisas Komisyonu Raporu, Ankara, DPT Yayınları.

DPT, 2003 : Türkiye Cumhuriyeti Ön Ulusal Kalkınma Planı 2004-2006, Ankara, DPT Yayınları.

DPT, 2003 : İllerin ve Bölgelerin Sosyo-Ekonomik Gelişmişlik Sıralaması Araştırması, Ankara, DPT Yayınları, Mayıs.

DPT, 2006 : 2007-2013 Dokuzuncu Kalkınma Planı : Rekabet, İstihdam, Beşeri Sermaye, Bölgesel Gelişme, Kamuda Etkinlik, Ankara, DPT Yayınları.

DPT, 2006 : Dokuzuncu Kalkınma Planı 2007-2013, Bölgesel Gelişme Politikaları ve AB'ye Ekonomik-Sosyal Uyum Özel İhtisas Komisyonu Raporu, Ankara, DPT Yayınları.

DPT, 2007 : Yeni Bölgesel Gelişme Politika ve Uygulamaları, Ankara, DPT Yayınları, Haziran.

DPT, 2007 : *Kamuda İyi Yönetişim Özel İhtisas Komisyonu Raporu*, N° 2721, ÖİK : 674, Ankara, DPT Yayınları.

DPT, 2007 : *Kalkınma Ajansları*, Ankara, DPT Yayınları.

DPT, 2008 : Güneydoğu Anadolu Projesi Eylem Planı (2008-2012), Ankara, DPT Yayınları, Mayıs.

DPT, 2008 : Bölgesel Rekabet Edebilirlik Kavramı ve Bölgesel Kalkınma Politikalarına Yansımaları, Ankara, DPT Yayınları, Ağustos.

DPT-TEPAV, 2006 : Dokuzuncu Kalkınma Planı 2007-2013, Sanayi Politikaları Özel İhtisas Komisyonu Raporu, Ankara, DPT Yayınları.

Duran M., 2000 : *Ekonomi Yazarları Gözüyle Türkiye Ekonomi Politiği,* Ankara, Hazine Müsteşarlığı Araştırma ve İnceleme Dizisi-27.

Ebu Zehra M., 1981 : *İslam'da Sosyal Dayanışma*, Istanbul, Yağmur Yayınları.

Er I., 1999 : *Sosyal Gelişme ve İslam*, Istanbul, Rağbet Yayınları.

Erder N., Karaosmanoğlu A., Çilingiroğlu A., Sönmez A., 2003 : *Planlı Kalkınma Serüveni : 1960'larda Türkiye' de Planlama Deneyimi*, Istanbul, Bilgi Üniversitesi Yayınları.

Erbaş H., 1999 : « Gelişme Yazını ve Geleceği », *Doğu-Batı Düşünce Dergisi,* Sayı : 8.

Erbakan N., 2007 : « İşbirlikçiler ve AKP'nin Ekonomik yıkımı », *ESAM Türkiye Konferansları-1*, Istanbul, 28/06.

Erbakan N., 2007 : « Milli Görüş Ekonomik Kalkınma ve Herkese Refahı Nasıl Sağlayacak ? », *ESAM Türkiye Konferansları-2*, Ankara, 03/07.

Erbakan N., 2007 : « AKP Dönemindeki Manevi tahribat, ve Millî Görüş Manevi Kalkınmayı Nasıl Sağlayacak ? », *ESAM Türkiye Konferansları-3*, Istanbul, 11/07.

Erbakan N., 2007 : « AKP döneminde Dış Politika Faciası, Milli Görüş Yeniden Büyük Türkiye'yi Nasıl Kuracak ? », *ESAM Türkiye Konferansları-4*, Ankara, 18/07.

Ercan F., 2006 : *Modernizm, Kapitalizm ve Azgelişmişlik*, Ankara, Bağlam Yayıncılık.

Ercan F., 2003 : « Kalkınma Kavramı : Türkiye'nin Kalkınma Seçeneklerinin Eleştirisi ve Alternatif Bir Çerçeve », *Ekonomik Yaklaşım Kongreler Dizisi 3*, sayı 49.

Ersoy M., 1992 : Emperyalizm, Gelişme ve Bağımlılık Üzerine, Verso Yayınları,Ankara.

Gülalp H., 1983 : Gelişme Stratejileri ve Gelişme İdeolojileri, Ankara, Yurt Yayınları.

Gürdoğan N., 2008 : *Girişimcilik ve Girişim Kültürü*, Istanbul, İGİAD Yayınları.

Gökalp Z., 2005 : *Türkleşmek, İslamlaşmak, Muasırlaşmak*, Istanbul, Akvaryum Yayınevi.

Gökalp Z., 2007 : *Hars ve Medeniyet*, Ankara, Elips Kitap.

Hamitoğulları B., 2007 : « Başka bir İktisat : İslam İktisadı », *ESAM (Ekonomik ve Sosyal Araştırmalar Merkezi) Dergisi,* Yıl : 1, Sayı : 2, Mayıs.

Hanioğlu S., 2006 : *Osmanlı'dan Cumhuriyet'e Zihniyet* Siyaset ve Tarih, Ankara, Bağlam Yayıncılık.

Hisarcıklıoğlu R., 2009 : *Küresel finans krizi ve Türkiye*, Kamu'da Sosyal Politika, Yıl : 3, Sayı : 8.

İGİAD (İktisadî Girişim ve İş Ahlâkı Derneği), 2008 : *2008 Girişimcilik Raporu*, Istanbul, İGİAD Yayınları.

İGİAD, 2008 : *2008 İş Ahlâkı Raporu*, Istanbul, İGİAD Yayınları.

İGİAD, 2008 : *İş Ahlâkı Sempozyumu, Bildiriler*, Istanbul, İGİAD Yayınları.

İGİAD, 2008 : *Girişimcilik ve Girişimcilik Kültürü*, Istanbul, İGİAD Yayınları.

İşgüden T., **Ercan F.**, **Türkay M.**, (ed.) 1995 : *Gelişme İktisadı, Kuram – Eleştiri – Yorum*, Istanbul, Beta Yayınları.

Jongerden J., 2008 : « Bir kavramın yıkımı mı ? Kalkınmaya ilişkin eleştirel düşünceler », *Kırsal Kalkınmada Deney Paylaşımı ve Strateji Geliştirme Konferansı*, Diyarbakır, 10-11 Mart.

Kamu-Sen, 2009 : *Sosyal Politika ve İstihdam*, Kamu-Sen Ar-Ge Merkezi, Ankara, 15 Mayıs.

Kamu-Sen, 2009 : Ekonomik Krizin Endüstri İlişkilerine Etkileri ve Krize Çözüm Arayışları, Kamu-Sen Ar-Ge Merkezi, Ankara, 15 Mayıs.

Kansu G., 2005 : *Plânlı Yıllar*, Istanbul, Türkiye İş Bankası Kültür Yayınları.

Konya Ticaret Odası, 2009 : AB Uyum Sürecinde Kalkınma Ajansları ve Mevlana Kalkınma Ajansı, Haziran.

Kar M., **Taban S.**, 2005 : İktisadi Kalkınmada Sosyal Kültürel ve Siyasal Faktörlerin Rolü, Ekin Kitabevi.

Karaman H., 1981 : *İslam'da İşçi İşveren Münasebetleri*, Istanbul, Marifet Yayınevi.

Kara I., 2008 : *Cumhuriyet Türkiye'sinde Bir Mesele Olarak İslam*, Istanbul, Dergah Yayınları.

Kara I., 1994 : *İslamcıların Siyasi Görüşleri*, Istanbul, İz Yayıncılık.

Kazıcı Z., 1985 : *İslami ve Soyal Açıdan Vakıflar*, Istanbul, Marifet Yayınları.

Kepenek Y., Yentürk N., 2005 : *Türkiye Ekonomisi*, Istanbul, Remzi Kitabevi Yayınları.

Keyder C., 1995 : *Türkiye'de Devlet ve Sınıflar*, Istanbul, İletişim Yayınları.

Keyder C., 1996 : *Ulusal Kalkınmacılığın İflası*, Istanbul, Metis Yayınları.

Kibritçioğlu A., 1998 : « İktisadi Büyümenin Belirleyicileri ve Yeni Büyüme Modellerinde Beşeri Sermayenin Yeri », *AÜ Siyasal Bilgiler Fakültesi Dergisi*, Ocak-Aralık, Cilt 53, No. 1-4.

Küçük Y., 1971 : *Planlama, kalkınma ve Türkiye.* Istanbul, Gerçek Yayınevi.

Küçük Y., 1981 : « Türkiye'de Planlama Kavramının Gelişimi Üzerine », *ODTÜ Gelişme Dergisi*, Türkiye'de Planlı Gelişmenin Yirmi Yılı, 1960-1980, Özel Sayı.

Kozak E., 1985 : *Bir Sosyal Siyaset Müessesesi Olarak Vakıf*, Istanbul, Akabe Yayınları.

Köse A.-H., **Şenses F.**, (ed.) 2003 : İktisat Üzerine Yazılar I : Küresel Düzen, Birikim, Devlet ve Sınıflar – Korkut Boratav'a Armağan, Istanbul, İletişim Yayınları.

Köse A.-H., **Şenses F.**, (ed.) 2003 : *İktisat Üzerine Yazılar II : İktisadi Kalkınma, Kriz ve İstikrar Oktar Türel'e Armağan*, Istanbul, İletişim Yayınları.

Küçükömer I., 2009 : *Batılılaşma ve Düzenin Yabancılaşması*, Istanbul, Profil Yayıncılık.

Mardin S., 1991 : *Türk Modernleşmesi*, Istanbul, İletişim Yayınları.

Mıhçı H., 2001 : « Göreli Geri Kalmışlıktan Kurtulma Hamlesi ve Türkiye'de Planlı Kalkınma Deneyimi (1963-1983) » *Mülkiye Dergisi*, Cilt : XXV.

Mıhçı H., (1996) : « Kalkınma : Bir Terim Neyi Anlatır ? », *Ekonomik Yaklaşım*, cilt. 7, sayı. 23.

MÜSİAD (Müstakil **Sanayici ve İşadamları Derneği)**, 1994 : *İş Hayatında İslam İnsanı*, MÜSİAD Araştırma Raporları 9, Istanbul, Aralık.

MÜSİAD, 2008 : Doğu ve Güneydoğu Anadolu Bölgelerine Yönelik Sosyoekonomik Kalkınma Önerileri, MÜSİAD Araştırma Raporları: 53, Istanbul, Temmuz.

MÜSİAD, 2009 : *2009 Yılı Türkiye Ekonomisi Raporu*, MÜSİAD Araştırma Raporları: 59, Istanbul, Haziran.

MÜSİAD, 2006 : Kalkınma Yolunda Küresel Sermaye Ne Getiriyor Ne Götürüyor ? Çerçeve Dergisi, Sayı : 40, Eylül.

MÜSİAD, 2009 : *Sosyal Politika, Devlet, İsletmecilik*, Çerçeve Dergisi, Sayı : 49, Ocak.

MÜSİAD, 2009 : *Küresel Krizin Etkisinde Yeni Arayışlar*, Çerçeve Dergisi, Sayı : 50, Mart.

MÜSİAD, 2009 : *Rekabet ve Kümelenme*, Çerçeve Dergisi, Sayı : 51, Haziran.

MÜSİAD, 2006 : *İktisat, Tarih, Zihniyet Dünyamız*, Yönetim Kitaplığı, Istanbul.

Oyan O., 2005 : « Kalkınma Ajansları: Amaç Gerçekten Kalkınma Mı? », *Mülkiye dergisi*, cilt. XXIX, sayı.249, 2005.

Oygur H., 1984 : « Kalkınma Düşüncesinin Gelişimi », *Hacettepe Üniversitesi İ.İ.B.F. Dergisi*, II-III.

Özer Y.-E., 2008 : « Küresel Rekabet – Bölgesel Kalkınma Ajansları ve Türkiye », *Review of Social, Economic & Business Studies*, Vol. 9/10, 389-408.

Parla J., 2005 : *Efendilik, Şarkiyatçılık, Kölelik*, Istanbul, İletişim Yayınları.

Sencer M., 1991 : « Türkiye'de Kalkınma Stratejileri ve Planlama Süreci », *Amme İdaresi Dergisi*, Cilt 4, Sayı 24.

Sezen S., 1999 : Devletçilikten Özelleştirmeye Türkiye'de Planlama, Ankara, TODAİE Yayınları.

Somel C., 2001 : « Küreselleşen Dünyada Kalkınma Stratejisi Nasıl Olmalı? », *Mülkiye Dergisi*, XXV, sayı 229 (Temmuz-Ağustos).

Somel C., 1996 : « Üretimde Küreselleşme ve Kalkınma », *Toplum ve Bilim*, Bahar.

Soyak A., 2005 : « Ertelenen 9. Kalkınma Planı ve Türkiye'de Planlamanın Geleceği Üzerine Bir not », *Bilim ve Ütopya*, Sayı: 136, Ekim 2005.

Sönmez S., 2000 : « Yeni Kalkınma Planı'nın Arka Bahçesi : İstikrar ve 'Reform'lar », *Mülkiyeliler Birliği Dergisi*, c. 24, sayı 224, Eylül-Ekim.

Sungur N., 2000 : « Güney Kore Kalkınma Fırsatını Nasıl Yakaladı? », *Mülkiyeliler Birliği Dergisi*, sayı 225.

Şensoy A., 2001 : İslam Ekonomisi Açısından Dayanışma ve Sosyal Güvenlik, Istanbul, Mavi Yayınları.

Şekib Tunç M., 2005 : *Terakki Fikri Menşei ve Tekamülü*, Istanbul, Anahtar Kitaplar.

Şenses F., 2004 : « Neoliberal Küreselleşme Kalkınma için Bir Fırsat mı, Engel mi ? », *Middle East Technical University Economic Research Center, ERC Working Papers*, 04/09 August.

Şenses F., 1993 : « Sanayileşmede Yeni Bir Dönemeç : 1980'li Yıllar ve Ötesi », *ODTÜ Gelişme Dergisi*, 20 (4).

Şenses F., 2003 : « Unutulan Bir Toplumsal Amaç : Sanayileşme Ne oluyor ? Ne olmalı? », *METU-ERC Working Papers*, 03/01.

Şenses F., 1997 : « Gelişme İktisadı ve İktisadi Gelişme : Nereden Nereye ? », *METU-ERC Working Papers*, 97/3.

Şenses F., 2003 : *Kalkınma İktisadı Yükselişi ve Gerilemesi*, Istanbul, İletişim Yayınları.

Tabakoğlu A., 2005 : *İslam İktisadı : Toplu Makaleler II*, Istanbul, Kitabevi Yayınları.

Tabakoğlu A., 2003 : *İslam ve Ekonomik Hayat*, Ankara, Diyanet İşleri Başkanlığı.

Taş C., 2008 : « Kalkınmaya Giden Yol Kalkınma Ajanslarından mı Geçer », *Finans Politik & Ekonomik Yorumlar Dergisi*, sayı 523, Eylül.

TEPAV (Türkiye Ekonomi Politikaları Araştırma Vakfı), 2006 : *Avrupa Birliği Müzakere Sürecinde Eğitim ve Kültür*, TEPAV/EPRI – AB Çalışma Grubu Politika Notları, 13 Mayıs.

TEPAV, 2006 : İstikrar Ortamının ve Küresel Ekonomiye Entegrasyonun Türkiye'ye Getirdikleri, TEPAV Yayınları.

TEPAV, 2006 : İstikrar Ortamının ve Küresel Ekonomiye Entegrasyonun Türkiye'ye Getirdikleri, TEPAV Yayınları.

TEPAV, 2007 : *22 temmuz 2007 Seçimlerinin Ardından, İkinci Nesil Reform Sürecinin Öncelikleri*, TEPAV Yayınları, Ağustos.

TEPAV, 2008 : Kitlesel Ölçekte İşgücüne Yeniden Beceri Kazandırma Programları ve Kore Tecrübesi, TEPAV Yayınları, 27-11.

TEPAV, 2008 : AB Müktesebatının Üstlenilmesine İlişkin Türkiye Ulusal Programı, TEPAV Görüşü, TEPAV Yayınları.

TEPAV-Dünya Bankası, 2007 : *Türkiye Yatırım Ortamı Değerlendirme Raporu*, 2 Cilt, Rapor No : 41611-TR, Kasım.

TEPAV- ODTÜ Mimarlık Fakültesi, 2006 : Bölgesel Kalkınma ve Yönetişim Sempozyumu Bildiri Kitabı, 7-8 Eylül.

TESEV (Türkiye Ekonomik ve Sosyal Etüdler Vakfı), 2000 : *Devlet Reformu, Devletin Düzenleyici Rolü*, Istanbul, TESEV Yayınları.

TESEV, 1998 : *Yoksulluğu Önleme Stratejileri*, Sivil Toplum Kuruluşları Diyaloğu, Istanbul, TESEV Yayınları.

TESEV, 2000 : Yoksulluk – Bölgesel Gelişme ve Yoksulluk, Kent Yoksulluğu, Istanbul, TESEV Yayınları.

TESEV, 2006 : Doğu ve Güneydoğu Anadolu'da Sosyal ve Ekonomik Öncelikler, Istanbul, TESEV Yayınları, Eylül.

TESEV, 2008 : *İyi Yönetişim El Kitabı*, Istanbul, TESEV Yayınları, Mayıs.

TİSK, 2006 : Avrupa Birliğine Üyelik Sürecinde AB Ülkeleri ve Diğer Aday Ülkeler Karşısında Türkiye'nin Durumu (2), TİSK Kıyaslama (Benchmarking) Raporu, Ankara.

Tonak E.-A., **Schick I.-C.**, 1990 : *Geçiş Sürecinde Türkiye*, Istanbul, Belge Yayınları.

Tunaya T.-Z., 2004 : *Türkiye'nin Siyasi Hayatında Batılılaşma Hareketleri*, Istanbul, Bilgi Üniversitesi Yayınları.

Tunaya T.-Z., 2003 : *İslamcılık Akımı*, Istanbul, Bilgi Üniversitesi Yayınları.

TÜRK-İŞ, 2009 : İstihdamın Korunması ve Geliştirilmesi, Uygulanması Gereken Para ve Maliye Politikaları, Türk-İş Başkanlar Kurulu, Istanbul, 14 Şubat.

Türköne M., 2003 : *İslamcılığın Doğuşu Siyasi İdeoloji Olarak*, Istanbul, Lotus Yayın Grubu.

Türkiye Bilimler Akademisi Raporları, 2003 : *Türkiye'nin Nüfus ve Kalkınma Yazını ; Eleştirel Bir Değerlendirme*, Sayı 3, TÜBİTAK Matbaası, Ankara.

Tütengil C-O., 1984 : *Azgelişmenin Sosyolojisi*, Istanbul, Belge Yayınları.

Türkcan E., 1997 : « Kalkınmanın Geçmişi ve Geleceği », *Mülkiyeliler Birliği Dergisi*, c. 21, sayı 196, Şubat.

Türkay M., 1994 : « Gelişme Kavramının Kökenleri ve Sahip Olduğu Özellikler », *Öneri*, Cilt : 1, Sayı: 1, Haziran.

Türkay M., 1997 : « Konjonktürel Bir Kavram Olarak 'Müdahale've Gelişme İktisadı », *İktisat Dergisi*, Sayı: 366-367.

TÜSİAD (Türk Sanayicileri ve İşadamları Derneği), 2005 : *Türkiye'de Büyüme Perspektifleri : Makroekonomik*

Çerçeve/Dinamikler/Strateji, Büyüme Stratejileri Dizisi No : 1, Yayın No : TÜSİAD-T/2005-06/398, Istanbul.

TÜSİAD, 1995 : 21. Yüzyıl İçin Yeni Bir Devlet Modeline Doğru, Optimal Devlet, Kamu Ekonomisinin ve Yönetiminin Yeniden Yapılanması ve Küçültülmesine Yönelik Tedbirler, TÜSİAD Yayınları, Şubat.

TÜSİAD, 2002 : *Türkiye'de İşgücü Piyasası ve İşsizlik*, Yayın No : TÜSİAD-T/2002-12/355, Istanbul.

TÜSİAD, 2004 : Türkiye'de *İşgücü Piyasasının Kurumsal Yapısı ve İşsizlik,* Yayın No : TÜSİAD-T/2004-11/381, Istanbul.

TÜSİAD, 2005 : *Türkiye'de Yeniden Yapılanma Arayışları: Seçilmiş Sektör/Kurum/Politika Önerileri,* Büyüme Stratejileri Dizisi No : 2, Yayın No : TÜSİAD-T/2005-06/399, Istanbul.

TÜSİAD, 2005 : *Türkiye'nin Üretim Yapısı: Girdi-Çıktı Modeli/Temel Bulgular,* Büyüme Stratejileri Dizisi No : 3, Yayın No : TÜSİAD-T/2005-06/400, Istanbul.

TÜSİAD, 2005 : Türkiye'de Bölgesel Gelişme Politikaları : sektör-*bölge* yığınlaşmaları, TÜSİAD Büyüme Stratejileri Dizisi 4, Istanbul, Eylül.

TÜSİAD, 2005 : *Türkiye'de Ekonomik Büyüme ve Mali Yapı: Mali Gelişmişlik/Firma Mali Yapısı,* Büyüme Stratejileri Dizisi No : 5, Yayın No : TÜSİAD-T/2005-11/409, Istanbul.

TÜSİAD, 2005 : Türkiye Ekonomisinde Sermaye Birikimi, Verimlilik ve Büyüme (1972-2003) : Uluslararası Karşılaştırma ve AB'ye Yakınsama Süreci (2014), Büyüme Stratejileri Dizisi No : 6, Yayın No : TÜSİAD-T/2005-12/413, Istanbul.

TÜSİAD, 2006 : *Eğitim ve Sürdürülebilir Büyüme ; Türkiye Deneyimi, Riskler ve Fırsatlar,* Büyüme Stratejileri Dizisi No : 7, Yayın No : TÜSİAD-T/2006-06/420, Istanbul.

TÜSİAD, 2006 : Kayıtdışı Ekonomi ve Sürdürülebilir Büyüme, AB Yolunda Değerlendirme ve Çözüm Önerileri, TÜSİAD Yayınları, Aralık.

TÜSİAD, 2008 : *2009 Yılına Girerken Türk Ekonomisi*, TÜSİAD Yayınları, Aralık.

TÜSİAD, 2008 : Türkiye'de Bölgesel Farklar ve Politikalar, TÜSİAD Yayınları, Eylül.

UTESAV, 2009 : *Ekonomik Kalkınma ve Değerler*, UTESAV Yayınları, Istanbul.

Ülken H-Z., 2005 : *Türkiye'de Çağdaş Düşünce Tarihi*, Istanbul, Ülken Yayınları.

Vehbi Y., 1992 : *Çalışma Hayatı ve İslam*, Istanbul, Tuğra Neşriyat.

Yazgan T., 1987 : *Sosyal Güvenlik Açısından Zekat*, Istanbul, Türk Dünyası Araştırmaları Vakfı Yayınları.

Yentürk N., 2003 : *Körlerin Yürüyüşü : 1990 Sonrası Türkiye Ekonomisi ve Krizler*, Istanbul, Istanbul Bilgi Üniversitesi Yayınlar.

Yeldan E., 2002 : « Neoliberal Küreselleşme İdeolojisinin Kalkınma Söylemi Üzerine Değerlendirmeler », *Praksis*, N° 7.

Yeldan E., 2001 : Küreselleşme Sürecinde Türkiye Ekonomisi : Bölüşüm, Birikim, Büyüme, Istanbul, İletişim Yayınları.

NOTES

[1] À titre d'exemple Altan Gökalp (dir.), *La Turquie en transition. Disparités, identités, pouvoir*, Maisonneuve et Larose, 1986 ; ou en turc, Ertuğrul Ahmet Tonak, Irvin Cemil Schick, *Geçiş Sürecinde Türkiye* [La Turquie en transition], Istanbul, Belge Yayınları, 1990.
[2] Guy Caire, « L'IEDES a 50 ans, des travaux et des jours d'un vert quinquagénaire », *Revue Tiers Monde*, n° 191, juillet-septembre 2007, p. 673.
[3] À l'exception des travaux de quelques économistes, comme Ahmet İnsel, *La Turquie entre l'ordre et le développement*, Paris, l'Harmattan, 1984 ; *La Turquie et le développement* (dir.), Paris, l'Harmattan, université de Galatasaray, 2003 ; ou Jean-Claude Vérez, « La Turquie au carrefour des pays en développement, émergents et industrialisés », *Revue Tiers Monde*, avril-juin, 2008, p. 281-306.
[4] Recherche faite en mars 2008 à partir du serveur du fichier central des thèses (Paris X Nanterre) http://fct.u-paris10.fr/FCT-APP/index.jsp
[5] Centre d'études et de recherches internationales de Sciences politiques (Paris).
[6] Fikret Başkaya, *Paradigmanın İflâsı: Resmi İdeolojinin Eleştirisine Giriş*, Istanbul, Doz, 1997.
[7] Fikret Başkaya, *Kalkınma iktisadının yükselişi ve düşüşü*. Ankara, Türkiye ve Ortadoğu Forumu Vakfı, 2005.
[8] Tamer İşgüden, Fuat Ercan, Mehmet Türkay (dir.), *Gelişme İktisadı, Kuram – Eleştiri – Yorum*, Istanbul, Beta Yayınları, 1995 ; Fuat Ercan, *Modernizm, Kapitalizm ve Azgelişmişlik*, Ankara, Bağlam Yayıncılık, 2006.
[9] Hayriye Erbaş, « Gelişme Yazını ve Geleceği », *Doğu-Batı Düşünce Dergisi*, Sayı : 8, 1999, p. 9-25 ; Hakan Mıhçı, « Kalkınma : Bir Terim Neyi Anlatır ? », *Ekonomik Yaklaşım*, cilt. 7, sayı. 23, 1996, p. 65-86 ; Halime Oygur, « Kalkınma Düşüncesinin Gelişimi », *Hacettepe Üniversitesi İ.İ.B.F. Dergisi*, II-III, 1984, p. 25-32.
[10] Lorsque dans cet ouvrage, on utilisera un terme désignant un objet de pensée tel la *conception* ou la *représentation*, il conviendra de l'entendre exclusivement comme un construit social lié « à des insertions spécifiques dans le monde social et organisant les processus symboliques intervenant dans ces rapports ». Willem Doise, « Les représentations sociales, définition d'un concept », dans Willem Doise et Augusto Palmonari (dir.), *L'étude des représentations sociales*, Paris, Delachaux et Niestlé, 1986, p. 81.
[11] Yves Goussault et André Guichaoua (« Sociologie du développement », dans Jean-Pierre Durand et Robert Weil (dir.), *Sociologie contemporaine*, Paris, Vigot, 1997, p. 400) évoquent par exemple « l'éclatement de l'objet tiers-monde et de la problématique du développement ».
[12] Gilles Deleuze, *Logique du sens*, Paris, Les Éditions de Minuit, 1969, p. 55.

[13] Serge Latouche, « L'imposture du développement durable ou les habits neufs du développement », *Mondes en Développement*, vol. 31, n° 121, 2003, p. 23.
[14] En turc, ODTÜ, l'une des meilleures universités du pays.
[15] Expressions telles qu'elles apparaissent dans la réponse électronique envoyée à la secrétaire, par le responsable, mais transférée malencontreusement à notre courriel.
[16] Au sens d'une réflexion approfondie sur les conditions de la production et de la diffusion des connaissances, des savoirs.
[17] Elle désigne, d'après l'auteur, « l'acceptation passive des concepts, des théories, de modèles éducatifs, de la science, de la technologie d'origine occidentale ». Hassan Zaoual, « La crise du paradigme du développement : critique des discours critiques par un économiste du Tiers Monde », *Revue Tiers Monde*, vol. 25, n° 100, 1984, p. 830.
[18] Entretien n° 23, avec Fikret Başkaya, 27/10/2008, à Ankara.
[19] À noter que la question de l'échantillonnage dans la recherche qualitative ne se pose pas en termes de représentativité statistique. C'est plutôt l'exemplarité des situations et des contextes décrits qui importe. L'échantillonnage est donc lié à sa fonction heuristique.
[20] Gilbert Rist, *Le développement, histoire d'une croyance occidentale*, Paris, Presses Sciences Po, 1996.
[21] Stéphane Yerasimos, « Explorateurs de la modernité. Les ambassadeurs ottomans en Europe », *Genèses*, 1999, Volume : 35, Numéro : 1, p. 65.
[22] La littérature en français sur les relations entre le monde ottoman et l'Occident est assez riche. Se référer à Robert Mantran (dir.), *Histoire de l'Empire ottoman*, Paris, Fayard, 1989.
[23] Gilles Veinstein (dir.), *Mehmed Efendi, Le paradis des infidèles. Un ambassadeur ottoman en France sous la Régence*, Paris, Maspero-La Découverte, 1982. Stéphane Yerasimos (dir.), *Deux Ottomans à Paris sous le Directoire et l'Empire*, Sindbad-Actes Sud, 1998.
[24] Stéphane Yerasimos, *Explorateurs de la modernité… op. cit,* p. 68.
[25] La littérature en français sur cette période, riche en mouvements et bouleversements, est suffisamment conséquente. Pour aller plus loin, on consultera avec intérêt : Thierry Zarcone, *La Turquie. De l'Empire ottoman à la République d'Atatürk*, Paris, Gallimard, 2005 ; Jean-Paul Roux, *Histoire des Turcs*, Paris, Fayard, 2000.
[26] Les drogmans (interprètes au service des Européens chargés des relations avec le Moyen-Orient et les fonctionnaires au service de l'administration ottomane) seraient ainsi les premiers intellectuels de l'Empire ottoman ; le terme d'intellectuel qui se traduit en turc comme *münevver* ou *aydın*, voulant aussi dire, significativement, *okumuş yazmış* [celui qui sait lire et écrire].
[27] Les *Tanzimat* (réorganisation en turc) furent une ère de réformes dans l'Empire ottoman qui durèrent de 1839 à 1876.
[28] Certains auteurs, dont Şükrü Hanioğlu, professeur d'histoire spécialiste de l'Empire ottoman à Princeton, voient dans cette attitude scientiste des élites ottomanes, notamment de la branche militaire, l'impact d'un certain matérialisme vulgaire, pour reprendre l'appellation dédaigneuse que la vulgate marxiste, à la suite d'Engels, applique aux naturalistes allemands Karl Vogt, Jacob Moleschott et Ludwig Büchner. Pour Hanioğlu, Atatürk s'intéresse lui-même aux thèses de Büchner entre la pensée et la matière cérébrale, notamment le phosphore, et cite fréquemment *Le Bon Sens* [1772] d'Holbach. L'impact de ce dernier, fut, d'après Hanioğlu, décisif sur les réformistes/occidentalistes ottomans (comme Abdullah Cevdet, Ahmet Rıza ou Enver Pacha). Şükrü Hanioğlu, *Osmanlı'dan Cumhuriyet'e Zihniyet Siyaset ve Tarih*, Ankara, Bağlam Yayıncılık, 2006, p. 42 et p. 94.
[29] Bernard Lewis, *Islam et laïcité. Naissance la Turquie moderne* [The Emergence of Modern Turkey, 1961], Paris, Fayard, 1988, p. 45-46.

[30] Le lecteur trouvera une description extrêmement complète de ces courants dans Niyazi Berkes, *The Development of Secularism in Turkey*, McGill University Pres, Montreal, 1964 ; Hilmi Ziya Ülken, *Türkiye'de Çağdaş Düşünce Tarihi*, Istanbul, Ülken Yayınları, 2005 ; Tarık Zafer Tunaya, *Türkiye'nin Siyasi Hayatında Batılılaşma Hareketleri*, Istanbul, Bilgi Üniversitesi Yayınları, 2004.
[31] Nilüfer Göle, *Musulmanes et modernes, voie et civilisation en Turquie*, Paris, La Découverte, 2003, p. 41.
[32] Daryush Shayegan, *Le regard mutilé*, Paris, Albin Michel, 1989.
[33] Nilüfer Göle, *op. cit*, p. 16-17.
[34] *Ibidem*, p. 23.
[35] *Ibidem*.
[36] *Ibidem*, p. 16.
[37] *Ibidem*.
[38] La défaite militaire de la Grande Guerre, la démobilisation immédiate de l'armée ottomane, l'occupation militaire de tout le territoire ottoman par les alliés, le traité de Sèvres signé le 10 août 1920, le démembrement, *de droit*, de l'Empire ottoman, la limitation du territoire turc à une petite zone au centre de l'Anatolie et à Istanbul.
[39] Courant composé, en grande partie, d'officiers, de bureaucrates civils et d'intellectuels.
[40] Cité par Nilüfer Göle, *op. cit*, p. 54.
[41] Sur ce thème, on lira avec profit Semih Vaner (dir.), *Modernisation autoritaire en Turquie et en Iran*, Paris, l'Harmattan, 1991.
[42] Abdullah Cevdet, l'un des occidentalistes les plus connus de l'époque, indirectement maître à penser des kémalistes, cité par Nilüfer Göle, *op. cit*,. p. 24.
[43] Abolition du califat et interdiction des ordres et des confréries (1924) ; abolition des tribunaux musulmans (1924) ; suppression du calendrier musulman et adoption du calendrier grégorien (1925) ; adoption du code civil suisse en remplacement du droit islamique, reconnaissance des droits civiques aux femmes, interdiction de la polygamie et obligation du mariage civil (1926) ; adoption du code commercial allemand et du code pénal italien (1926) ; abrogation des articles de la Constitution relevant de la religion, séparation de l'État et de la religion (1928) ; adoption de l'alphabet latin à la place de l'alphabet arabe (1928) ; suppression de l'enseignement en arabe et en persan (1929) ; adoption du système métrique (1931) ; adoption de la loi sur la reconnaissance pour les femmes du droit d'élire et d'être élues députées (1934).
[44] Norbert Elias, *La civilisation des mœurs* [1939], Paris, Calmann-Lévy, 1973.
[45] Feroz Ahmad, « L'économie politique du kémalisme », dans Ali Kazancigil, Ergün Özbudun (dir.), *Atatürk fondateur de la Turquie moderne*, Paris, Masson, 1984.
[46] La non-prépondérance des questions économiques comparées aux thèmes politiques fut longtemps une des caractéristiques de la bureaucratie ottomane, ensuite républicaine (chose qui change, comme on le verra, à partir des années cinquante).
[47] Cette politique économique étatiste ne rejetait toutefois pas en bloc le secteur privé. Bien au contraire une des fonctions de l'État était d'aider l'éclosion d'une nouvelle bourgeoisie nationale. Korkut Boratav *Türkiye'de Devletçilik*, Ankara, Savaş Yayınları, 1982.
[48] Une autre politique économique chère aux kémalistes fut la nationalisation des entreprises étrangères.
[49] Alliée importante des États-Unis durant la guerre froide sur le flanc sud de l'Union soviétique, la Turquie envoya une troupe de 4 000 hommes en Corée du Sud pour lutter contre la « subversion communiste » et, en récompense, rejoignit l'OTAN le 18 février 1952.
[50] Le concept de « sous-développement » a été évoqué pour la première fois dans le « Discours sur l'état de l'Union » que le président Harry Truman prononce le 20 janvier 1949 où il s'exprime sur ce qu'il appelle une généreuse croisade contre la pauvreté : « Nous

devons nous engager dans un nouveau programme audacieux et utiliser notre avance scientifique et notre savoir-faire industriel pour favoriser l'amélioration des conditions de vie et la croissance économique dans les régions sous-développées. »

[51] Cette représentation du développement est, par ailleurs, toujours d'actualité pour les forces de gauche, comme on le verra dans la seconde partie.

[52] La Commission économique pour l'Amérique latine.

[53] Necat Erder, Atilla Karaosmanoğlu, Ayhan Çilingiroğlu, Atilla Sönmez, *Planlı Kalkınma Serüveni : 1960'larda Türkiye'de Planlama Deneyimi*, Istanbul, Bilgi Üniversitesi Yayınları, 2003, p. X-XI.

[54] DPT, *1963-1967 Kalkınma Planı Birinci Beş Yıl*, Ankara, DPT Yayınları, 1963, p. 4.

[55] *Ibidem*., p. 1

[56] Necat Erder, Atilla Karaosmanoğlu, Ayhan Çilingiroğlu, Atilla Sönmez… *op. cit*, p. xiii.

[57] *Ibidem*, p. 1-3.

[58] DPT, *1968-1972 Kalkınma Planı İkinci Beş Yıl*, Ankara, DPT Yayınları, 1967, p. 628.

[59] Une obsession qui perdra progressivement son ampleur à partir des années quatre-vingt, comme on le verra ultérieurement.

[60] DPT, *1968-1972 Kalkınma Planı İkinci Beş Yıl*, Ankara, DPT Yayınları, 1967, p. 630 et p. 636.

[61] *Ibidem*, p. 632.

[62] Un réductionnisme économique qu'on retrouve toujours chez les acteurs marqués à gauche, *cf.* la seconde partie.

[63] DPT, *1973-1977 Yeni Strateji ve Kalkınma Planı Üçüncü Beş Yıl*, Ankara, DPT Yayınları, 1972, préface écrite par le Premier ministre Ferit Melen, page III.

[64] *Ibidem*, p. IV-V

[65] *Ibidem*, p. V

[66] *Ibidem*.

[67] *Ibidem*.

[68] Crise essentiellement due à la dette extérieure, l'obligation de continuer la production manufacturière en vue de satisfaire le marché interne nécessitant les importations des biens d'équipement et aggravant par là même la balance des paiements.

[69] DPT, *1979-1983 Dördüncü Beş Yıllık Kalkınma Planı*, Ankara, DPT Yayınları, 1979, p. 3.

[70] *Ibidem*, pp. 655-656.

[71] Yakup Kepenek, Nurhan Yentürk, *Türkiye Ekonomisi*, Istanbul, Remzi Kitabevi, 2000, p. 258.

[72] *Ibidem*, p. 479.

[73] *Ibidem*, p. 448.

[74] Hamit Bozarslan, « Le chaos après le déluge ? Notes sur la crise turque des années 70 », *Cultures et Conflits*, n° 24-25, hiver-printemps 1997, p. 79-98.

[75] İskender Gökalp, Ahmet İnsel, « Entre l'autorité de l'État et l'autonomie du marché : Le dilemme du libéralisme économique turc », *Les Temps modernes*, juillet-août 1984, p. 249.

[76] Pierre Bourdieu, Loïc Wacquant, « La nouvelle vulgate planétaire », *Le Monde diplomatique*, mai 2000, p. 6-7.

[77] Ministre chargé des affaires économiques sous le régime militaire jusqu'en juillet 1982, il fonde le Parti de la mère patrie (ANAP) après le retour au régime parlementaire en 1983. Il fut successivement Premier ministre de 1983 à 1989 et président de la République en 1989 jusqu'à sa mort en 1993, victime d'une crise cardiaque.

[78] DPT, *1985-1989 Beşinci Beş Yıllık Kalkınma Planı*, Ankara, DPT Yayınları, 1984, p. 188.

[79] Souvenons-nous de la coalition gagnante (bureaucratie, bourgeoisie industrielle, classe ouvrière syndicalisée) de la période d'application du modèle de substitution aux importations.

80 *Ibidem*, p. 200.
81 Tant de restructurations résolument politiques, puisqu'elles agissent directement sur les rapports de domination (telle la « réforme » de santé) sont ainsi présentées comme une démarche technicienne de « mise aux normes ». En présentant par exemple la « mondialisation » comme une fatalité, la problématique hégémonique fait disparaître les réalités politiques, tout en accomplissant, sa propre opération éminemment politique de démantèlement de « l'État-providence ».
82 DPT, *1990-1994 Altıncı Beş Yıllık Kalkınma Planı*, Ankara, DPT Yayınları, 1989, p. 343-344.
83 DPT, *1996-2000 Yedinci Beş Yıllık Kalkınma Planı*, Ankara, DPT Yayınları, 1995, p. 21.
84 Voir à ce propos, Ümit Akçay, *Para Banka Devlet – Merkez Bankası Bağımsızlaşmasının Ekonomi Politiği*, Istanbul, SAV (Sosyal Araştırmalar Vakfı), 2009.
85 Une réflexion qui part d'un double constat : d'une part l'identification classique des « dysfonctionnements » des mécanismes du marché (les traditionnels *market failures*) et d'autre part celle des aptitudes des pouvoirs publics à intervenir pour remédier à ces insuffisances. On reviendra ultérieurement sur ce thème.
86 Pierre Bourdieu, *Propos sur le champ politique*, Lyon, Presses Universitaires de Lyon, 2000, p. 19.
87 Mustafa Şekib Tunç, *Terakki Fikri Menşei ve Tekamülü*, Istanbul, Anahtar Kitaplar, 2005.
88 L'époque de Mahomet et des premiers califes, littéralement le siècle du bonheur.
89 Nilüfer Göle, *op. cit*, p. 119-120.
90 Cornelius Castoriadis, « Réflexions sur le « développement » et la « rationalité », dans Candio Mendes (dir.), *Le mythe du développement*, Paris, Seuil, 1977, p. 232.
91 TİSK Kıyaslama Raporu, *Avrupa Birliğine Üyelik Sürecinde AB Ülkeleri ve Diğer Aday Ülkeler Karşısında Türkiye'nin Durumu (2)*, Ankara, TİSK, 2006.
92 Cornelius Castoriadis, *Réflexions sur le « développement »... op. cit*, p. 215.
93 Pierre Achard, « Sociologie du développement ou sociologie du développement », *Revue Tiers Monde*, vol. 23, n° 90, 1982, p. 264.
94 C'est tout le côté symbolique qui prime ici. Si on rate le train, c'est souvent notre faute. À moins que le train ne parte en avance, ce qui est plutôt rare !
95 Philippe Hugon, *L'économie du développement et la pensée francophone*, Paris, Éditions des Archives contemporaines, 2008, p. 28.
96 Gérard Destanne de Bernis, « Le sous-développement, analyses ou représentations », *Revue Tiers Monde*, vol. 15, n° 57, 1974, p. 109.
97 L'hypothèse avancée est que les caractères arabes – adoptés par les Turcs à partir du XIe siècle – avaient aux yeux des croyants un caractère sacré, puisqu'ils représentaient graphiquement les paroles de Dieu réunies dans le Coran. Elles ne pouvaient donc se prêter à une reproduction mécanique.
98 Cornelius Castoriadis, « Table ronde, existe-il un modèle socialiste de développement », dans Candio Mendes (dir.), *Le mythe du développement*, Paris, Seuil, 1977, p. 119.
99 Cornelius Castoriadis, « Réflexions sur le développement... », p. 206.
100 Philippe Hugon, *Économie du développement*, Paris, Dalloz, 1989, p. 4.
101 *Ibidem*.
102 Voir à ce propos, Pierre Bourdieu, *Les structures sociales de l'économie*, Paris, Seuil, 2000.
103 On retrouve ici toute la problématique de la prise en charge pieuse de l'individu et de sa famille dans ce monde de brutes qu'on ne rejette plus mais qu'on essaye d'humaniser, de moraliser en injectant ici et là quelques valeurs religieuses de solidarité ou de charité.
104 *Adalet ve Kalkinma Partisi* [Parti de la justice et du développement, au pouvoir depuis novembre 2002].
105 Christian Comeliau, *Les relations Nord-Sud*, Paris, La Découverte, 1991, p. 48.

[106] Les trajectoires sociales, scolaires et professionnelles des interviewés seront rappelées en note de bas de page à des fins heuristiques.
[107] André Guichaoua, Yves Goussault, *Sciences sociales et développement*, Paris, Armand Colin, 2005, p. 150.
[108] Jean-Marie Domenach, « Crise du développement, crise de la rationalité », dans Candio Mendes (dir.), *Le mythe du développement*, Paris, Seuil, 1977, p. 23.
[109] Christian Coméliau, *Pour un renouveau de l'étude du développement… op. cit*, p. 694.
[110] Pierre Achard, « Le développement ou l'école des nations », *Revue Tiers Monde*, vol. 25, n° 100, 1984, p. 850.
[111] Christian Coméliau, *Pour un renouveau de l'étude du développement… op. cit*, p. 695.
[112] Gilbert Rist, *op. cit*, p. 50.
[113] DPT (Office de planification étatique), *İllerin ve Bölgelerin Sosyo-Ekonomik Gelişmişlik Sıralaması Araştırması*, Ankara, DPT Yayınları, Mayıs, 2003, p. 8.
[114] Jacques Freyssinet, *Le concept de sous-développement*, La Haye, Mouton, 1966, p. 46.
[115] Yves Benot, *op. cit*, p. 12.
[116] Turgut Özal, « La vocation européenne de la Turquie », entretien accordé à la *Revue Géopolitique*, Paris, n° 24, hiver 1988-1989, p. 6-10.
[117] Turgut Özal, *La Turquie en Europe*, Paris, Plon, 1988, p. 224, 247-248.
[118] Pauline Bend, « Repenser le concept de développement, des impasses d'un processus de standardisation des sociétés à la nécessaire émergence d'un sens historique », *Afrique et Développement*, Vol. XXXII, n° 3, 2007, p. 4.
[119] Malgré le tournant libéral des années quatre-vingt, la Turquie est toujours, du moins officiellement, dans l'optique d'un développement planifié *via* les plans quinquennaux (du DPT) instaurés depuis 1961. On en est aujourd'hui au neuvième.
[120] DPT, *İllerin ve Bölgelerin Sosyo-Ekonomik Gelişmişlik Sıralaması Araştırması… op. cit*, p. 2.
[121] Cornelius Castoriadis, *Réflexions sur le « développement »… op. cit*, p. 215.
[122] Christian Comeliau, *Les impasses de la modernité : critique de la marchandisation du monde*, Paris, Seuil, 2000, p. 48.
[123] TEPAV (*think tank* de l'Union des chambres de commerce et des bourses de Turquie)-Dünya Bankası (Banque mondiale), *Türkiye Yatırım Ortamı Değerlendirme Raporu* [Investment Climate Report], 2 Cilt, Rapor N° : 41611-TR, Kasım 2007, p. 2.
[124] Christian Comeliau, *L'économie contre le développement ? : Pour une éthique du développement mondialisé*, Paris, l'Harmattan, 2009, p. 214.
[125] *Ibidem*.
[126] *Think tank* de l'Union des chambres de commerce et des bourses de Turquie, vision libérale, dispose de moyens importants, très actif en termes de partenariat à la fois à l'étranger (avec l'UE, l'OCDE, le FMI et la Banque mondiale) et à l'intérieur du pays (avec le DPT et la Banque centrale notamment).
[127] TEPAV, *22 temmuz 2007 Seçimlerinin Ardından, İkinci Nesil Reform Sürecinin Öncelikleri*, TEPAV Yayınları, Ağustos 2007, p. 28.
[128] *Türk Sanayicileri ve İşadamları Derneği* [Association des Industriels et Hommes d'Affaires Turcs], équivalent du MEDEF en France.
[129] Entretien n° 29, 16/01/2009, à Istanbul. Sensibilité – sociale-urbaine – d'autant plus forte que l'interviewée, d'une quarantaine d'années et occupant un poste à responsabilité au sein de la TÜSİAD, appartient aux couches sociales aisées stambouliotes établies de longue date. Une certaine inquiétude quant à l'avenir de « leur ville » est aisément perceptible.
[130] DPT, *1996-2000 Yedinci Beş Yıllık Kalkınma Planı*, Ankara, DPT Yayınları, 1995, p. 17.
[131] Gilbert Abraham-Frois, Brigitte Desaigues, « Du consensus de Washington au consensus Stiglitzien », *Revue d'économie politique*, volume 113, 2003/1, p. 4.

[132] Faisant référence à Jospeh Stiglitz, professeur d'économie, prix Nobel en 2001, conseiller économique auprès du président Bill Clinton, vice-président de la Banque mondiale entre 1997 et 1999, auteur de l'ouvrage critique *La grande désillusion* (Fayard, 2002).
[133] Mais rappelons que la mise en évidence de ces « défaillances » ne réduit pas à néant la « doctrine de base ». La discipline budgétaire et la définition des droits de propriété sont toujours considérées comme indispensables à la bonne marche d'une économie. Les façons de privatiser et libéraliser le commerce sont revues, mais ces deux concepts restent d'actualité. *Idem* pour le marché mondial supposé plus efficient que le marché national. Voir à ce propos, Yves Dezalay et Bryan Garth, « Le *Washington consensus*. Contribution à une sociologie de l'hégémonie du néolibéralisme », *Actes de la recherche en Sciences Sociales*, vol. 121, n° 1, 1998, p. 3-22.
[134] Mehdi Abbas, « Le consensus de Sao Paulo : Éléments d'analyse d'une nouvelle stratégie de développement », *Cahier de recherche du LEPII*, Série EPIID, n° 6, mai 2005, p. 7.
[135] *Ibidem*.
[136] Sauf indication contraire, le sens lié à l'adjectif « durable » qui se dégage des textes consultés ainsi que des entretiens effectués est celui de la longue durée. Une croissance durable est donc celle qui est stable, celle qui dure longtemps sans interruption quelconque.
[137] Christian Comeliau, *L'économie contre le développement... op. cit*, p. 101.
[138] DPT, *Güneydoğu Anadolu Projesi Eylem Planı (2008-2012)*, Ankara, DPT Yayınları, Mayıs 2008, p. 5.
[139] *Ibidem*, p. 6.
[140] *Ibidem*, p. 6.
[141] *Türkiye Ekonomik ve Sosyal Etüdler Vakfı* [Fondation pour les études économiques et sociales de Turquie], le *think tank* le plus prestigieux de Turquie, soutenu activement par l'UE, se veut « libéral » et « démocrate ».
[142] TESEV, *Doğu ve Güneydoğu Anadolu'da Sosyal ve Ekonomik Öncelikler*, Istanbul, TESEV Yayınları, Eylül 2006, p. 11.
[143] *Ibidem*, p. 12.
[144] Christian Comeliau, *Les impasses de la modernité... op. cit*, p. 105.
[145] *Ibidem*.
[146] Entretien n° 34, 23/01/2009, à Ankara : professeur en économie d'une quarantaine d'années, d'origine sociale aisée, fortement doté en capital scientifique (publications conséquentes dans des revues prestigieuses en économie), parfaitement anglophone, doctorat en économie obtenu à *Kiel University* (Allemagne), trajectoire professionnelle exclusivement universitaire mais riche (en Turquie et à l'étranger), pas d'apparitions médiatiques, faiblement doté en capital administratif (pas de poste à responsabilité), ce qui crée une frustration et explique par là même son attitude critique envers l'*establishment* dominant – tendance marxiste – de sa faculté (Faculté des sciences politiques de l'université d'Ankara, communément appelée *Siyasal*), attitude critique qu'il revendique ou légitime au nom ou par l'intermédiaire de son capital scientifique élevé, comparé à celui de la « vieille garde » de sa faculté qui peine à suivre les tendances anglophones et quantitativistes de l'économie. La théorie de la croissance endogène qui sent résolument « le neuf » lui sert, dès lors, de moyen de lutte tout en s'évitant toute étiquette « néolibérale » dans une faculté très marquée à gauche.
[147] Christian Comeliau, « Développement du développement durable, ou blocages conceptuels ? », *Revue Tiers Monde*, n° 137, janvier-mars 1994, p. 75.
[148] Philippe Hugon, « Sens et contresens du développement. Les mots du et de développement », Colloque *Les mots du développement. Genèse, usages et trajectoires*, Centre d'Économie de la Sorbonne, 13 novembre 2008, Paris.

[149] Branislav Gosovic, « L'hégémonie intellectuelle et le développement », *Revue internationale des sciences sociales* (Le débat sur le développement : au-delà du consensus de Washington), 166/2000, p. 508.
[150] Entretien n° 32, avec un responsable de la TİSK (Confédération des syndicats patronaux de Turquie), 20/01/2009, à Ankara. Expression qui n'est pas sans rappeler l'excellente réflexion de Maurice Godelier sur l'Occident qui se considère « comme le miroir et la mesure du développement de l'Humanité ». Maurice Godelier, « Anthropologie sociale et histoire locale », *Revue d'histoire et d'archives de l'anthropologie*, n° 20, 1996, p. 83.
[151] T. C Başbakanlık, *60. Hükümet Programı*, p. 3.
[152] Pauline Bend, *op. cit,* p. 2-3.
[153] Jacques Freyssinet, *op. cit,* p. 46.
[154] *Ibidem,* p. 44.
[155] *Ibidem*, p. 53.
[156] Entretien n° 29, avec la responsable de la TÜSİAD déjà citée, 16/01/2009, à Istanbul.
[157] Entretien n° 12, avec un professeur en économie de l'université de TOBB, le 21/10/2008 à Ankara.
[158] Voir notamment, Aykut Kibritçioğlu, « İktisadi Büyümenin Belirleyicileri ve Yeni Büyüme Modellerinde Beşeri Sermayenin Yeri », *AÜ Siyasal Bilgiler Fakültesi Dergisi*, Ocak-Aralık 1998, Cilt 53, No. 1-4, p. 207-230 ; Şeref Saygılı, Cengiz Cihan, « Türkiye Ekonomisinde Beşeri Sermaye-Verimlilik Artışı İlişkisi », *İşletme ve Finans*, Cilt 21, Sayı 240, 2006, p. 18-35.
[159] Notamment la conséquence « perverse » d'une telle théorie « qui, en vantant le prix du temps et la liberté de choix, étend le calcul rationnel aux aires non marchandes ». Alain Redslob, « À nouveau monde, nouvelles pensées et stratégies neuves », dans Jean-Pierre Gern (dir.), *Les sciences sociales confrontées au développement*, Paris, l'Harmattan, 2006, p. 119
[160] TÜSİAD, *Eğitim ve Sürdürülebilir Büyüme ; Türkiye Deneyimi, Riskler ve Fırsatlar,* Büyüme Stratejileri Dizisi No : 7, Yayın No : TÜSİAD-T/2006-06/420, Istanbul, 2006, p. 15.
[161] *Ibidem*, p. 133.
[162] *Ibidem*, p. 141.
[163] *Ibidem.*
[164] DPT, *İllerin ve Bölgelerin Sosyo-Ekonomik Gelişmişlik Sıralaması Araştırması… op. cit.*
[165] DPT-TEPAV [collaboration au nom du partenariat public-privé], *Dokuzuncu Kalkınma Planı 2007-2013, Sanayi Politikaları Özel İhtisas Komisyonu Raporu*, Ankara, DPT Yayınları, 2006.
[166] *Ibidem,* p. 15.
[167] *Ibidem,* p. 16.
[168] TEPAV, *22 temmuz 2007 Seçimlerinin Ardından… op. cit,* p. 14.
[169] TEPAV, *Avrupa Birliği Müzakere Sürecinde Eğitim ve Kültür*, TEPAV/EPRI – AB Çalışma Grubu Politika Notları, 13 Mayıs 2006, p. 13.
[170] TÜSİAD, Dépliant *Tanıtım* [présentation], Titre : *Daha güçlü bir Türkiye için* [Pour une Turquie plus forte], document non paginé.
[171] On entend en fait par cette devise, d'abord et surtout, un remodelage culturel de l'*habitus* national selon le « modèle occidental ». La connotation économique y est marginale.
[172] TEPAV, *İstikrar Ortamının ve Küresel Ekonomiye Entegrasyonun Türkiye'ye Getirdikleri*, TEPAV Yayınları, 2006, p. 1.
[173] Christian Comeliau, *Développement du développement durable… op. cit*, p. 64.
[174] Jean-François Baré, « De l'anthropologie au développement et retour », *Tiers Monde*, n° 191, juillet-septembre 2007, p. 592.

[175] Edgar Morin, « Le développement de la crise du développement », dans Candio Mendes (dir.), *Le mythe du développement*, Paris, Seuil, 1977, p. 242-243
[176] *Ibidem*, p. 243.
[177] Jean-François Baré, « La notion de développement, comme catégorie d'un système sémantique », dans Catherine Coquery-Vidrovitch, Daniel Hémery, Jean Piel (dir.), *Pour une histoire du développement, États, sociétés, développement*, Paris, l'Harmattan, 2007, p. 255.
[178] *Ibidem*.
[179] Entretien n° 27 : d'une cinquantaine d'années, d'origine sociale aisée, docteur en économie, ancien haut bureaucrate, chroniqueur économique pour plusieurs chaînes télévisées et journaux.
[180] Entretien n° 27, avec un chroniqueur économique, effectué le 15/01/2009 à Istanbul.
[181] Signalons ici que cette façon de concevoir l'industrialisation, comme l'un des éléments déterminants du changement social, beaucoup plus forte chez les acteurs marqués à gauche (comme on le verra plus tard), fait très *Mülkiye* (équivalent, toutes proportions gardées, de l'ENA) institution dont est issu notre interviewé. Un certain marxisme raisonnant en termes d'infrastructures et de superstructures, solidement implanté dans cette école n'y est pas pour rien non plus.
[182] *Ibidem*.
[183] *Ibidem*.
[184] Ce qui correspond par ailleurs à l'image projetée d'une organisation patronale résolument moderne en phase parfaite avec son temps.
[185] Entretien n° 29, effectué le 16/01/2009 à Istanbul.
[186] Notre interlocuteur omet d'évoquer la période d'application du modèle d'ISI (industrialisation par substitution aux importations), à l'instigation de l'État, entre 1960 et 1980, période qui a permis à la bourgeoisie industrielle turque de s'épanouir grandement derrière les barrières douanières protectionnistes.
[187] *Ibidem*.
[188] *Ibidem*.
[189] Entretien n° 16 : d'une quarantaine d'années, d'origine sociale modeste, mais fortement doté en capital administratif (occupant actuellement un poste à responsabilité) et scientifique (nombreuses publications en anglais et travaux éditoriaux dans des revues prestigieuses en économie), parfaitement anglophone, boursier de *Fulbright*, doctorat obtenu à *Ohio State University*, trajectoire professionnelle riche (à l'étranger et en Turquie), apparitions médiatiques fréquentes, consulté comme expert, domaines de spécialisation : économie numérique, économie internationale, économie du développement. Le profil social de cet interviewé est celui d'un enseignant particulièrement « brillant » dont la réussite est fortement liée à son cursus scolaire aux États-Unis, auquel, du fait d'une origine sociale qui n'est pas des plus élevées, il doit son accès aux postes dominants. Des diplômes et prix obtenus aux États-Unis, petits drapeaux et autocollants des universités américaines fréquentées, tous ces symboles de réussite *made in USA* affichés avec fierté sur les murs de son bureau sont proportionnels à l'indiscutabilité et à la certitude des idées économiques exprimées.
[190] Université privée fondée en 2003 et appartenant à l'Union des chambres et des bourses de Turquie. Dispose de moyens importants, l'enseignement se fait en anglais.
[191] Entretien n° 16, avec un professeur en économie de l'université de TOBB, 22/10/2008, à Ankara.
[192] Edgar Morin, *op. cit*, p. 254.
[193] Christian Comeliau, *Les impasses de la modernité… op. cit*, p. 66.

[194] Quant aux moyens proposés par l'enquêté pour y parvenir, ils sont en parfaite conformité avec les tendances actuelles : l'éducation, l'éducation, l'éducation... en direction notamment des couches défavorisées.
[195] Entretien n° 4, maître de conférences en économie de l'université ODTÜ, 15/10/2008, à Ankara : d'une trentaine d'années, d'origine sociale aisée, bien doté en capital scientifique (publications conséquentes dans des revues prestigieuses en économie), parfaitement anglophone, ex-ingénieur reconverti à l'économie, doctorat en économie obtenu à l'*University of Iowa*, trajectoire professionnelle essentiellement en Turquie, apparitions médiatiques peu fréquentes, consulté comme expert, domaines de spécialisation : l'économie du travail, la microéconomie. Remarquons qu'à travers le caractère mécanique des propos tenus, se trahit la formation initiale d'ingénieur électronique de l'enquêté (on y reviendra).
[196] Christian Comeliau, *Les impasses de la modernité... op. cit,* p. 66.
[197] Christian Comeliau, « Les dimensions politiques et sociales dans l'analyse économique du développement », *Revue Tiers Monde*, n° 191, juillet-septembre 2007, p. 521.
[198] Les thèmes d'ordre politique n'apparaissent pas comme prioritaires comparés aux thèmes social et culturel.
[199] Entretien n° 12 : d'une cinquantaine d'années, d'origine sociale aisée, ancien haut bureaucrate, ancien vice-président de la Banque centrale, fortement doté en capital administratif (ayant occupé et occupant actuellement des postes à responsabilité) et scientifique (nombreuses publications et travaux éditoriaux dans des revues prestigieuses en économie), parfaitement anglophone, ex-ingénieur reconverti à l'économie, doctorat en économie obtenu à l'université d'Ankara, apparitions médiatiques fréquentes, consulté comme expert, chroniqueur économique permanent dans le journal *Radikal*, domaines de spécialisation : économie monétaire, économie internationale, programmes de stabilisation, économie politique, théories de la croissance.
[200] Entretien n° 12, 21/10/2008, à Ankara.
[201] *Ibidem.*
[202] À l'exception de ce jeune maître de conférences en économie de l'université de Başkent (Ankara). Son séjour au Japon (doctorat obtenu à *Nagoya University*), ce qui est exceptionnel pour un économiste en Turquie, n'y est peut-être pas pour rien : L. Ü : « Si je vous dis développement, quels sont les premiers mots qui vous viennent à l'esprit ? À quoi ça vous fait penser ? » E. : « Je penserais d'abord à la croissance, ensuite à la santé et à l'éducation. Globalement, je penserais à l'amélioration du bien-être, de la prospérité, des standards. La démocratie viendrait, pour moi, en dernière position et encore que... » Entretien n° 7, 16/10/2008, à Ankara.
[203] Car faut-il rappeler, avec Pierre Achard, que « tout questionnement crée une situation « surveillée » au sens de Labov [...] Une réponse, quelle que soit la sincérité du répondant, est un acte de coopération avec le questionneur ». Pierre Achard, *La sociologie du langage*, Paris, PUF, 1998, p. 107.
[204] Entretien n° 21, avec un directeur au ministère des Finances, 27/10/2008, à Ankara.
[205] Une autre expression du même genre est *Türkiye'de artık her şey var* [Il y a désormais tout en Turquie].
[206] *Ibidem.*
[207] Entretien n° 13, 21/10/2008, à Ankara : maître de conférences d'une trentaine d'années, d'origine sociale aisée, relativement bien dotée en capital scientifique (publications conséquentes dans des revues prestigieuses en économie), parfaitement anglophone, ex-ingénieur reconverti à l'économie, doctorat en économie obtenu à *New York University*, trajectoire professionnelle riche (notamment aux États-Unis et à la Banque mondiale en tant que consultant), domaines de spécialisation (tels qu'ils sont précisés par l'interviewée) :

Applied Microeconomics, Labor Economics, Poverty and Inequality, Income and Wealth, Applied Microeconometrics, Financial Liberalization and Poverty, Economic Well-Being.
[208] Ce qui explique aussi toutes les fois où on nous a demandé au préalable d'envoyer les questions de l'entretien afin de préparer les réponses.
[209] Entretien n° 29, avec la responsable de la TÜSİAD, précédemment citée, 16/01/2009, à Istanbul.
[210] *Ibidem.*
[211] Un jugement qui fait penser à toute la littérature sur le despotisme oriental.
[212] Et qui sera reprise ultérieurement au sujet de la modernisation kémaliste. C'est sur ce thème qu'elle est la plus opérante.
[213] Serge Latouche, « L'échec de l'occidentalisation », *Revue Tiers Monde*, vol. 25, n° 100, 1984, p. 891.
[214] Hassan Zaoual, *La crise du paradigme du développement… op. cit,* p. 836.
[215] Entretien n° 33 : d'une quarantaine d'années, d'origine sociale aisée, économiste de formation, fortement pourvu en capital symbolique d'autorité (en analyse économique), apparitions médiatiques fréquentes à la télévision, consulté comme expert.
[216] TÜSİAD, *Ekonomik görünüm ve politikalar*, 19 Ekim 2007, rubrique III-4, non paginé.
[217] TEPAV, *22 temmuz 2007 Seçimlerinin Ardından… op. cit,* p. 14.
[218] TÜSİAD, *2009 Yılına Girerken Türk Ekonomisi*, TÜSİAD Yayınları, Aralık 2008, p. 132.
[219] T.C. *Başbakanlık*, « 5449 sayılı Kalkınma Ajanslarının Kuruluşu, Koordinasyonu ve Görevleri Hakkında Kanun Genel Gerekçesi », p. 11.
[220] TEPAV, *22 temmuz 2007 Seçimlerinin Ardından… op. cit,* p. 2.
[221] C'est tout de même « fort de café » dans un pays où la notion même de contrat de travail (quoiqu'officiellement obligatoire pour toute embauche) fait défaut en pratique.
[222] TEPAV-Dünya Bankası, *Türkiye Yatırım Ortamı Değerlendirme Raporu… op. cit,* p. 7.
[223] Voir par exemple, Nesrin Sungur, « Güney Kore Kalkınma Fırsatını Nasıl Yakaladı? », *Mülkiyeliler Birliği Dergisi*, sayı 225, 2000, p. 119-124.
[224] Philippe Hugon, « Le postajustement et l'après 'Consensus de Washington'ou le quatrième temps de la pensée francophone », *GEMDEV*, novembre 2004.
[225] DPT-TESEV, *Kamuda İyi Yönetişim Özel İhtisas Komisyonu Raporu*, No. 2721, ÖİK : 674, Ankara, DPT Yayınları, 2007. Il s'agit en fait d'une des nombreuses sous-commissions du DPT précédant au IX plan et réunissant en son sein plusieurs spécialistes censés représenter divers groupes sociaux. Jusque-là « rien d'anormal », dirait-on. Mais la composition (pratiquement pas d'acteurs « hérétiques ») et la direction de la commission (en partenariat avec la très libérale TESEV, peut-être parce que le thème l'oblige, la gouvernance voulant aussi dire un meilleur partenariat public-privé) donnent une certaine couleur au rapport final. Autrefois inconcevable, ce type de collaboration public-privé, porteur d'une certaine charge idéologique, est de plus en plus courant, correspondant à l'air du temps.
[226] DPT-TESEV, *Kamuda İyi Yönetişim Özel İhtisas Komisyonu Raporu… op. cit,* p. 1.
[227] DPT-TESEV, *Kamuda İyi Yönetişim Özel İhtisas Komisyonu Raporu… op. cit,* préface non paginée.
[228] Il s'agit là d'un procédé très classique (très turc, a-t-on envie de dire).
[229] DPT-TESEV, *Kamuda İyi Yönetişim Özel İhtisas Komisyonu Raporu… op. cit,* p. 5.
[230] Problématique qui sera reprise, comme on le verra, au sujet des agences de développement.
[231] DPT-TESEV, *Kamuda İyi Yönetişim Özel İhtisas Komisyonu Raporu… op. cit,* p. 5.
[232] TESEV, *İyi Yönetişim El Kitabı*, Istanbul, TESEV Yayınları, Mayıs 2008, p. 8.
[233] TESEV, *İyi Yönetişim… op. cit,* p. 181.

[234] Qu'on ne peut plus taxer de partialisme et qui lui permet, *in fine*, de solliciter plus de fonds pour la recherche : « Le coût social des erreurs politiques peut être extrêmement élevé. Aussi, serait-il d'utilité publique qu'on accorde plus de fonds au développement des centres de réflexions dans notre pays. » TESEV, *İyi Yönetişim... op. cit,* p. 181.
[235] TESEV, *İyi Yönetişim... op. cit,* p. 186.
[236] T.C. *Resmi Gazete*, « 08.02.2006 tarih ve 26074 sayılı Kalkınma Ajanslarının Kuruluşu, Koordinasyonu ve Görevleri Hakkında Kanun ».
[237] Quotidien *Habertürk*, le 26 juillet 2009.
[238] Une littérature en turc, relativement riche, sur le sujet semble même prendre forme. Signalons notamment les actes d'un colloque prenant pour objet le développement régional et la gouvernnance : TEPAV- ODTÜ Mimarlık Fakültesi, *Bölgesel Kalkınma ve Yönetişim Sempozyumu Bildiri Kitabı,* 7-8 Eylül 2006.
[239] Car la bureaucratie centrale enfin court-circuitée (lorsqu'on sait le profond mépris que le terme de « bureaucratie » suscite chez les dirigeants et notables de l'AKP se voulant représenter les valeurs de la « société civile » face à un appareil étatique beaucoup trop expansif à leur goût), les acteurs locaux seront appelés à jouer un plus grand rôle, une plus grande décentralisation étant accordée aux régions ainsi qu'un certain transfert de pouvoir – politique et économique – vers le niveau local, tout ceci dans le cadre de l'adhésion à l'UE et avec le soutien actif de Bruxelles ; le passage au système NUTS (nomenclature d'unités territoriales statistiques) effectif depuis 2002 et la création des agences de développement étant posés comme des conditions préalables pour bénéficier du FEDER (Fonds européen de développement économique et régional). Avec le passage au système NUTS, les régions ont pour la première fois un statut administratif et juridique clairement établi, nouveauté choquante pour certains, révolutionnaire pour d'autres, mais en tout cas très importante pour un pays extrêmement centralisé ne reconnaissant jusque-là aucun statut juridique aux régions, à part la nomenclature géographique des régions distinguées par les principaux groupes climatiques, et ne fonctionnant administrativement que sur la base des départements.
[240] Craintes surtout exprimées au sujet des régions Est et Sud-Est du pays, futures principales bénéficiaires de la dynamique qui sera engagée par la création des agences de développement. Les arguments développés par le Conseil d'État en 2006 relatifs à sa décision de suspendre la mise en application de la loi y font partiellement écho. T.C. *Danıştay*, « Onuncu Daire, Esas No : 2006/5588, 25.7.2006 tarihli, 26239 sayılı Resmi Gazetede yayımlanan, Kalkınma Ajanslarının Çalısma Usul ve Esasları Hakkında Yönetmelik'in iptali ve yürütülmesinin durdurulması ».
[241] Murat Çetin, « Yerel Kalkınma Ajansları », *Ege Akademik Bakış*, cilt 6, sayı 2, temmuz 2006, p. 129. L'ordre dans lequel les thèmes sont énoncés est extrêmement significatif. Un peu de cela, un peu de ceci, un peu de sensibilité écologique, un peu de parité homme-femme, un peu de PME et de facilités aux financements, un peu de lutte contre la pauvreté...
[242] Konya Ticaret Odası, *AB Uyum Sürecinde Kalkınma Ajansları ve Mevlana Kalkınma Ajansı*, Haziran 2009, p. 2-4.
[243] Passage du macro au micro – *Small is beautiful* –, prédominance des problématiques de bonne gouvernance et de lutte contre la pauvreté se substituant progressivement aux thématiques traditionnelles de développement, délégitimation de l'État et des plans centraux de développement et enfin la montée en puissance des ONG et des acteurs dits de société civile, désormais les seuls légitimés dans les politiques de développement...
[244] La position quelque peu hégémonique de l'AKP dans le champ politique, se voulant le porte-parole d'une société civile supposée longtemps réprimée par un appareil étatique tout puissant.

[245] Cesurhan Taş, « Kalkınmaya Giden Yol Kalkınma Ajanslarından mı Geçer », *Finans Politik & Ekonomik Yorumlar Dergisi*, sayı 523, Eylül 2008, p. 8-10-16.
[246] Mais aussi clairement identifié en Turquie comme faisant partie du vocabulaire politique des mouvements marqués à droite.
[247] Naci Akın, « Bölgesel Kalkınma Araçları ile Kalkınma Ajanslarının Uyum, İşbirliği ve Koordinasyonu », *Bölgesel Kalkınma ve Yönetişim Sempozyumu Bildiri Kitabı*, ODTÜ, Ankara, 7-8 Eylül 2006, p. 295.
[248] Murat Çetin, « Yerel Kalkınma Ajansları », *Ege Akademik Bakış*, cilt 6, sayı 2, temmuz 2006, p. 127.
[249] Yunus Emre Özer, « Küresel Rekabet – Bölgesel Kalkınma Ajansları ve Türkiye », *Review of Social, Economic & Business Studies*, Vol. 9/10, 389-408, 2008, p. 402.
[250] Ainsi lit-on dans le texte de la Mairie d'Istanbul déjà cité : « À l'heure où les concepts de développement durable et de gouvernance sont évoqués à différentes échelles de l'appareil étatique, la création des agences de développement, quoique sous la pression de l'UE, marque un tournant aussi important que le passage à l'économie planifiée et la création du DPT au début des années soixante. Ce processus [...] devrait être considéré comme un pas important vers la démocratisation et la participation plus accrue de la société tout entière aux processus décisionnels ». İstanbul Büyükşehir Belediyesi, *Bölgesel Kalkınma Ajansları*, Kasım 2006.
[251] De là à espérer ou prédire un développement sain, participatif, plus démocratique, social et écologiquement responsable, il faudrait sans doute faire preuve de plus d'imagination. Le texte, par ailleurs, celui du Premier ministre, ne fait aucun emploi de ces termes.
[252] Claude Albagli, « Le développement : interaction des faits et des idées », dans Jean-Pierre Gern (dir.), *Les sciences sociales confrontées au développement*, Paris, l'Harmattan, 2006, p. 39
[253] T.C. *Başbakanlık*, « 5449 sayılı Kalkınma Ajanslarının Kuruluşu, Koordinasyonu ve Görevleri Hakkında Kanun Genel Gerekçesi ».
[254] *Ibidem*, p. 4-5.
[255] *Ibidem*, p. 6.
[256] Les agences sont juridiquement définies comme une personne morale publique mais autonome dans ses affaires administratives et financières et soumise au droit privé. Le DPT est conçu dans cette structure comme étant chargé de la supervision et de la coordination des agences. *Ibidem*, p. 10-12.
[257] T.C. *Resmi Gazete*, « 08.02.2006 tarih ve 26074 sayılı Kalkınma Ajanslarının Kuruluşu, Koordinasyonu ve Görevleri Hakkında Kanun ». Lesdits articles précisent les modalités d'organisation et missions des « Offices de soutien à l'investissement – *Yatırım Destek Ofisleri* », prévus dans chaque département. Ceux-ci ont pour mission d'alléger et de centraliser les démarches administratives liées à l'investissement et d'accompagner les investisseurs (nationaux ou étrangers) dans leurs créations ou développements d'activités.
[258] T.C. *Başbakanlık*, « 5449 sayılı Kalkınma Ajanslarının Kuruluşu, Koordinasyonu ve Görevleri Hakkında Kanun Genel Gerekçesi », p. 13.
[259] Entretien n° 32, avec le responsable de la Tisk, précédemment cité, 20/01/2009, à Ankara.
[260] TÜSİAD, *Ekonomik görünüm ve politikalar*, 19 Ekim 2007, rubrique V-8, non paginée.
[261] L'idée implicite qui sous-tend cette réflexion est que l'ouverture aux échanges internationaux est bénéfique pour l'ensemble de l'économie, de la société.
[262] TEPAV, *İstikrar Ortamının... op. cit*, p. 3.
[263] DPT-TEPAV, *Dokuzuncu Kalkınma Planı 2007-2013, Sanayi Politikaları... op. cit*, p. 6.
[264] Si on prend comme exemple les commissions spéciales de bonne gouvernance (DPT-TESEV) et de politiques industrielles (DPT-TEPAV) procédant au IXe plan de

développement, à part quelques exceptions, les syndicalistes sont quasi absents ou du moins clairement sous-représentés.

[265] La proximité politique très nette des idées exprimées par les organisations patronales ou les *think tank* affiliés ou proches et les différents organismes de l'État, malgré les particularismes institutionnels des uns et des autres, est, comme on peut constater tout au long de cette étude, sans appel.

[266] DPT-TEPAV, *Dokuzuncu Kalkınma Planı 2007-2013, Sanayi Politikaları... op. cit,* p. 72-73.

[267] *Ibidem,* p. 73-74.

[268] Car, à l'instar de ce que soulignent Jean-Luc Dubois et François-Régis Mahieu, « le marché du développement n'est pas seulement un marché de crédits, il est aussi un marché d'idées et de concepts ; ce qui permet de parler de 'marché linguistique'et de 'capital linguistique'suivant Bourdieu ». Jean-Luc Dubois et François-Régis Mahieu, « Les 'deux niveaux'du langage du développement. Un obstacle anthropologique réciproque », Colloque *Les mots du développement. Genèse, usages et trajectoires*, Centre d'Économie de la Sorbonne, 13 novembre, Paris, 2008, p. 2.

[269] Équivalent en français des pôles de compétence ou de compétitivité, le concept est rendu célèbre par les travaux de l'économiste américain Michael Porter, *L'Avantage concurrentiel des nations*, Paris, Dunod, 1998.

[270] Se référer à *Türkiye Kümeleri – Clusters* de Turquie : www.clusterturkey.com.

[271] DPT-TEPAV, *Dokuzuncu Kalkınma Planı 2007-2013, Sanayi Politikaları... op. cit.* p. 164.

[272] *Ibidem,* p. 169.

[273] İ. Hakkı Eraslan, « Kümelenme Temelli Kalkınma Stratejileri », *Çerçeve Dergisi* (MÜSİAD), Sayı : 51 (Rekabet ve Kümelenme), Haziran 2009, p. 22.

[274] *Ibidem*, p. 27.

[275] *Ibidem,* p. 28.

[276] TÜSİAD, *Kayıtdışı Ekonomi ve Sürdürülebilir Büyüme, AB Yolunda Değerlendirme ve Çözüm Önerileri*, TÜSİAD Yayınları, Aralık 2006, notamment pages 125, 126, 131, 133.

[277] Entretien n° 32, avec le responsable de la TİSK précédemment cité, 20/01/2009, à Ankara.

[278] DPT, *Türkiye Cumhuriyeti Ön Ulusal Kalkınma Planı 2004-2006*, Ankara, DPT Yayınları, 2003, p. 3.

[279] TEPAV, *22 temmuz 2007 Seçimlerinin Ardından... op. cit,* p. 1.

[280] Branislav Gosovic, *L'hégémonie intellectuelle et développement... op. cit,* p. 511.

[281] Le titre par exemple du document de la TEPAV précédemment cité : *22 temmuz 2007 Seçimlerinin Ardından, İkinci Nesil Reform Sürecinin Öncelikleri* [les priorités dans le processus de réformes de la seconde génération au lendemain des élections du 22 juillet 2007].

[282] TÜSİAD, *21. Yüzyıl İçin Yeni Bir Devlet Modeline Doğru, Optimal Devlet, Kamu Ekonomisinin ve Yönetiminin Yeniden Yapılanması ve Küçültülmesine Yönelik Tedbirler*, TÜSİAD Yayınları, Şubat 1995.

[283] Pierre Bourdieu, Loïc Wacquant, « La nouvelle vulgate planétaire », *Le Monde diplomatique*, mai 2000, p. 6-7.

[284] TÜSİAD, *21. Yüzyıl İçin Yeni Bir Devlet Modeline Doğru... op. cit,* préface non paginée.

[285] *Ibidem.*

[286] Jacques Derrida, *De La Grammatologie*, Paris, Les Éditions de Minuit, 1997.

[287] Pierre Bourdieu, *Contre feux*, Paris, Raisons d'agir, 1998, p. 56.

[288] TÜSİAD, *Ekonomik görünüm ve politikalar*, 19 Ekim 2007, rubriques, V-6, V-7, V-9, document non paginé.

[289] DPT, Bölgesel Rekabet Edebilirlik Kavramı ve Bölgesel Kalkınma Politikalarına Yansımaları, Ankara, DPT Yayınları, Ağustos 2008, p. 211.
[290] *Ibidem*, p. 207.
[291] *Ibidem*, p. 216.
[292] Oktay Vural, député, responsable MHP, « Kalkınmayı öğrenmek », www.oktayvural.com.tr, consulté le 01/11/2009.
[293] Dont le titre complet donne clairement le ton : *2007-2013, Dokuzuncu Kalkınma Planı : Rekabet, İstihdam, Beşeri Sermaye, Bölgesel Gelişme, Kamuda Etkinlik* [2007 – 2013, IXe plan : compétition, emploi, capital humain, développement régional, efficacité dans le service public].
[294] DPT, *Bölgesel Rekabet Edebilirlik Kavramı... op. cit*, p. 212.
[295] TÜSİAD, *Ekonomik görünüm ve politikalar*, 19 Ekim 2007, rubriques, V-10, non paginé.
[296] Ziya Burhanettin Güvenç, « Küme, Bölgesel Kalkınmayı Sağlayabilecek Bir Modeldir », *Çerçeve Dergisi* (MÜSİAD), Sayı : 51 (Rekabet ve Kümelenme), Haziran 2009, p. 42-43.
[297] Cette étude qui ressemble plutôt à un état des lieux bibliographique, certes assez impressionnant, ne contient aucune réflexion sémantique ou épistémologique sur les concepts abordés. Elle verse au contraire dans des jugements normatifs sur ce que devraient être la recherche, le développement ou la méthodologie aptes à étudier les « problèmes sociaux », sans réfléchir sur ce qui est le « problème social » et ses investissements idéologiques : « À l'instar de ce qui est demandé à ceux qui mènent des recherches appliquées en sciences de la nature, il faudrait aussi exiger du chercheur en sciences sociales de préciser à quel niveau et comment ses résultats peuvent être utiles et fonctionnels dans la résolution des problèmes. » Türkiye Bilimler Akademisi Raporları, *Türkiye'nin Nüfus ve Kalkınma Yazını ; Eleştirel Bir Değerlendirme*, Sayı 3, TÜBİTAK Matbaası, Ankara, 2003, p. 60.
[298] *Ibidem*, p. 13.
[299] Gérard Destanne de Bernis, Le sous-développement, analyses ou représentations... op. cit, p. 109.
[300] Entretien n° 16, avec une professeure en économie précédemment citée, 22/10/200, à Ankara.
[301] Robert Boyer, « L'après-consensus de Washington : institutionnaliste et systémique ? », *L'Année de la régulation*, n° 5, 2001, p. 24.
[302] Mehdi Abbas, *op. cit*, p. 13.
[303] Christian Comeliau, « Les abstractions de l'économie globale », dans *Les silences pudiques de l'économie*, Berne, Commission nationale suisse pour l'Unesco, DDC ; Genève, IUED, 1998, p. 57.
[304] Entretien n° 32, avec un responsable de la TİSK précédemment cité, 20/01/2009, à Ankara.
[305] Entretien n° 20, l'expert économiste à la Banque centrale, 23/10/2008, à Ankara.
[306] Jean-François Baré, *La notion de développement, comme catégorie d'un système sémantique... op. cit*, p. 257.
[307] Jean-François Baré, « De nouvelles approches de l'évaluation », dans Jean-François Baré (dir.), *L'évaluation des politiques de développement*, Paris, l'Harmattan, 2001.
[308] Louis Dumont, « Préface » dans Karl Polanyi, *La Grande Transformation*, Paris, Gallimard, 1983, p. 18. Sans toutefois que ceci soit le résultat d'un processus naturel (mythe de la naissance naturelle du marché autorégulateur) mais des « stimulants artificiels » dont l'État. Karl Polanyi, *op. cit*, p. 338.
[309] Gilbert Rist, *op. cit*, p. 452.
[310] Jean-Philippe Peemans, *op. cit*, p. 70.
[311] *Ibidem*, p. 8.
[312] Karl Polanyi, *op. cit*, p. 104.

[313] Christian Comeliau, *L'économie contre le développement ?... op. cit*, p. 37. Qu'on nous comprenne bien. Notre but ici n'est aucunement de nous livrer à un procès de l'économie dont certains économistes se chargent par ailleurs avec férocité. Nous ne faisons que souligner la tendance économiciste évidente de la représentation identifiée, c'est-à-dire « [sa] croyance en la supériorité absolue, comme moyen de développement, du marché et de l'intégration maximale dans les échanges internationaux ». Christian Coméliau, *Pour un renouveau de l'étude du développement*, *op. cit*, p. 688.
[314] TÜSİAD, Dépliant *Tanıtım* (présentation), Titre : *Türkiye'nin Gerçek Gündemi* [La réelle actualité de la Turquie], document non paginé.
[315] Karl Polanyi, *op. cit,* p. 104.
[316] TEPAV, *22 temmuz 2007 Seçimlerinin Ardından... op. cit.*
[317] Rıfat Hisarcıklıoğlu, « Küresel finans krizi ve Türkiye », *Kamu'da Sosyal Politika,* Yıl : 3, Sayı : 8, 2009, p. 32.
[318] D'après Serge Latouche, ceci est sémantiquement inévitable, car « La désignation même des problèmes du tiers-monde par un terme où figure le mot « développement » (sous-développement, en développement, non-développement, voire « mal développement ») est l'illustration la plus frappante du consensus qui existe pour considérer qu'il s'agit de problèmes d'abord essentiellement économiques », Serge Latouche, « Déculturation ou sous-développement », *Revue Tiers Monde*, vol. 25, n° 97, janvier-mars 1984, p. 43.
[319] Pour un exemple significatif, voir Muhsin Kar, Sami Taban, *İktisadi Kalkınmada Sosyal Kültürel ve Siyasal Faktörlerin Rolü* [Le rôle des facteurs socioculturels et politiques dans le développement économique], Ekin Kitabevi, 2005.
[320] Maxime Haubert, « Sociologie du développement : quelle sociologie et de quel développement ? », dans Choquet C., Dollus O., Le Roy E., et M. Vernières (dir.), *État des savoirs sur le développement, trois décennies de sciences sociales en langue française*, Éditions Karthala, Paris, 1994, p. 178.
[321] Voir à ce propos, Bahattin Akşit, « Toplumsal Kalkınma/Gelişme ve nüfus », dans Türkiye Bilimler Akademisi Raporları, *Türkiye'nin Nüfus ve Kalkınma Yazını ; Eleştirel Bir Değerlendirme*, Sayı 3, TÜBİTAK Matbaası, Ankara, 2003, p. 20-26.
[322] Silvia Sigal, « Sociologie du développement et sociologie des sociétés périphériques », *Revue Tiers Monde*, vol. 23, n° 90, 1982, p. 398.
[323] TESEV, *Doğu ve Güneydoğu Anadolu'da Sosyal ve Ekonomik Öncelikler... op. cit,* p. 29.
[324] *Ibidem,* p. 25-27.
[325] *Ibidem,* p. 17.
[326] La littérature en turc sur le développement régional, entendu majoritairement comme portant sur les régions Est et Sud-Est du pays, est assez riche. Voir notamment, Mustafa Erkal, Mustafa Ildırar, *Bölgesel Kalkınma ve Gelişme Stratejileri*, Ankara, Nobel Yayın Dağıtım, 2004 ; Nesrin Algan, Ayşegül Mengi, *Küreselleşme ve Yerelleşme Çağında Bölgesel Sürdürülebilir Gelişme*, Ankara, Siyasal Kitabevi, 2003.
[327] André Guichaoua et Jean Majeres, « Usages de la sociologie dans les organismes de coopération et du développement », *Revue Tiers Monde*, vol. 23, n° 90, 1982, p. 430.
[328] GAP est un projet d'aménagement du Sud-Est anatolien qui consiste essentiellement à irriguer 1,7 million d'hectares de terres arides à partir de 22 barrages principaux construits sur les bassins versants du Tigre et de l'Euphrate. En parallèle, 19 usines hydroélectriques permettront de fournir 7476 MW.
[329] Joost Jongerden, « Bir kavramın yıkımı mı ? Kalkınmaya ilişkin eleştirel düşünceler », *Kırsal Kalkınmada Deney Paylaşımı ve Strateji Geliştirme Konferansı*, Diyarbakır, 10-11 Mart 2008, p. 5.
[330] DPT, *Türkiye Cumhuriyeti Ön Ulusal Kalkınma Planı... op. cit,* p. 4.

[331] DPT, *Yeni Bölgesel Gelişme Politika ve Uygulamaları*, Ankara, DPT Yayınları, Haziran 2007, p. 11.
[332] La littérature sur le DPT et la période de l'économie planifiée est extrêmement riche : voir notamment Ümit Akçay, *Kapitalizmi Planlamak Türkiye'de Planlama ve DPT'nin Dönüşümü*, Istanbul, SAV (Sosyal Araştırmalar Vakfı), 2007.
[333] Chapitre écologie ajouté très certainement à la liste, parce que c'est dans l'air du temps.
[334] DPT, *2001-2005, Uzun Vadeli Strateji ve Sekizinci Beş Yıllık Kalkınma Planı*, Ankara, DPT Yayınları, 2000.
[335] DPT, *2007-13 Dokuzuncu Kalkınma Planı : Rekabet, İstihdam, Beşeri Sermaye, Bölgesel Gelişme, Kamuda Etkinlik*, Ankara, DPT Yayınları, 2006, p. 1.
[336] Entretien n° 5, avec un responsable/directeur du DPT, 15/10/2008 à Ankara.
[337] DPT, 2007-13 *Dokuzuncu Kalkınma Planı... op. cit*, p. 4.
[338] L'empreinte majeure, et la seule par ailleurs, du gouvernement de l'AKP. Au-delà de la volonté de « protéger la culture », qui est une volonté traditionnelle de la « droite », le vocable du « dialogue social » est entendu en Turquie, non pas (ou pas tellement) en termes d'une meilleure communication entre les partenaires sociaux, mais en termes de non-exclusion de certains groupes sociaux à sensibilité religieuse (on évoquera par exemple le terme au sujet de la non-exclusion des « jeunes musulmanes » portant le voile à l'université). Pour le reste, l'alignement de l'AKP, considéré toutefois comme étant « hors système », sur le modèle hégémonique, tel qu'il est exprimé dans le plan, est quasi total, comme le montrent, par ailleurs, tous les documents officiels cités tout au long de cette section et dont la plupart ont été initiés par le gouvernement de l'AKP. On va y revenir dans la section suivante.
[339] Encore une fois, c'est plutôt aux régions Est et Sud-Est qu'on pense, lorsqu'on emploie ce terme.
[340] DPT, *1990-1994 Altıncı Beş Yıllık Kalkınma Planı*, Ankara, DPT Yayınları, 1989, p. 353.
[341] André Guichaoua et Jean Majeres, *op. cit*, p. 438.
[342] Jacques Lombard, « La sociologie et le développement, pluridisciplinarité ou spécificité », *Revue Tiers Monde*, vol. 23, n° 90, 1982, p. 250. Ledit article contient d'excellentes réflexions sur l'objet, la méthode et les pratiques de la sociologie du développement, notamment lorsque l'auteur décrit, à la page 252, une certaine sociologie « sans projet d'explication globale et qui apparaît plus souvent comme une technique ou un outil utilisé en fin de parcours de l'expertise que comme une véritable analyse exhaustive de la réalité sociale et des processus du changement ».
[343] Entretien n° 20, avec un expert économiste à la Banque centrale précédemment cité, 23/10/2008, à Ankara.
[344] *Ibidem*. Véritable obsession à « gauche » (comme on le verra plus tard), l'industrialisation avait quelque peu perdu de sa valeur à « droite » ou avait été reléguée en tout cas au second plan au profit de notions plus « tendance » comme les *clusters*, l'innovation, la nanotechnologie ou l'économie de la connaissance (à l'exception bien entendu de la TİSK – Confédération des syndicats patronaux de Turquie – où les intérêts industriels forts pèsent d'un poids important). Or on voit à travers ce témoignage que le terme d'industrialisation a encore un sens, certes de plus en plus dilué et sans consistance précise, auprès des bureaucrates, quel que soit par ailleurs leur organisme d'attache, ce qui a été confirmé par la suite de nos entretiens.
[345] *Ibidem*.
[346] Entretien n° 6, avec un conseiller à la Banque centrale, 15/10/2008, à Ankara.
[347] *Ibidem*.
[348] *Ibidem*.
[349] Pauline Bend, *op. cit*, p. 15.
[350] Pierre Achard, *La sociologie du langage*, *op. cit*, p. 100-101.

[351] Entretien n° 4, avec un maître de conférences en économie précédemment cité, 15/10/2008, à Ankara.
[352] *Ibidem.*
[353] *Ibidem.*
[354] TÜSİAD, *Ekonomik görünüm ve politikalar*, 19 Ekim 2007, rubrique III-1, document non paginé.
[355] Entretien n° 29, avec une responsable de la TÜSİAD précédemment citée, 16/01/2009, à Istanbul.
[356] Entretien n° 16, avec un professeur en économie de l'université de TOBB, précédemment cité, 22/10/2008, Ankara.
[357] Entretien n° 18, 23/10/2008, à Ankara. Maître de conférences en économie d'une trentaine d'années, d'origine sociale aisée, très fortement dotée en capital scientifique (nombreuses publications en anglais et travaux éditoriaux dans des revues prestigieuses en économie), parfaitement anglophone, doctorat obtenu à la *Duke University*, trajectoire professionnelle riche (à l'étranger, économiste consultante au FMI à la Banque mondiale, et en Turquie), apparitions médiatiques fréquentes, chroniqueur économique à CNN Türk, consultée comme experte, domaines de spécialisation : macroéconomie, économie internationale. À travers ce témoignage se lit aussi le passage par la Banque mondiale de l'enquêtée, trajectoire professionnelle par rapport à laquelle l'enquêtée tente de mettre en place une stratégie de différenciation en tant qu'économiste qui serait plus sensible aux « réalités » du terrain, sensibilité acquise, d'après ses dires, durant ses séjours à la Banque mondiale : 1999, *Eastern and Central Asia Department, Short-term consultant* ; 1996-1997, *Africa Department, summer Intern.*
[358] Fuat Ercan, Özgün Biçer, *İktisat ve Kalkınma Ekonomisi : Kalkınma İdeolojisinin Sosyalizasyonu Olarak Kalkınma Ders Kitaplarının Eleştirisi*, Fuat Ercan'ın Web Arşivi, consulté le 21/09/2009
http://fuatercan.wordpress.com/2006/07/09/yktisat-ve-kalkynma-ekonomisi/.
[359] Jean-François Baré, « L'économie décrite en tahitien : quelques remarques », *L'Homme*, vol. 32, n° 121, 1992, p. 144.
[360] *Ibidem.*
[361] *Ibidem.*
[362] On adoptera aussi la même démarche pour la représentation « gauchisante » du développement.
[363] Le cadre théorique est emprunté, en grande partie, à Christian Comeliau, *Les impasses de la modernité... op. cit*, p. 49-56.
[364] Pour un tel « pot-au-feu » moralisant, voir Ömer Demir (dir.), *İslâm, Sivil Toplum, Piyasa Ekonomisi*, Ankara, Liberte Yayınları, 1999.
[365] Association des industriels et hommes d'affaires indépendants [*Müstakil Sanayici ve İşadamları Derneği*] de sensibilité religieuse. Organisation patronale fondée en 1990 en concurrence avec la TÜSİAD (la grande bourgeoisie industrielle d'Istanbul), elle regroupe essentiellement la bourgeoisie provinciale ascendante (« tigres anatoliens », jeunes entrepreneurs « musulmans »). Son secrétaire général définit lui-même les missions de l'organisation comme étant de « s'adapter au monde moderne tout en préservant les valeurs nationales et spirituelles ». Nihat Alayoğlu, « İş Adamlarının Sorumlulukları : Türkiye Tecrübesi », *Çerçeve*, MÜSİAD, n° 49, Ocak 2009, p. 133.
[366] *AK Parti Programı* [Programme de l'AKP], 14/08/2001, p. 12
[367] *Ibidem.*
[368] Ces propos d'apparence anodine sont de ceux qui nous permettent le mieux sinon de relativiser du moins de mettre en doute tout le vocable moralisant qui sera développé ultérieurement. Autrement dit comment concilier cette volonté de devenir le nouveau centre

des finances avec l'interdiction d'intérêt clairement formulée par la religion musulmane et à laquelle les protagonistes, eux-mêmes, font allusion ? Ou comment accorder du crédit à une mouvance se voulant moralisante et condamnant tout profit d'origine financière, lorsqu'on sait que l'économie turque tout entière, et par là le gouvernement issu de ladite mouvance, sont tributaires des entrées de capitaux étrangers attirés par des perspectives de rendements élevés, compte tenu des taux d'intérêt pratiqués (la banque centrale turque applique des taux d'intérêt, au jour le jour, assez hauts). Ces contradictions (on les observera tout au long de ce chapitre) caractérisent éventuellement le mieux la représentation étudiée ici.

[369] Ömer Cihad Vardan, « Krizin Temel Nedenleri ve Krizi Aşmada İhracatın Etkisi », *Kamu'da Soyal Politika* (Memur-Sen Yayını), n° 8, 2009, p. 27-29.

[370] Les coordonnées socioprofessionnelles des cadres du parti, chargés des affaires économiques, n'y sont sans doute pas pour rien, à l'image d'un certain Ali Babacan, ministre actuel de l'Économie, issu d'une famille très aisée et titulaire d'un MBA en marketing et commerce international obtenu aux États-Unis (où il travaille ensuite deux ans comme associé dans un cabinet spécialisé en conseil financier) ou d'un certain Mehmet Simsek, ministre actuel des Finances, ancien économiste de la société financière américaine Merrill-Lynch. Il ne serait sans doute pas difficile d'établir une liste plus longue.

[371] *AK Parti Programı* [Programme de l'AKP], p. 12-13.

[372] *Ibidem,* p. 43.

[373] Jacques Austruy, *Islam face au développement*, Paris, l'Harmattan, 2006, p. 110.

[374] Pour tout ce vocable, voir İzzet Er, *Sosyal Gelişme ve İslam*, Istanbul, Rağbet Yayınları, 1999.

[375] İzzet Er, *op. cit.*, p. 45.

[376] Entretien n° 38, avec un ex-député, responsable des Affaires économiques et sociales de l'AKP, 28/01/2009, à Ankara. Comme le laisse à penser le tutoiement, un air de maître d'école donnant des leçons de morale à un profane traverse tout l'entretien. En découle un discours de lutte très marqué politiquement (allusion à la bande de Gaza).

[377] Entretien n° 26, avec un chroniqueur du quotidien *Zaman*, 14/01/2009 à Istanbul. L'interviewé est d'origine socioprofessionnelle très modeste et dispose d'un capital journalistique faible. Bien que notre méthodologie ne nous permette pas de la vérifier statistiquement, nos enquêtes de terrain nous incitent à émettre l'hypothèse selon laquelle ceux qui expriment des idées proches de l'islam politique, que ce soit dans le champ scientifique, journalistique ou politique, ont des chances d'avoir des coordonnées socioprofessionnelles beaucoup plus modestes que celles par exemple des interviewés cités dans le chapitre précédent.

[378] Entretien n° 1, 14/10/2008, à Ankara. La correspondance évoquée ci-dessus peut aussi être établie ici entre les idées moralisantes exprimées, le profil socioprofessionnel de l'interlocuteur (d'origine très modeste, rurale) et la position occupée dans le champ scientifique et le sous-champ économique (position dominée, pas de responsabilité administrative, scientifique, capital scientifique faible en publications).

[379] *Ibidem*.

[380] Jacques Austruy, *op. cit*, p. 110.

[381] Entretien n° 25, avec un responsable de la rubrique économique du quotidien *Zaman*, le 14/01/2009, à Istanbul. En conformité avec la tendance évoquée précédemment, l'interviewé est d'origine socioprofessionnelle modeste et dispose d'un capital journalistique faible.

[382] Omer Cihad Vardan, président de la MÜSİAD, « Küresel Ekonomik Dönüşüm ve Kriz Yönetimi », *Çerçeve*, MÜSİAD, n° 50, Mart 2009, p. 4-5.

[383] İsrafil Kurulay, président de l'UTESAV, « Küresel Ekonomik Kriz ve Değerler », *Kamu'da Soyal Politika* (Memur-Sen Yayını), n° 8, 2009, p. 37.

[384] *Ibidem*.

[385] UTESAV, *Ekonomik Kalkınma ve Değerler*, UTESAV Yayınları, Istanbul, 2009.

[386] *Ibidem*, p. 1-6.
[387] *AK Parti Programı* [Programme de l'AKP], p. 13.
[388] Ce qui revient à dire en clair que les coûts sociaux, dus par exemple à telle ou telle autre restructuration économique, sont mieux supportés dans des pays où les valeurs sociales permettent de resserrer les rangs. C'est là qu'est avérée la véritable « toxicité », mais aussi le caractère de classe, des considérations d'ordre moral, lorsque l'auteur préconise, par exemple, au sujet de la crise (2008), de mettre en suspens les acquis sociaux au nom de la solidarité interclassiste pour « sortir de la crise ». Voir, Ali Seyyar, « Küresel Krizin Etkileri Karşısında Aktif Sosyal Politikaların Önemi », *Kamu'da Sosyal Politika* (Memur-Sen Yayını), Yıl : 3, Sayı : 8, 2009, p. 43
[389] *Ibidem*, p. 42.
[390] Entretien n° 1, avec un maître de conférences en économie de l'université de Başkent (Ankara), 14/10/2008, à Ankara.
[391] Nihat Alayoğlu, secrétaire général de la MÜSİAD, *op. cit*, p. 132.
[392] La Fondation mène aujourd'hui un projet intitulé « Homme d'affaires vertueux » [*Erdemli İşadamı Projesi*].
[393] MÜSİAD, *İş Hayatında İslam İnsanı* [Le musulman dans la vie des affaires], MÜSİAD Araştırma Raporları 9, Istanbul, Aralık 1994.
[394] İGİAD, *İş Ahlâkı Sempozyumu, Bildiriler* [Colloque sur l'éthique du travail, actes des communications)], Istanbul, İGİAD Yayınları, 2008 ; Nazif Gürdoğan, *Girişimcilik ve Girişim Kültürü* [L'entrepreneuriat et la culture entrepreneuriale], Istanbul, İGİAD Yayınları, 2008.
[395] Elle est par ailleurs dénigrée sous prétexte qu'un syndicalisme fort risque de déboucher sur un corporatisme ouvrier qui transforme l'État en « un État social des ouvriers » ou « un État de la sécurité sociale ». Ali Seyyar, « Türkiye'nin Yeni Sosyal Politikaları Nasıl Olmalı », *Çerçeve*, MÜSİAD, n° 49, Ocak 2009, p. 32.
[396] Ahmet Tabakoğlu, « İslam İktisadında İşçi-İşveren İlişkileri », dans MÜSİAD, *İktisat Tarih Zihniyet Dünyamız*, Istanbul, 2006, p. 141. C'est cette relation de confiance établie entre l'employé et l'employeur qui est à l'origine, d'après l'auteur, du « miracle japonais ».
[397] Pour aller plus loin, voir Hayrettin Karaman, *İslam'da İşçi İşveren Münasebetleri*, Istanbul, Marifet Yayınevi, 1981 ; Yavuz Yunus Vehbi, *Çalışma Hayatı ve İslam*, Istanbul, Tuğra Neşriyat, 1992.
[398] Sur la position musulmane vis-à-vis de la sécurité sociale, voir Faruk Beşer, *İslam'da Sosyal Güvenlik*, Ankara, Diyanet İşleri Başkanlığı, 1987 ; Ömer Çapra, Ahmed Hurşid, *İslam Ekonomisi ve Sosyal Güvenlik Sistemi*, Istanbul, Marifet Yayınları, 1991 ; Ali Şensoy, *İslam Ekonomisi Açısından Dayanışma ve Sosyal Güvenlik*, Istanbul, Mavi Yayınları, 2001.
[399] La *Zakat* est un paiement annuel obligatoire, en nature ou en argent, qu'un musulman nanti doit effectuer au profit des nécessiteux qui y ont droit. Son montant correspond à 2,5 % du revenu annuel du croyant. Elle est censée purifier le croyant de son éventuelle attirance malsaine pour les biens, limiter l'avarice et la convoitise, permettre aux plus pauvres de subvenir à leurs besoins, rallier le cœur des hommes à Dieu. Se référer à Turan Yazgan, *Sosyal Güvenlik Açısından Zekat*, Istanbul, Türk Dünyası Araştırmaları Vakfı Yayınları, 1987.
[400] Cf. Muhammed Ebu Zehra, *İslam'da Sosyal Dayanışma*, Istanbul, Yağmur Yayınları, 1981.
[401] Mevlüt Yıldırım, « Sivilleşen Sivil Toplum ve Sosyal Yardım Politikaları », *Çerçeve*, MÜSİAD, n° 49, Ocak 2009, p. 169.
[402] Entretien n° 24, avec un responsable de la Hak-iş, 27/10/2008, à Ankara.
[403] Entretien n °30, avec un intellectuel/syndicaliste de la Türk-iş, 17/01/2009, à Istanbul.

[404] Recep Şentürk, « Değerlerimiz Işığında Sosyal Devlet Analayışımız », *Çerçeve*, MÜSİAD, n° 49, Ocak 2009.
[405] Sur la fonction sociale des *vakıf*, voir Ziya Kazıcı, *İslami ve Soyal Açıdan Vakıflar*, Istanbul, Marifet Yayınları, 1985 ; Erol Kozak, *Bir Sosyal Siyaset Müessesesi Olarak Vakıf*, Istanbul, Akabe Yayınları, 1985.
[406] Recep Şentürk, *op. cit*, p. 29-30.
[407] *Ibidem*, p. 31.
[408] Ahmet Tabakoğlu, *op. cit*, p. 138.
[409] L'auteur fait référence ici à cette expression populaire d'origine religieuse : « Il n'est pas digne de nous celui qui dort rassasié tandis que son voisin a faim. ». Toute la rhétorique sur la solidarité religieuse, abondamment évoquée, semble partir de ce dicton.
[410] Mustafa Erdem, « Güçlü Toplum, Güçlü Devlet », *Çerçeve*, MÜSİAD, n° 49, Ocak 2009.
[411] Nihat Alayoğlu, *op. cit*, p. 130-131.
[412] Ömer Cihad Vardan, président de la MÜSİAD, « Soyal Devlet ve Sorumlu Toplum », *Çerçeve*, MÜSİAD, n° 49, Ocak 2009, p. 4.
[413] Voir notamment les ouvrages de Ahmet Tabakoğlu, *İslam İktisadı : Toplu Makaleler II*, Istanbul, Kitabevi Yayınları, 2005 ; *İslam ve Ekonomik Hayat*, Ankara, Diyanet İşleri Başkanlığı, 2003 ; İsmail Kurt, *İktisadi Kalkınma ve İslam*, Istanbul, İSAV Yayınları, 1987.
[414] Michel Jobert, « Islam et sa modernité », *Revue Tiers Monde*, vol. 23, n° 92, 1982, p. 775. « L'attitude ambivalente des Musulmans à l'égard des écoles de pensée évolutionnistes » est par ailleurs discutable. L'idée d'évolution se retrouve dans le monde musulman dès le Moyen Âge : Ibn Khaldoun, dans la lignée d'Aristote, propose ainsi son schéma d'évolution de l'histoire humaine (la théorie des cycles) : un mouvement cyclique portant les sociétés d'un ordre rural fondé sur l'agriculture et l'élevage, et se caractérisant par sa simplicité technologique et politique, vers un ordre urbain fondé sur l'artisanat et le commerce, et où la technologie et l'organisation politique atteignent un très haut degré de complexité. C'est le caractère à la fois opposé et complémentaire des deux pôles, rural et urbain, de la civilisation qui en explique le mouvement cyclique. Voir Ibn Khaldoun, *Discours sur l'histoire universelle – Al-Muqaddima*, Actes Sud, 2000. Mais c'est sans doute l'idée de *tekâmül* qui indique le mieux une évolution linéaire conçue comme étant un effort indéfini vers plus de perfectionnement et de maturité moraux. À ce sujet, se référer utilement à İzzet Er, *op. cit*, 1999.
[415] Nihat Alayoğlu, *op. cit*, p. 130. Il s'agit là d'un des dictons favoris du gouvernement actuel. À noter aussi, du point de vue sémantique, le recours croissant des acteurs de l'islam politique aux dictons, expressions pour affirmer l'authenticité, le caractère « vrai », l'ancrage culturel ou populaire, de leur mouvement.
[416] MÜSİAD, *Türkiye Ekonomisi, Küresel Kriz Yeni Dersler*, MÜSİAD, 2009, p. 67-68.
[417] *Ibidem*, p. 63-64.
[418] *Ibidem*. p. 58-59.
[419] Servet Armağan, *Anahtarlarıyla İslam Ekonomisi*, Istanbul, Timaş Yayınları, 1996.
[420] Adem Esen, « Batı ve İslam İktisadında Teşebbüs Hürriyeti », dans MÜSİAD, *İktisat Tarih Zihniyet Dünyamız*, Istanbul, 2006, p. 212-216.
[421] İbrahim Öztürk, « Küresel Düzenin Yeni Felsefesini ve Mimarisini Ararken », *Çerçeve*, MÜSİAD, n° 50, Mart 2009, p. 8-9.
[422] Car il faudrait bien par rapport à la droite traditionnelle à laquelle il s'identifie peut être trop.
[423] Entretien n° 35, avec un chroniqueur du journal économique *Dünya*, 23/01/2009 (à 12 h 30), à Ankara.
[424] Jacques Austruy, *op. cit*, p. 105.
[425] İsrafil Kurulay, *Ekonomik Kalkınma ve Değerler*, UTESAV Yayınları, Istanbul, 2009, présentation non paginée.

[426] Sur l'islamisme et son évolution en Turquie, voir, Ali Bulaç, *Çağdaş Kavramlar ve Düzenler*, Istanbul, İz Yayıncılık, 2001 ; İsmail Kara, *Cumhuriyet Türkiye'sinde Bir Mesele Olarak İslam*, Istanbul, Dergah Yayınları, 2008 ; İsmail Kara, *İslamcıların Siyasi Görüşleri*, Istanbul, İz Yayıncılık, 1994 ; Mümtaz'er Türköne, *İslamcılığın Doğuşu Siyasi İdeoloji Olarak*, Istanbul, Lotus Yayın Grubu, 2003 ; Tarık Zafer Tunaya, *İslamcılık Akımı*, Istanbul, Bilgi Üniversitesi Yayınları, 2003.
[427] İGİAD (de sensibilité musulmane), [Fondation pour l'entrepreneuriat économique et l'éthique du travail], *2008 Girişimcilik Raporu* [Rapport sur l'entrepreneuriat, 2008], Istanbul, İGİAD Yayınları, 2008, p. 12-13.
[428] *Ibidem*, p. 13
[429] *Ibidem*, p. 14.
[430] *Ibidem*, p. 15.
[431] *Ibidem*, p. 17
[432] İGİAD, *Girişimcilik ve Girişimcilik Kültürü*, Istanbul, İGİAD Yayınları, 2008.
[433] *Ibidem*, p. 158.
[434] *Ibidem.*
[435] *Ibidem*, p. 117
[436] *Ibidem.* Puisqu'on peut faire dire ce qu'on veut aux mots, une autre lecture diamétralement opposée du rapport islam-libre entreprise, cette fois au profit de la planification (et sans aller jusqu'au socialisme musulman), est tout à fait possible, comme celle qui nous est proposée par Jacques Austruy : « Dans le cas de l'islam, la possibilité d'une planification économique efficace a bien d'autres avantages. Elle permet d'obtenir le développement économique dans le sens de deux aspirations fondamentales de l'islam qui contrecarreraient au contraire le développement par la libre entreprise : l'aspiration au global et un sentiment aigu de la justice collective. » Jacques Austruy, *op. cit*, p. 23.
[437] İGİAD, *Girişimcilik... op. cit*, p. 42.
[438] *Ibidem.*
[439] Y est sans doute pour quelque chose une certaine expérience du pouvoir telle qu'elle a été vécue en 1997, lorsque l'armée a adressé le 28 février au gouvernement de Necmettin Erbakan, une série de « recommandations » destinées à enrayer le développement de l'islam politique, dont la ratification tardive par l'Assemblée nationale a provoqué une crise politique majeure qui a finalement débouché sur la chute de la coalition gouvernementale.
[440] Notamment dans le domaine des pratiques de consommation. Face à la folie de consommation, au gaspillage, au maternalisme excessif, consommer différemment, consommer responsable du point de vue moral et religieux.
[441] À noter toutefois que l'analyse des conceptions du développement des courants marqués à gauche renvoie à une très vaste littérature. Dans un souci de synthèse et de clarté, nous avons opté pour une réflexion plus générale qui s'insère dans l'analyse globale de ce qui est commun et central dans leurs représentations du développement.
[442] Période qui a permis à la bourgeoisie industrielle de s'épanouir considérablement, d'accomplir son accumulation du capital.
[443] Professeur émérite en économie de l'université d'Ankara, il est sans doute l'économiste marqué à gauche le plus influent et le plus vénéré de toute la Turquie.
[444] Korkut Boratav, « Geçmişe Dönüşü Savunarak İleriye Gitmek », *Türkiye İktisat Kongresi 2005 Bildirileri*, Nazım Kitaplığı 31, Istanbul 2005, p. 31-40
[445] *Ibidem*, p. 38.
[446] *Ibidem.*
[447] Voir à ce propos, Çağlar Keyder, *Ulusal Kalkınmacılığın İflası*, Istanbul, Metis Yayınları, 1996.

[448] Ce qu'on entend ici par l'industrialisation n'est pas la production isolée de tel ou tel autre bien industriel avec l'importation de biens de production à moindre coût (comme c'est le cas aujourd'hui) mais la production d'une gamme toujours plus large de biens industriels, y compris des biens intermédiaires et d'équipement, par les secteurs nationaux dans une stratégie industrialisante globale.
[449] À titre d'exemple, voir Kamu-Sen (*Türkiye Kamu Çalışanları Sendikaları Konfederasyonu* – Confédération des syndicats d'employés du secteur public), *Sosyal Politika ve İstihdam*, Kamu-Sen Ar-Ge Merkezi, Ankara, 15 Mayıs 2009.
[450] Erinç Yeldan, « Neoliberal Küreselleşme İdeolojisinin Kalkınma Söylemi Üzerine Değerlendirmeler », *Praksis*, n° 7, Yaz 2002, p. 4
[451] *Ibidem*.
[452] *Türkiye İşçi Sendikaları Konfederasyonu* [Confédération des syndicats ouvriers de Turquie].
[453] TÜRK-İŞ, *İstihdamın Korunması ve Geliştirilmesi, Uygulanması Gereken Para ve Maliye Politikaları*, Türk-İş Başkanlar Kurulu, Istanbul, 14 Şubat 2009.
[454] *Ibidem*, p. 6.
[455] *Ibidem*.
[456] *Devrimci İşçi Sendikaları Konfederasyonu* [Confédération des syndicats ouvriers révolutionnaires de Turquie]. La seconde confédération la plus importante de Turquie.
[457] Entretien n° 14, entretien avec la vice-secrétaire général de la Confédération des syndicats révolutionnaires de Turquie (Disk), 21/10/2008, à Ankara.
[458] *Ibidem*.
[459] Certains mettront l'accent sur les facteurs externes (l'ordre international, la domination externe) lorsque d'autres privilégieront les facteurs internes (disparités sectorielles, classes sociales…). Voir par exemple İsmail Cem, *Türkiye'de Geri Kalmışlığın Tarihi*, Istanbul, Cem Yayınevi, 1970 ; Doğan Avcıoğlu, *Türkiye'nin Düzeni*, Istanbul, Tekin Yayınevi, 1996. En tout cas, pour une économie politique (marquée à gauche) assez complète de la Turquie contemporaine voir Ahmet H. Köse, Fikret Şenses (der.), *İktisat Üzerine Yazılar I : Küresel Düzen, Birikim, Devlet ve Sınıflar – Korkut Boratav'a Armağan*, Istanbul, İletişim Yayınları, 2003 ; *İktisat Üzerine Yazılar II : İktisadi Kalkınma, Kriz ve İstikrar Oktar Türel'e Armağan*, Istanbul, İletişim Yayınları, 2003.
[460] Fikret Şenses, « Neoliberal Küreselleşme Kalkınma için Bir Fırsat mı, Engel mi ? », *Middle East Technical University Economic Research Center, ERC Working Papers*, 04/09 August 2004.
[461] À recouper avec le témoignage, dans l'introduction de la présente étude, d'un professeur émérite en économie, lui aussi marqué à gauche, déclinant notre demande d'entretien qu'il juge inutile, du fait que « tout a été pratiquement dit aujourd'hui sur le sujet ».
[462] *Ibidem*, p. 1.
[463] *Ibidem*.
[464] *Ibidem*.
[465] Cette thématique (industrialisation à l'heure de la mondialisation) est fréquemment exploitée par l'auteur, à titre d'exemple, voir « Sanayileşmede Yeni Bir Dönemeç : 1980'li Yıllar ve Ötesi », *ODTÜ Gelişme Dergisi*, 20 (4), 1993, p. 549-80 ; Fikret Şenses, Arman Kırım, « Türkiye'de 1980 Sonrası Ekonomik Politikalar, Sanayileşme Etkileşimi ve Sanayiin Yeniden Yapılanma Gerekleri », *ODTÜ Gelişme Dergisi*, 18 (1-2), 1991, p. 111-142
[466] Fikret Şenses, *Neoliberal Küreselleşme Kalkınma… op. cit.* p. 16.
[467] *Ibidem*, p. 19.
[468] *Ibidem*. Pour un ouvrage complet sur le rapport mondialisation développement tel qu'il est vu par la gauche turque, voir Saniye Dedeoğlu, Turan Subaşat (dir.), *Kalkınma ve Küreselleşme*, Istanbul, Bağlam Yayınları, 2004.

[469] Pour un exemple extrêmement significatif à ce propos, voir Cem Somel, « Küreselleşen Dünyada Kalkınma Stratejisi Nasıl Olmalı ? [Comment *devrait* se formuler la stratégie de développement dans un monde en voie de globalisation] », *Mülkiye Dergisi*, XXV, sayı 229 (Temmuz-Ağustos), 2001, p. 185-200. Ou un autre article de Fikret Şenses, « Unutulan Bir Toplumsal Amaç : Sanayileşme Ne oluyor ? Ne olmalı ? [Un objectif sociétal oublié : l'industrialisation. Que se passe-t-il ? Que *devrait-il* se passer ?] », *METU-ERC Working Papers*, 03/01, 2003.

[470] Fikret Şenses, *Kalkınma İktisadı Yükselişi... op. cit*, p. 16.

[471] Au total 13.

[472] Entretien n° 40, avec une syndicaliste de la KESK (Confédération des syndicats des travailleurs de la fonction publique), 29/01/2009, à Ankara.

[473] Entretien n° 2, avec un expert/économiste du DPT, 14/10/2008 à Ankara.

[474] *Ibidem.*

[475] Entretien n° 30, avec un intellectuel/syndicaliste de la Türk-iş, 17/01/2009, à Istanbul.

[476] Entretien n° 17, avec un professeur en économie de l'université ODTÜ, 22/10/2008, à Ankara. D'une soixantaine d'années, l'interviewé est d'origine sociale aisée, fortement doté en capital scientifique et administratif (nombreuses publications dans des revues prestigieuses en économie, des postes à responsabilité). Parfaitement anglophone, doctorat en économie obtenu à *London School of Economics and Political Science*, trajectoire professionnelle exclusivement universitaire mais très riche (en Turquie et à l'étranger), peu d'apparitions médiatiques. Consulté comme expert par les organisations et associations marquées à gauche. Disposant des coordonnées socioprofessionnelles très proches de celles de ses collèges adhérant à la vision néolibérale du développement (origine sociale aisée, études supérieures effectuées à l'étranger), l'adhésion de l'interviewé à une telle représentation gauchisante du développement peut paraître « mystérieuse », si on ne tient pas compte de l'effet de la variable âge (une familiarisation avec les idées de gauche datant sans doute de sa jeunesse passée dans un autre contexte). On constatera ainsi que la grande majorité des enseignants-chercheurs en économie qui adhèrent à la vision gauchisante du développement, malgré des coordonnées socioprofessionnelles qui ne les y prédisposent guère, sont des sexagénaires. Ils incarnent, presque caricaturalement, la vieille garde déchue qui a du mal à résister à la concurrence des plus jeunes.

[477] Entretien n° 22, avec un professeur en économie de l'université de Bilkent, 27/10/2008, à Ankara.

[478] Entretien n° 9, avec un professeur en économie de l'université d'Hacettepe, 18/10/2008 à Ankara. Professeur d'une soixantaine d'années, d'origine sociale aisée, moyennement doté en capital scientifique (publications souvent en turc) mais disposant d'un fort capital administratif (nombreux postes à responsabilité), parfaitement francophone, doctorat en économie obtenu à l'université Aix-Marseille II, trajectoire professionnelle essentiellement en Turquie, pas d'apparitions médiatiques, consulté comme expert par les organisations et associations marquées à gauche, domaines de spécialisation : économie internationale, macroéconomie, politiques agricoles.

[479] Jean-François Baré, *La notion de développement...* op. cit, p. 255.

[480] Entretien n° 8, avec un professeur en économie de l'université d'Atılım (Ankara), 16/10/2008 à Ankara. Professeur d'une soixantaine d'années, d'origine sociale aisée, moyennement doté en capital scientifique et administratif (publications principalement en turc, pas de poste à responsabilité) parfaitement francophone, doctorat en économie obtenu à l'université de Caen, trajectoire professionnelle exclusivement en Turquie, très peu d'apparitions médiatiques, consulté comme expert par les organisations et associations marquées à gauche.

[481] Fikret Şenses, *Kalkınma İktisadı Yükselişi... op. cit*, p. 120.

[482] Il est vrai aussi que les sciences humaines (et notamment la sociologie) n'ont pu se constituer autrement qu'en associant la modernité et la normalité. De Weber à Durkheim en passant par Comte, les fondateurs de la sociologie ont tous théorisé ce passage à la normalité/modernité (de la société traditionnelle à la société moderne, de la solidarité mécanique à la solidarité organique, etc.) jugé non seulement souhaitable, mais aussi irréversible.
[483] Fuat Ercan, *Modernizm, Kapitalizm ve Azgelişmişlik*, Ankara, Bağlam Yayıncılık, 2006, p. 7.
[484] *Ibidem*, p. 8.
[485] Voir à ce propos, Peter L. Berger et Thomas Luckmann, *La construction sociale de la réalité*, Paris, Armand Colin, 2006. Sur les rapports complexes entre cette réalité construite et le pouvoir, voir Michel Foucault, *L'Archéologie du savoir*, Paris, Gallimard, 1992.
[486] Pierre Bourdieu, « À propos de la famille comme catégorie réalisée », *Actes de la recherche en sciences sociales*, 1993, n° 100, p. 33.
[487] Cornelius Castoriadis, *L'institution imaginaire de la société*, Paris, Seuil, 1975, p. 180.
[488] Pierre Bourdieu, *Propos sur le champ politique*, *op, cit*, p. 63.
[489] Le langage est d'ailleurs révélateur. Le mot de libération [*kurtuluş*] est très fréquemment employé par les deux courants.
[490] Équivalent de *nomos* chez Foucault. « J'entends désigner par là [dit Foucault] un a priori qui serait non pas condition de validité pour des jugements, mais condition de réalité pour des énoncés. » Michel Foucault, *L'Archéologie du savoir*... *op. cit*, p. 174.
[491] L'époque de Mahomet et des premiers califes qui sert d'utopie agissante.
[492] Cité par Paul Dumont, « La Turquie d'Atatürk : un modèle de développement pour le monde musulman », *Journées bruxelloises de la Méditerranée*, Bruxelles, 23 octobre 2003.
[493] Voir par exemple Jean Deny, René Marchand, *Petit manuel de la Turquie nouvelle*, Paris : Haumont et Cie, 1933 ; Paul Gentizon, *Mustapha Kemal ou l'Orient en marche*, Paris, Bossard, 1929.
[494] Nilüfer Göle, *op. cit*, p. 56.
[495] Grand Discours (*Nutuk*) par Mustafa Kemal du 15 au 20 octobre 1927, dans Hervé Broquet, Catherine Lanneau, Simon Petermann (dir.), *Les 100 discours qui ont marqué le XX*e *siècle*, Paris, André Versailles éditeur, 2008.
[496] « Le peuple de la République turque, se voulant civilisé, se doit de montrer qu'il l'est dans sa vie de famille, son mode de vie, son aspect extérieur, pour ainsi dire de la tête aux pieds. » Mustafa Kemal, cité par Nilüfer Göle, *op. cit*, p. 56.
[497] Philosophe camerounais Marcien Towa cité par Serge Latouche, « Déculturation ou sous-développement », *Revue Tiers Monde*, vol. 25, n° 97, janvier-mars 1984, p. 47.
[498] Pour une première lecture sur le projet kémaliste, se référer utilement à Alexandre Jevakhoff, *Kémal Atatürk. Les chemins de l'Occident*, Paris, Tallandier, 1989 ; Paul Dumont, *Mustafa Kemal invente la Turquie moderne*, Bruxelles, Complexe, 1983 ; Bernard Lewis, *Islam et laïcité. Naissance la Turquie moderne*, Paris, Flammarion, 1988 ; Ali Kazancigil, Ergün Özbudun (dir.), *Atatürk fondateur de la Turquie moderne*, Paris, Masson, 1984.
[499] Ziya Gökalp (1875-1924), auteur et penseur moderniste qui vécut les derniers sursauts de l'Empire ottoman avant de soutenir les kémalistes. Il a essayé de concilier ses réflexions morales, musulmanes avec un nationalisme turc dont il se fit le théoricien. Ziya Gökalp, *Türkçülüğün Esasları*, Ankara, Elips Kitap, 2006.
[500] Telles que la supériorité de la raison, de la pensée rationnelle, l'universalisme des valeurs issues de l'idéologie des Lumières et des formes de savoir scientifique, la croyance en la technique, en la science, dans le progrès, en la supériorité de l'homme face à la nature et face à tout « garant méta-social », notamment religieux.
[501] Nilüfer Göle, *Musulmanes et modernes*... *op. cit*, p. 34.

[502] L'interdiction des confréries [*tarikat*] (1925), fort importantes dans la religiosité turque, et même l'interdiction de l'arabe dans les mosquées : l'appel à la prière (*ezan*) sera obligatoirement récité en turc jusqu'aux années 1950.
[503] Ne serait-ce qu'en créant une présidence des affaires religieuses (*Diyanet*) dépendant du Premier ministre, et un véritable clergé de fonctionnaires de l'État, formé dans des facultés de théologie (*Ilâhiyat Fakülteleri*).
[504] Mübahat Türker-Küyel, « Atatürk, Cumhuriyet, Bilim ve Teknoloji », *Erdem Dergisi*, Cilt 11, Sayı 33, Ocak 1999, p. 973.
[505] *Ibidem*, p. 974.
[506] *Ibidem*, p. 975.
[507] *Ibidem*, p. 979.
[508] Parti fondé en 1923 par Mustafa Kemal lui-même, se voulant aujourd'hui à gauche. Il est actuellement le premier parti d'opposition au Parlement.
[509] Le même exercice peut se renouveler pour d'autres mots du vocabulaire kémaliste comme la modernisation [*modernleşme*] ou l'occidentalisation [*batılılaşma*].
[510] Ce qui explique aussi pourquoi le système politique turc est intrinsèquement porté vers le régime parlementaire, malgré les interventions militaires successives, puisque le « système » ne saurait connaître d'autres légitimités politiques que celles en vigueur en Europe occidentale.
[511] Nilüfer Göle, *Musulmanes et modernes... op. cit*, p. 59.
[512] Hassan Zaoual, *La crise du paradigme du développement*... op. *cit*, p. 831.
[513] Şükrü Hanioğlu, *op. cit*, p. 283.
[514] Cornelius Castoriadis, *Table ronde... op. cit*, p. 135.
[515] Pierre Bourdieu, « La représentation politique », *Actes de la recherche en sciences sociales*, volume 36, n° 36-37, p. 8.
[516] *Ibidem*, p. 14.
[517] Et ceci bien qu'on puisse fantasmer (et fantasmer encore), de façon hasardeuse, sur le caractère « original » des politiques économiques dites « étatistes » appliquées par le régime kémaliste entre 1929 et 1945. Il s'agissait en réalité non pas de la réalisation d'une troisième voie (qui ne serait ni socialiste, ni capitaliste), comme en rêvaient (et rêvent encore) les idéologues kémalistes, mais de la mise en place d'une économie mixte (comme c'était assez banal à l'époque) qui a favorisé, plutôt qu'entravé, l'épanouissement de la bourgeoisie nationale par un secteur étatisé de l'industrie lourde qui a assumé les devoirs les plus ingrats de la vie économique. Voir à ce sujet Deniz Akagül, « L'économie turque : de l'étatisme à une forme de libéralisme », *CEMOTI*, n° 8, juin 1989, p. 133-148.
[518] Dans la lignée de ceux créées et dissous depuis 4 décennies, du Parti de l'ordre national [*Nizam Partisi*, 1970-1971] au Parti de la prospérité [*Refah Partisi*, 1982-1997] en passant par le Parti du salut national [*Milli Selamet Partisi*, 1973-1980]. Nous abordons ici la position de l'islam radical uniquement sur le dossier du développement. Pour les thématiques non développées voir deux ouvrages de référence : Thierry Zarcone, *La Turquie moderne et l'islam*, Paris, Flammarion, 2004 ; Nilüfer Göle, *Musulmanes et modernes, voie et civilisation en Turquie*, Paris, La Découverte, 2003.
[519] Alfred Schütz, *Le chercheur et le quotidien – Phénoménologie des sciences sociales*, Paris, Klincksieck, 2008.
[520] Cet effort sans cesse renouvelé de relecture des temps « modernes » au prisme religieux ne date pas d'hier. L'islamisme fait partie historiquement, comme on l'a souligné, des mouvements réformateurs (au même titre que les occidentalistes ou turquistes) qui, au milieu du XIXe siècle, réveillèrent d'une torpeur le *Dar ul-islam* (pays de l'islam) menacé par l'Occident.

[521] Il faudrait peut-être rappeler que contrairement à certains autres pays du monde musulman, l'islam politique turc a évité, jusqu'à présent, de se situer sur le terrain de la violence. Mais le choix de se situer dans un contexte pluraliste porte en lui-même une contradiction. La légitimité que confèrent les urnes n'est pas toujours compatible avec le principe de « l'unicité de Dieu [*tevhid*] » qui considère le pluralisme comme une source de division [*nifak*].

[522] Arif Ersoy, « Avrupa Birliği'nin Kapısındaki Ülke : Türkiye », *Milli Gazete*, 30/06/2005.

[523] Beşir Hamitoğulları, « Başka bir İktisat : İslam İktisadı », *ESAM (Ekonomik ve Sosyal Araştırmalar Merkezi) Dergisi*, Yıl : 1, Sayı : 2, Mayıs 2007, p. 129.

[524] Necmettin Erbakan, « İşbirlikçiler ve AKP'nin Ekonomik yıkımı », *ESAM Türkiye Konferansları-1*, Istanbul, 28/06/2007, document non paginé.

[525] *Ibidem.*

[526] Après son interdiction en 1998, le Parti de la prospérité [*Refah*] de Necmettin Erbakan se reconstitua rapidement sous le nom de Parti de la vertu [*Fazilet*]. Il fut interdit à son tour en 2001. Cette nouvelle interdiction provoque une scission dans le mouvement entre, d'une part, le Parti de la félicité [*Saadet Partisi*] qui regroupe une frange plutôt conservatrice et nostalgique du mouvement et dans laquelle on retrouve Necmettin Erbakan, et, d'autre part, le Parti de la justice et du développement [*Adalet ve Kalkınma Partisi*] qui incarne le courant dit « rénovateur » de la mouvance. Sous la direction de Recep Tayyip Erdoğan et d'Abdullah Gül, l'AKP donne dès le départ l'image d'un parti « conservateur démocrate », loyal gestionnaire du capitalisme mondialisé, mais ayant des références religieuses.

[527] Necmettin *Erbakan, İşbirlikçiler ve AKP'nin Ekonomik yıkımı*... Document non paginé.

[528] Le parti de la félicité (*saadet partisi*) d'Erbakan se trouve dès lors investi d'une mission messianique ; celle de réaliser ce mouvement vers le futur âge de félicité, non seulement pour la Turquie, pour le monde musulman, mais pour toute l'humanité : « Accéder de nouveau à l'âge de félicité n'est pas un objectif qui concerne uniquement les Turcs mais toute l'humanité. Ceci n'est possible qu'avec le parti de la félicité, avec *milli görüş*. » Necmettin Erbakan, « AKP döneminde Dış Politika Faciası, Milli Görüş Yeniden Büyük Türkiye'yi Nasıl Kuracak ? », *ESAM Türkiye Konferansları-4*, Ankara, 18/07/2007. Document non paginé.

[529] Necmettin Erbakan, « Milli Görüş Ekonomik Kalkınma ve Herkese Refahı Nasıl Sağlayacak ? », *ESAM Türkiye Konferansları-2*, Ankara, 03/07/2007, document non paginé.

[530] Necmettin Erbakan, « AKP döneminde Dış Politika Faciası, Milli Görüş Yeniden Büyük Türkiye'yi Nasıl Kuracak ? », *ESAM Türkiye Konferansları-4*, Ankara, 18/07/2007. Document non paginé.

[531] Necmettin Erbakan, *Milli Görüş Ekonomik Kalkınma*... *op. cit*, document non paginé.

[532] *Ibidem.* Des promesses encore plus extravagantes sont exposées ailleurs : « Je l'ai toujours souligné. Il faut se retirer immédiatement de l'ONU. On peut créer notre propre ONU avec les 60 pays musulmans [qui sont censés former le D-60, marché commun musulman] ». Necmettin Erbakan, *AKP döneminde Dış Politika Faciası*... *op. cit*, document non paginé.

[533] Necmettin Erbakan, « AKP Dönemindeki Manevi tahribat, ve Millî Görüş Manevi Kalkınmayı Nasıl Sağlayacak ? », *ESAM Türkiye Konferansları-3*, Istanbul, 11/07/2007, document non paginé.

[534] *Ibidem.*

[535] *Ibidem.*

[536] *Developing 8* est une organisation de coopération économique et commerciale qui rassemble le Bangladesh, l'Égypte, l'Indonésie, l'Iran, la Malaisie, le Nigéria, le Pakistan et la Turquie. L'organisation est créée à l'initiative de la Turquie le 15 juin 1997.

[537] Necmettin Erbakan, *Müslüman Topluluklar Birliği Toplantısı Açılış Konuşması*, 28 mayıs 2006, document non paginé.

[538] Karl Polanyi, *op. cit.*
[539] Necmettin Erbakan, *Esam'da yaptığı konuşmanın tam metni*, document non paginé, non daté.
[540] Karl Polanyi, *op. cit*, p. 88
[541] Parler d'hérésie, lorsqu'on évoque le kémalisme en Turquie, peut étonner. On fait allusion ici au projet kémaliste originel de l'entre-deux-guerres et non pas à ses usages ou interprétations ultérieurs. Car l'histoire de la Turquie contemporaine est suffisamment riche pour témoigner d'un nombre infini de formations politiques civiles ou de groupes militaires qui s'opposent les uns aux autres mais qui se réclament tous, avec quelque vraisemblance, d'une même légitimité kémaliste.
[542] La normativité est une création de norme, le terme de norme n'étant pas compris dans le sens de ce qui est constaté, de fait, mais de la valeur cherchant à transformer une réalité.
[543] Pour un exemple voir Bernard Hours et Monique Selim, *Anthropologie politique de la globalisation*, Paris, l'Harmattan, 2010.
[544] Fuat Ercan, Özgün Biçer, *İktisat ve Kalkınma Ekonomisi... op. cit.*
[545] Une autre raison est sans doute la sacro-sainte actualité médiatique qui impose son agenda, ses sujets, ses priorités et sa chasse au scoop : des militaires arrêtés pour agissements contre le gouvernement à la question du foulard dans les universités en passant par les événements de violence dans les stades de football et la hausse des loyers à Istanbul... D'où cette impression d'un bavardage médiatique incessant et creux, un caquetage bruyant dans un présent perpétuel qui ne génère que de la frustration.
[546] Jean Piaget, *L'épistémologie génétique* [1950], Paris, PUF, 2005.

L'HARMATTAN, ITALIA
Via Degli Artisti 15 ; 10124 Torino

L'HARMATTAN HONGRIE
Könyvesbolt ; Kossuth L. u. 14-16
1053 Budapest

L'HARMATTAN BURKINA FASO
Rue 15.167 Route du Pô Patte d'oie
12 BP 226 Ouagadougou 12
(00226) 76 59 79 86

ESPACE L'HARMATTAN KINSHASA
Faculté des Sciences Sociales,
Politiques et Administratives
BP243, KIN XI ; Université de Kinshasa

L'HARMATTAN GUINÉE
Almamya Rue KA 028 en face du restaurant le cèdre
OKB agency BP 3470 Conakry
(00224) 60 20 85 08
harmattanguinee@yahoo.fr

L'HARMATTAN CÔTE D'IVOIRE
M. Etien N'dah Ahmon
Résidence Karl / cité des arts
Abidjan-Cocody 03 BP 1588 Abidjan 03
(00225) 05 77 87 31

L'HARMATTAN MAURITANIE
Espace El Kettab du livre francophone
N° 472 avenue Palais des Congrès
BP 316 Nouakchott
(00222) 63 25 980

L'HARMATTAN CAMEROUN
Immeuble Olympia face à la Camair
BP 11486 Yaoundé
(00237) 99 76 61 66
harmattancam@yahoo.fr

L'HARMATTAN SÉNÉGAL
« Villa Rose », rue de Diourbel X G, Point E
BP 45034 Dakar FANN
(00221) 33 825 98 58 / 77 242 25 08
senharmattan@gmail.com

Achevé d'imprimer par Corlet Numérique - 14110 Condé-sur-Noireau
N° d'Imprimeur : 77206 - Dépôt légal : février 2011 - *Imprimé en France*

www.ingramcontent.com/pod-product-compliance
Lightning Source LLC
LaVergne TN
LVHW011040061026
849535LV00006B/2102

* 9 7 8 2 2 9 6 5 4 3 8 7 4 *